语言学与应用语言学知识系列读本

语义学概论（修订版）

李福印 著

伍铁平 审订

图书在版编目(CIP)数据

语义学概论/李福印著. —北京:北京大学出版社,2006.3
(语言学与应用语言学知识系列读本)
ISBN 978-7-301-09380-1

Ⅰ. 语… Ⅱ. 李… Ⅲ. 语义学-概论-高等学校-教学参考资料
Ⅳ. H0

中国版本图书馆 CIP 数据核字(2005)第 080623 号

书　　　名:	语义学概论
著作责任者:	李福印 著
责 任 编 辑:	黄瑞明
标 准 书 号:	ISBN 978-7-301-09380-1/H·1521
出 版 发 行:	北京大学出版社
地　　　址:	北京市海淀区成府路 205 号　100871
网　　　址:	http://www.pup.cn
电 子 邮 箱:	zbing@pup.pku.edu.cn
电　　　话:	邮购部 62752015　发行部 62750672　编辑部 62759634
	出版部 62754962
印 　刷　 者:	三河市北燕印装有限公司
经 　销　 者:	新华书店
	650 毫米×980 毫米　16 开本　21.25 印张　300 千字
	2006 年 3 月第 1 版　2007 年 1 月第 2 版
	2021 年 1 月第 4 次印刷(总第 5 次印刷)
定　　　价:	58.00 元

未经许可,不得以任何方式复制或抄袭本书之部分或全部内容。
版权所有,侵权必究　举报电话:010－62752024
　　　　　　　　　　　电子邮箱: fd@pup.pku.edu.cn

语言学与应用语言学知识系列读本 编委会

主编　胡壮麟　彭宣维

编委　（按姓氏笔画排列）
　　　　王　蔷　文　军　田贵森　史宝辉
　　　　冉永平　刘世生　齐振海　李福印
　　　　张　冰　张　辉　武尊民　林允清
　　　　姜望琪　封宗信　钱　军　崔　刚
　　　　彭宣维　程晓堂　戴曼纯

总 序

"语言学与应用语言学知识系列读本"最早是由北京师范大学外国语言文学学院彭宣维教授、王星教授和北京大学出版社张冰编审共同策划的。三位先知先觉者的基本思想我较清楚。首先,他们认为近年来我国研究生招生人数不断增加,但社会的迅速发展又向研究生的培养质量提出了更高的要求;知识面、思辨能力、创造性等的培养,已成为目前研究生教育中亟待解决的问题。其次,解决研究生教育的培养问题,要抓好源头,即有必要将专业基础知识的学习从研究生入门逐渐下移到本科阶段,以解决外语专业学生与同时入学的其他系科同学相比在科研能力和学术潜力上有所不及的问题。我非常赞同彭宣维教授、王星教授和张冰编审的远见卓识,愿意为他们摇旗呐喊,冲锋陷阵。

在三位策划者的启示和鼓励下,我大胆补充一些个人的看法。自上世纪80年代中,国内就流传一种怪论,说英语不是专业,是个工具,于是要求外语系科学生都要另选一门专业或方向。我听到这种公然反对国务院学位委员会专业设置目录的论调总感到不是滋味,并在国内外多种场合争辩。现在"语言学与应用语言学知识系列读本"的出版就是向世人表明,外语专业的学生,研究生也好,本科生也好,要学的东西很多,把外语学习仅仅看作听说读写的技能训练,实为井底蛙见。

在"外语不是专业是工具"的口号下,在大学外语系科里,一度泛起增设"外交、外事、金融、贸易、法律、秘书、教育技术、新闻、科技"等方向的热潮,以至于让我们那些系主任们、院长们手忙脚乱,穷于对付。其实,我们的年轻人毕业后想干什么,自己心里最清楚,不必我们的系主任们、院长们多操心,指腹为婚;何况毕业后就业市场千变万化,我们在本科期间要设置多少方向才算具有市场意识呢?我认为,对于我们的外语系科的本科生来说,应首先让他们接受通识教育,才能在今后的工作岗位上得心应手。再者,从新世纪的全球化、国际化趋势来看,我们培养的人才还应是具有能进行创造性思维的人才,而不是人云亦云、照葫芦画瓢者。就外语系科来说,让学生只会围着外语"工具"操作,不会动脑,终究不是办法。

我的上述观点绝非空穴来风,也非杞人忧天。最近,教育部外语教育指导委员会英语组的专家们去国内四所大学对英语专业进行试评。报告中有一段话引人深思,现摘录如下:"然而,试评结果表明高校英语专业本科教学中的学科建设却不甚乐观。个别院校对英语(语言文学)专业的学科内涵不很清楚;制定的学科规划既与该校的层次定位不相符,也不符合外语学科的基本规律;课程设置与全国高校英语专业教学大纲的要求有一定距离;培养的学生基本功不扎实;教学管理比较混乱,质量意识不强。"①

再来看看大学英语教育,教育部高教司领导和大学英语教育专家已达成共识,在《大学英语课程教学要求(试行)》中明确"大学英语是以英语语言知识与应用技能、学习策略和跨文化交际为主要内容,以外语教学理论为指导,并集多种教学模式和教学手段为一体的教学体系"。在课程设置方面则提出:"将综合英语类、语言技能类、语言应用类、语言文化类和专业英语类等必修课程和选修课程有机结合,以确保不同层次的学生在英语应用能力方面得到充分的训练和提高。"遗憾的是,现在国内有些出版社过多地关注主干课教材的出版,对全面贯彻

---

① 戴炜栋、张雪梅:《谈英语专业教学评估和学科建设》,《中国外语》2005年第2期,总第4期,第4~7页。

《教学要求》的其他教材所花力度不够。

所有这些说明,为高校外语专业学生、大学外语学生和其他相关专业的学生提供拓宽知识面、增强思辨力、孕育创新精神的各种教材和阅读材料甚为必要。如今北京大学出版社的"语言学与应用语言学知识系列读本"必将弥补这方面的空缺,为培养名副其实的优秀外语人才做出长远贡献。

本丛书是开放式的,除欢迎读者对已出版的种类提出宝贵意见外,也欢迎对选题提出建议。我们也期待老师们参与选题和写作。让我们为探索、改进和提高中国外语教育,为培养更多掌握语言知识和技能并具有创造性思维的人才共同合作、共同努力。

胡壮麟
北大清华蓝旗营小区
2005 年 9 月 10 日

目 录

作者前言 / 1

语义学简史
第一章 "语义学"追本溯源 / 3
    1.1 引言 / 3
    1.2 国内一些出版物中存在的问题 / 3
    1.3 语义学的渊源 / 6
    1.4 结语 / 12

语义学的分类
第二章 语义学的分类 / 15
    2.1 引言 / 15
    2.2 洋洋大观的语义学 / 15
    2.3 以语言学为界进行分类 / 17
    2.4 从语言表达层面进行分类 / 19
    2.5 从音、形、义三个层面进行分类 / 19
    2.6 从历时角度进行分类 / 20
    2.7 意义研究的分类模式 / 22
    2.8 结语 / 23

语音和语义的关系

第三章　音义学简论 / 27

　　3.1　引言 / 27
　　3.2　音义学定义 / 28
　　3.3　音义关系类型举例 / 29
　　3.4　音义学研究的进展 / 32
　　3.5　结语 / 34

意义的本质

第四章　关于意义本质的主要理论 / 39

　　4.1　引言 / 39
　　4.2　关于意义本质的主要理论 / 39
　　4.3　指称说 / 40
　　4.4　意念说 / 42
　　4.5　行为反应说 / 43
　　4.6　用法说 / 44
　　4.7　验证说 / 45
　　4.8　真值条件说 / 45
　　4.9　语义三角关系 / 46
　　4.10　结语 / 49

第五章　意义的五要素说：对象、概念、符号、使用者和语境 / 50

　　5.1　引言 / 50
　　5.2　意义的不确定性 / 51
　　5.3　意义的22种定义 / 52
　　5.4　意义的理论 / 56
　　5.5　七种类型的意义 / 59
　　5.6　意义的五要素说：对象、概念、符号、使用者和语境 / 61
　　5.7　结语 / 63

词汇语义学
第六章 词汇之间的关系和词汇语义学的核心 / 67
6.1 引言 / 67
6.2 词汇之间的关系 / 67
6.3 多义性:词汇语义学的研究核心 / 71
6.4 结语 / 72

第七章 同义关系:本质、根源及其文体学价值 / 73
7.1 引言 / 73
7.2 同义关系及词汇的风格意义 / 73
7.3 同义关系:文体学研究的范畴 / 75
7.4 同义词是一个模糊范畴 / 80
7.5 结语 / 84

第八章 一词多义现象:概念隐喻理论的解释和不足 / 85
8.1 引言 / 85
8.2 理论背景简介 / 85
8.3 什么是概念隐喻理论 / 86
8.4 概念隐喻理论存在的主要问题 / 90
8.5 结语 / 98

词汇及概念层面的主要语义学理论
第九章 词汇及概念层面的主要语义学理论 / 101
9.1 引言 / 101
9.2 词汇及概念层面的主要语义学理论 / 101
9.3 语义场理论 / 103
9.4 并置理论 / 107
9.5 语义成分分析 / 110
9.6 词项空缺现象及界定 / 113
9.7 词汇空缺的跨文化研究 / 117

9.8　词汇空缺的语义填补及修辞作用 / 118
  9.9　框架语义学 / 120
  9.10　义元理论 / 123
  9.11　结语 / 129

词组层面的主要语义学理论

第十章　成语的意义、特性和理据 / 133
  10.1　引言 / 133
  10.2　英语成语的特性 / 133
  10.3　英语成语特性的相对性 / 136
  10.4　成语意义的认知理据 / 140
  10.5　结语 / 143

第十一章　惯用搭配的形象表现 / 144
  11.1　引言 / 144
  11.2　理论背景：惯用搭配的含义及特点 / 145
  11.3　以往研究回顾：成果和不足 / 146
  11.4　来自认知语言学和心理学的解释 / 147
  11.5　形象表现的创造力和语言功能 / 148
  11.6　结语 / 151

句子语义学

第十二章　句子语义学的研究内容 / 155
  12.1　引言 / 155
  12.2　句子和句子语义学 / 155
  12.3　句子作为表达一个思想的句法完整的表达式 / 157
  12.4　作为已知信息和新信息两个组成部分的句子 / 159
  12.5　作为众多组成部分和参与角色的句子 / 160
  12.6　结语 / 169

第十三章　句子之间的意义关系 / 170
- 13.1　引言 / 170
- 13.2　句子之间的意义关系类型 / 170
- 13.3　蕴涵 / 173
- 13.4　预设 / 176
- 13.5　结语 / 179

第十四章　信息结构 / 181
- 14.1　引言 / 181
- 14.2　信息结构：概述 / 181
- 14.3　信息结构的表现形式：语言标记 / 182
- 14.4　英语中的信息结构 / 184
- 14.5　主位结构：概述 / 187
- 14.6　简单主位 / 188
- 14.7　多重主位 / 189
- 14.8　信息结构与主位结构 / 191
- 14.9　信息结构/主位结构和语篇意义 / 193
- 14.10　结语 / 194

第十五章　题元角色 / 195
- 15.1　引言 / 195
- 15.2　传统的句子成分在意义分析上的不足 / 196
- 15.3　题元角色 / 197
- 15.4　题元角色的鉴别方法 / 201
- 15.5　题元角色和句子成分的关系 / 202
- 15.6　题元角色的主要问题和解决方法 / 205
- 15.7　结语 / 207

第十六章　事件图式、题元角色、基本句型以及句子意义的
　　　　　实现 / 209
　　16.1　引言 / 209
　　16.2　事件图式(event schema) / 210
　　16.3　事件图式(event schema)和题元角色 / 212
　　16.4　事件图式和基本句型的关系 / 220
　　16.5　结语 / 221

认知语义学

第十七章　原型理论 / 227
　　17.1　引言 / 227
　　17.2　范畴划分的重要性 / 227
　　17.3　原型理论的提出 / 228
　　17.4　原型理论(Prototype Theory) / 230
　　17.5　基本层次范畴理论 / 232
　　17.6　结语 / 235

第十八章　意象图式理论 / 236
　　18.1　引言 / 236
　　18.2　什么是意象图式 / 237
　　18.3　常见的意象图式和主要特点 / 240
　　18.4　意象图式理论的发展轨迹 / 243
　　18.5　结语 / 246

第十九章　隐喻意义的体验性：实证研究 / 248
　　19.1　引言 / 248
　　19.2　理论背景简介 / 248
　　19.3　研究方法 / 251
　　19.4　语料统计结果 / 253
　　19.5　结语 / 257

形式语义学

第二十章　形式语义学简介 / 263
   20.1　引言 / 263
   20.2　形式语义学的起源、发展及核心内容 / 264
   20.3　谓词逻辑和命题逻辑 / 265
   20.4　简单句的形式化 / 267
   20.5　谓词逻辑与简单句的语义 / 269
   20.6　合成句的形式化 / 271
   20.7　命题逻辑与合成句的语义 / 271
   20.8　形式语义学的贡献和不足 / 274
   20.9　结语 / 275

参考书目 / 276

附录　描写"思想"及"感觉"的句子 / 300

作者前言

本书是介绍语义学基本概念、基本理论和基本方法的读本和教学用书。本书适用于英语及汉语专业，以及外国语言学及应用语言学其他相关专业的高年级本科生及硕士研究生。全书 20 章，每章都以专题的形式展开，可供一个学期的教学使用。

从纵向的历时的角度看，全书从追溯语义学最初的历史发展开始，一直论及 21 世纪初的重要语义学理论。从横向的共时的角度看，全书以语言学领域中的语义学（linguistic semantics）为核心，同时适当兼顾相邻学科如逻辑学、哲学、心理学、认知科学等等对语义的研究。各章在讲清基本概念的基础上，重点论述理论。笔者在介绍基本概念和理论时，首先讲清它们的来源，方便读者追本溯源。同时，笔者往往给出英文原文，以利于读者提高英文水平，培养阅读英文原文的能力。另外，笔者在探讨理论和应用的同时，尽量介绍国内外学者对该理论的研究情况。

全书参考了自 19 世纪末到 21 世纪初一百多年间国外重要的英文语义学文献，直接参考文献量达 300 多项。同时，全书也旨在反映 1980 年以后中国内地学者的主要研究状况。因此，它是对语义学深入研究的一座桥梁。

在本书的写作过程中，笔者以三个方面的理念为指导。它们可以概括为：关于研究的理念；关于语义学的理念；关于语义学教学的理念。下面将分别阐述。

1 笔者对研究的理解

1.1 研究是传承活动

研究是一种承前启后的传承活动。因此，笔者在叙述理论的时候，力求处理好过去、现在和未来三者的关系。任何理论都不是在真空中产生的,对当前理论的叙述不能割断它的历史,让读者无法追根寻源。笔者在叙述中首先讲清楚该理论的渊源,让读者有根可寻。在叙述中,笔者不是把相关的理论罗列在一起,而是在思辨中介绍。这样,读者对书中谈到的问题就会有一个整体的把握,知道它的过去和现状,也对它的未来走向有所推测。笔者不是想向读者灌输知识,而是带领读者一起进行研究。因此,本书是基于研究完成的专题读本和教材。它是连接语义学的过去和未来的桥梁。

1.2 研究是系统工程

研究是一个众人参与的系统工程。在这个系统工程中,有世界级的领军人物,有国内的知名学者,更有众多的莘莘学子。除此之外,还有无数为研究服务的人员,他们直接或间接为学术研究服务,包括印刷工人、打字员、排版工人等等。他们或者呕心沥血,或者乐此不疲,或者以此为生,人类就是这样世世代代延续着、创造着自己的文明长河。我们每个人的研究或者仅仅是这一长河中的一滴水,或者成为传承文明链条中的重要一环。我们每位学者都有责任把自己的这一滴水贡献好,或把这一环节高质量地连接好。这就要求学者有良好的心态:不骄、不躁、不为名、不为利、心平气和、心沉得下、人坐得住。每一个标点符号,每一条参考书目都要认认真真地核对。只有在学术活动中修炼一种平静的生活态度,才能高质量地完成研究。任何学者对于学术链条中的伪劣之作,也都有责任指正。更不能把错误的东西传递给学生、传递给下一代、传递给未来。

1.3 研究是创新活动

研究更应该是一种创新活动。对研究来说,最关键的是在前人所说的基础上,说自己的话,说前人没有说过的话;站在前人的思想之上,创造出前人没有的思想。这才是研究的核心。一切研究活动都应该为这一核心服务。否则,任何研究都将会失去其本身存在的意义。从此理念出发,本书不是把前人的理论当成圣旨讲述给读者,而只是把它们当成某个人的思想、一个个可以随时被证伪的理论。所有的理论都可以被证实是错误的或不完善的。因此,整本书的叙述方式就是以启发读者的创新思维为主。书中有些章节是笔者大胆的尝试和探索,以等待读者去证伪,从而推动学术发展。

2 笔者对语义学这门学科的理解

2.1 语义学既是综合学科,又是交叉学科

只要翻阅过去100多年的语义学著作,我们就会得出这一结论:语义学既是综合学科,又是交叉学科。这一点笔者已经在英文版的《语义学教程》(Li & Kuiper 1999)中阐述过。语义学是一门综合学科,主要表现在语言学研究的内部。语言学的几乎所有重要分支,例如,句法学、语音学等等,都无法同意义割裂开来进行研究。语言学研究的众多小的分支以及各理论学派更是和语义学联系紧密。Halliday的功能语言学没有办法避开意义;Chomsky转换生成语法也无法离开意义;认知语言学更是有一大部分属于认知语义学;认知语法的基础也认为语法规则是以意义为理据的。因此,我们有充足的理由认为语义学是语言学领域内的一个综合学科。语义学是一个交叉学科,则表现在语言学研究的外部,表现在语言学和其他学科的交叉。哲学、心理学、逻辑学、认知科学、计算机科学等等都有对语言意义的研究。他们对意义的研究反过来促进了语言学研究的发展。由于语义学是综合学科和跨学科的学问,笔者在安排全书各章结构的时候,充分考虑了整体布局。

2.2 语义学发展的契机

语义学研究的发展在很大程度上依赖于其他学科的发展。这里所说的其他学科,不仅包括人文科学,更包括自然科学。认识到这一点,我们就能明了,只学习语言学很难促进语言学,尤其是语义学研究的发展。因此,每当自然科学有了重大突破,我们应该及时思考将其应用于语言研究的可能性。语义学的研究可以和现代技术结合转化成生产力。例如,目前计算语言学的博士生都是来自计算机专业有硕士学历背景的理科学生。

因此,作为研究生及高年级本科生的语义学教材,它的内容虽然不能包罗万象,但绝对应该是"胸怀开阔"的。它不能在内容上限制读者的想象。

2.3 任何一个问题都是无底洞

我们经常听一些研究生问"这个问题可不可以做？有没有价值？"其实,语义学的任何一个问题都是无底洞,我们都可以沿着前人走过的足迹继续往下走。有些问题我们暂时没有找到走下去的路径,这是我们的角度有问题。以这样的思想理念为指导,这对研究十分有益。本书的任务就是替读者找到一个中心,搭建一个最基本的框架,找到一个平稳的立脚点,让他们以此为起点,继续走下去。

2.4 国外出版的语义学著作

笔者在《语义学教程》(Li & Kuiper 1999)的前言中曾说过,从 The Meaning of Meaning（Ogden & Richards 1923）到 Semantics（Saeed 1997）之间的语义学著作来看,意义的研究有两个最为显著的变化:一是研究意义的语言层面越来越多;二是研究意义的方法呈多样化跨学科趋势。笔者当时谈到的时间跨度是 1923—1997 年。今天从这本《语义学概论》所参考的资料看,我们可以把参考资料的时间跨度向两端延伸,即从 1883 年,法国语言学家 Michel Bréal 正式使用 La Sémantique 一词开始到 2005 年。另外 Semantics（Saeed 1997)也有了第二版,即 Semantics（Saeed 2003, 2nd edition）。那么,上面谈到的意义研究的两个趋势将更加明显。这两个鲜明的趋势可以换一种说法概括为:意义的研究越来越精细,研究意义的学科越来越多。这两个趋势都令国内进行语言研究的人,尤其令研究语义学的人"毛骨悚然"。为什么？因为别人的东西已经细到了你读不懂的地步,哪里还有资格说自己是进行语义学研究的学者？随便翻阅几本英文原文的语义学刊物,读者大概会同意笔者以上的"怪论"。精细的研究著作读不懂,那么跨学科研究如何？目前,国内大多数进行语义学研究的都是文科背景。更确切地说,进行英语语义学研究的都有英语专业的学历,很少有人具有其他学科的背景。同时,我们面对的却是这样一个洋洋大观的语义学。因此,我们必须找到一个支点、一个起点。对于英语专业的硕士研究生、高年级本科生,他们首先应该学习语义学的哪些知识?他们应该打下什么样的基础,才能在未来的研究中同国际看齐?这些问题是任何一位有责任感的语言教师都必须要回答的。

3 笔者对语义学课程教学的理解

3.1 核心内容:词汇语义学和句子语义学

基于以上分析,笔者认为,为语言专业高年级本科生及研究生开设语义学课必须以词汇语义学和句子语义学为核心。这两点是我们的根本和立足点。我们必须首先打好这两个层面的理论和实践基础,然后再逐步向外扩展,包括向语言学之外的跨学科发展。面对庞大的语义学内容,我们不能自己先乱了阵脚。语义学的内容很多很广。两所大学英文系的两个教师在给研究生开设语义学课程,讲的内容可能不完全一样,甚至相差甚多。但是没有人否认他们讲的都是语义学。随便翻开几本国内外的语义学著作,大家都会同意笔者的看法。虽然这种状况无可非议,但是,这种状况是不科学的。本科生、硕士研究生仍然处于打基础阶段,尤其是在目前研究生大量扩招的情况下,他们都应该扎扎实实打好词汇语义学和句子语义学的基础。如果授课教师按照自己的研究兴趣脱离这两个中心来教授语义学,那么学生基础不牢固,将来的跨学科研究也只能是水中捞月。

3.2 语义学与语用学在教学中应该相互区别

很多语义学家仍然死守"语义学是研究意义的科学"这一定义,把语用学的研究内容包括在语义学之内。因为意义当然包括语境中的意义,即话语的意义。这样一来,许多语义学著作用很大的篇幅来谈语用的问题。这一点笔者在《语义学教程》(Li & Kuiper 1999)的前言中已经谈到。理论上,对于语义学是否涵盖语用学的问题,我们先不谈。但是,在教学实践中,我们应该以务实的态度把二者相互区别。原因有三:首先,语用学已经走上独立发展的道路,理论层出不穷,内容越来越多。其次,作为核心内容的词汇语义学和句子语义学的内容已经足够一个学期的教学使用。第三,从教学现实来看,很多大学已经开设了语用学课程,在语义学教学中加入语用学专题,其结果是既没有顾好此,也会失去彼,从而造成课程交叉和重叠。因此,笔者不赞同只是因为语义学的划界问题的争论而一定要在语义学课程内讲授几讲语用学的内容。翻开国内的个别语义学的教材,在这一点上,有强跟国外潮流之嫌,非要安排几章语用学的内容不可。正是出于这种考虑,本书没有安排语用学的内容。

3.3 国内出版的语义学著作

自上个世纪 80 年代初以来,中国内地已经出版了一些语义学著作。这些著作大多是英语的语义学和汉语的语义学。这些著作的目录在本书后的参考书目中有较全面的反映。仔细研读,我们会发现其中有些著作有一些地方不够理想,可以归纳为如下 5 点:(1) 大部分是归纳综述国外理论,把国外大家的理论罗列在一起,有自己评价的很少,英语语义学的著作更是如此。(2) 从横向角度兼顾国内同行研究的少,多少有点老死不相往来之嫌。你写你的,我写我的。大家相敬如宾,没有批评;或者称为敬而远之。(3) 尽管是对国外理论的综述,但是有一部分却不利于追根寻源。读者只要随便翻阅几本国内出版的语义学著作,就会认同笔者的说法。明明在文中说了根据国外某某,但是既不列出具体的时间,也不在参考文献中列出。这种"怪象"虽然可能属于个别,但是往往让认真的读者十分气馁,甚至气愤。因此,笔者对以论文数量作为衡量学术水平的做法,坚决投反对票。正文中提到的任何文献,都应该并且必须在书后参考文献中详细列出。尽管这是做研究的基本要求,是个底线,但是,翻开国内出版的十余本语义学著作,整本书能完全做到这一点的几乎寥寥无几。这违背了笔者在上文倡导的研究是承前启后的传承活动的原则。怎么承前启后?理论明明不是你的,可是到你这里就断了,是你割断了和历史的联系,堵死了过去、现在和未来这个桥梁,同时也剥夺了读者"来回行走"的权利。(4) 大多在根据自己的兴趣填充全书内容。对于语义学到底应该讲授什么,不该讲授什么,没有从研究的角度做出过回答。(5) 国外的理论是圣经,是经典。语义学的著作是在讲述这些经典,没有考虑如何启发读者的创新思维。

笔者基于对以上三个大的领域的理解,形成了三个方面的理念。这些理念的核心可以概括为:研究是一种传承和创新活动;语义学既是语言学中的综合学科也是跨学科的研究;语义学的学习应该以词汇语义学和句子语义学为起点和核心,适当兼顾跨学科的内容。笔者在整个写作过程中尽力融合并贯彻这三个理念,力图使本书具有如下七个特点。由于笔者水平所限,这些特点有的较明显,有的并不突出,甚至不令人满意。如此一来,这七个特点便成了本书所追求的一个理想。

特点一:研究性强

本书中的每一章都是针对一个专题进行的研究,是以一篇独立论文的形式写成的。个别章节已经在国内刊物上发表过,例如第8、10、19章等,在纳入本书前做过修改、补充和完善,使之更适合作为教材阅读使用。在每章的专题中,笔者首先讲清楚该问题的渊源和国内外一些同行的观点,之后,谈自己对该问题的研究。整本书的框架是在研究的基础上建立的,讲什么、不讲什么都根据学科的核心需要。

特点二:针对性强

本书主要满足英语专业高年级本科生和硕士研究生开设语义学课程的需要。因此,为了让读者准确透彻地理解主要概念,每一个问题,凡涉及定义的,笔者都尽量从专业词典中引用英文原文,让读者能够追本溯源。本书安排的20章内容,既考虑到一个学期的教学需要,又考虑到了学科要求。

特点三:系统性强

本书从研究的角度,系统阐述了语言学领域中的语义学的核心内容;应该讲什么,不应该讲什么,都是为整个系统框架服务的。

特点四:启发创新性强

本书在批判地介绍理论知识的同时,也提出了一些颇具独创性的想法。例如,第 5 章就是一个典型。当然这些都有待于同行的指正。我们这样做,同时也是为了启发读者的创新思维。

特点五:开放性强

这里的开放性指两个方面。一是全书结构的开放性:随着本学科研究的发展,很多新的角度可以置入本书的框架之中,丰富本书的框架,如第 3、11 和 16 章。二是每部分内容的开放性:全书共 10 大部分,20 章。这 10 大部分分别是语义学简史、语义学分类、语音和意义关系、意义的本质、词汇语义学、词汇及概念层面的语义学理论、词组层面的主要语义学理论、句子语义学、认知语义学和形式语义学。这 10 大部分里面的具体内容也是开放性的。笔者往往选取该领域的核心议题做为主要章节的内容。教师在课堂讲授的时候,完全可以选取该领域的其他内容,让学生自己阅读本书中的相关章节。

特点六:前瞻性强

本书在强调词汇语义学和句子语义学这两个中心的同时,也力图使本书兼容并包。笔者以两个中心为踏脚石,逐步向四周拓展。笔者希望这些拓展能够引起某些读者的兴趣,引导他们进入某一学科的殿堂。正是基于此,笔者决定了第 14 章的内容。该章内容虽然是信息结构,但是主要内容是功能语言学中的主位和述位。这样的内容是否一定可以放到句子语义学中,肯定是有异议的。但是,功能语言学认为语言有三种功能,分别表达三种不同的意义。三种功能分别是 representational function(表达功能)、interpersonal function(人际功能)和 textual function(语篇功能)。因此语言有三种意义,experiential meanings(经验意义)、interpersonal meanings(人际意义)和 textual meaning(篇章意义)。主位和述位恰恰是描述篇章意义的。如果有读者因阅读该章而对功能语言学产生兴趣,进入这一领域,这难道不是一件好事吗?这就是笔者谈的前瞻性。第 16、17、18、19、20 章的功能也都类似。

特点七:理论与实践结合性强

理论与实践的结合性强主要表现在两个方面。首先,每一章既有研究侧重,让研究生能深入下去,顺藤摸瓜;又有大量具体的例子或语料,以满足本科生在理论框架下学习英语的需要。其次,本书不是把语义学当成教条来向学生灌输,而是把语义学当成一种活动,一种学生自己也可以参与的活动。在这一点上,笔者十分赞同维特根斯坦的话"Philosophy is not a body of doctrines but an activity."(Wittgenstein 1953;Wierzbicka 1972:1)(哲学不是一系列的教条,而是一种活动)。语义学也应该是学生可以直接参与的一种活动。全书在写作过程中都力图以这一原则为指导,书中有个别章节,例如第19章,整章都是在这样的理念下完成的,它们是对理论进行的大胆实践。

最后,笔者要鸣谢。本书所属的系列得益于彭宣维的创意和胡壮麟教授及北京大学出版社的大力支持。笔者在写作期间得到过许多学者的鼎力相助,他们不厌其烦地把自己的书稿压缩到电子邮件里发过来。其中包括 Anita Naciscione(The Latvian Academy of Culture, Latvia);Anna Wierzbicka(The Australian National University, Australia);Margaret Magnus(Natural Language Applications at Software Documentation Localization International, USA);Brigitte Nerlich(University of Nottingham, UK);Jerome Puckica(University Grenoble 3, France);Rene Dirven(University Duisburg-Essen, Belgium)等等。北京师范大学的伍铁平教授非常慷慨地借出自己珍藏的资料,并欣然承担了全书的审订工作。伍老师学术要求严谨。书中尚有多处未能达到伍老师的要求,待以后完善。书中尚存错误由笔者一人负责。本书大部分章节在北京航空航天大学和北京外国语大学2003、2004、2005年笔者给研究生开设的语义学课程中作为讲义使用过。同学们的问题和反馈的意见都成了进一步修改的依据。在北外开课期间,和吴一安教授的多次交谈使笔者受益匪浅。吴老师温和的性情影响并激励着笔者更踏实地做好自己的研究。

在本书写作中,笔者邀请了几位学界同仁完成某些章节的写作。李素英(北京航空航天大学)完成第10章;丁研(北京航空航天大学)完成第11章和第20章;周丰(北京外国语大学)完成第12章和第14章;胡佳秀(北京航空航天大学)完成第17章。笔者给她们提出写作要求和写作思路以及必读书目,最后全面审阅,修改全文直到定稿。笔者征得她们同意，本书仍为笔者所著。田聪（北京外国语大学）和丁研（北京航空航天大学）完成书中大部分章节中长段英文引文和英文例句的翻译工作。全书完稿后，丁研、周丰、田聪、周楠、王坛、贾丽莉、刘俊丽、申淼、张连超等对全书进行了全面的校对工作。书中尚有错误，敬请读者原谅并反馈意见，在此提前致谢！

在笔者对纸样完成最后校对，交给出版社以后，本书责任编辑黄瑞明老师又发现了林林总总的一系列的错误。笔者对此感到汗颜，并对北大出版社编辑们的职业素质表示敬意，对参加本书编审工作的张冰、黄瑞明、李颖老师表示最诚挚的谢意！

最后，笔者要把最美丽的一束鲜花献给妻子李素英女士，表示由衷的感激。她是拙文第一位批判者，也是笔者写作期间焦躁脾气的安慰者，以及情绪低谷时的鼓励者。笔者又不自觉地重复了自己读博士期间的情感经历，再一次感到，做学者不易，做学者的妻子也不易。

李福印
香港中文大学博士
北京航空航天大学教授
北京外国语大学兼职教授

2007年元月
于北京清林苑小区

电子邮件地址：
thomasli@buaa.edu.cn
thomasli@alumni.cuhk.net
thomaslifuyin@hotmail.com

语义学简史

"语义学"追本溯源[①]

1.1 引　言

　　国内出版的几本语义学著作对于"谁、在什么时间、用什么语言、在什么文献中首次使用了现代意义上的'语义学'一词?"这一系列问题的回答众说纷纭。本章追寻"语义学"的起源,澄清了国内一些出版物在这一问题上的混乱说法。结论是:法语的 la sémantique 早在1878 年就在非正式场合中出现过,使用者是法国语言学家 Michel Bréal。1883 年,也是 Michel Bréal 在用法语发表的题为"语言的知识规律:语义学简介"的论文中,正式使用了 la sémantique 一词。这是"语义学"在公开发表的文献中首次出现。1894 年,美国学者 Charles R. Lanman 在美国语文学会上用英文宣读了题为"反映意义:语义学研究的一个要点"一文中,正式使用英文的 semantics。澄清这个问题,对于完整准确地研究语义学史,还原事实的本来面目,是有重要意义的。

1.2　国内一些出版物中存在的问题

　　近年来国内出版的语义学著作越来越多了。例如,伍谦光(1987)、徐烈炯(1995)、贾彦德(1999)、李福印、Kuiper(1999)、束定芳

---

　① 笔者感谢西班牙 Málaga 大学的研究资助,该资助使笔者于 2003 年 6 至 9 月间在欧洲访学 3 个月,得以查阅大量资料。笔者还要感谢香港中文大学英文系的资助,该资助使笔者于 2004 年 6 至 8 月间以访问学者身份再次返回母校香港中文大学,得以核对有关资料。

(2000)和王寅(2001)等,在此仅列举几例。语义学是语言学中一个较年轻的学科,它的历史不长,它是从19世纪末开始逐渐发展起来的。因此,对于一些基本问题的发展过程原本应该不难追溯。但是,事实却非如此。翻阅几本语义学著作就会发现,对于谁、在什么时间、什么文献中最早使用 semantics(语义学)一词,这样最基本的问题的解释都十分混乱。我们先看几本书的解释。

(1) 自1883年法国学者 Michael Bréal 发表《语义学:研究意义的科学》以来,语义学作为语言学的一门独立学科宣告成立。(王寅 1993:1,前言)

(2) 自1897年法国学者 Michael Bréal(布雷尔 1832—1915)发表"Essai de Sémantique"(《语义学探索》)(1900年英译本问世,译名为 Semantics: Studies in the Science of Meaning)以来,语义学作为语言学的一门独立学科宣告成立,……(王寅 2001:1,前言)

(3) 英语中现代意义上的"semantics"(语义学)一词最早是由法国语文学家 Michel Brëal 使用的。1894年,在美国语文学会的一次会议上,Brëal 宣读了一篇题为"被呈现的意义:语义学中的一个要点"的论文,第一次使用了"semantics"这个词。其实,英语中的"semantics"来自于法语中的"semantique",其意思是"语义的变化"。也就是说,当时的语义学研究的对象是意义的变化。1900年,Brëal 出版了英文版的《语义学:意义科学研究》,对语义的研究对象和方法作了系统的阐述。该书的法文原版出版于1897年。Palmer 在评价这本书时说过,"这是一本非常难得的好书,很可惜被人们忽视了。"(Palmer 1973:Introduction)(束定芳 2000:1)

(4) 1883年,Brëal 发表的一篇论文把语义学这一新学科的目标明确规定为研究意义的变化及其原因,并根据逻辑学和语文学等标准对意义变化的方式和变化的原因进行了分类。(束定芳 2000:2)

(5) 早在1838年,德国学者莱西希(K. Reisig)就主张把词义研究建成一门独立的学科,他把这门学科叫做 Semasiologie(semasio"意义"＋logie"学")。他的主张没有引起人们的重视。到了 1893 年,法国语言学家布雷阿尔(Michel Bréal)首先使用了 sémantique(语义学)这个术语,并于 1897 年出版了他的著作《语义学探索》(*Essai de Sémantique*)。(贾彦德 1999:4)

(6)"语义学"这个术语,于 1893 年被法国语言学家布雷阿尔正式创造出来,他借用希腊语词根 séma(符号)创造一个法语词 sémantique,英语转写为 semantics。三年后,即 1897 年他出版了第一部专著《语义学探索》,于是成了最著名的传统历史语义学家。(张志毅、张庆云 2001:1—2)

以上是来自几本语义学著作的引文,以下分别称引文(1),引文(2)等。仔细阅读这些引文,仅从字面就可以发现许多不一致。因此,我们断定这里肯定有错误。笔者一并归纳为如下七个问题。

[1] 引文(1)和(2)对哪一部著作标志着语义学作为语言学的一门独立学科宣告成立这一问题的描述不一致。毕竟 1883 年到 1897 年相隔 14 年。这是一个学术事实,不是见仁见智的问题。更何况,引文(1)和(2)的出版仅仅相隔 8 年,即 1993 年至 2001 年。无论如何,(1)和(2)的不一致给读者留下了疑点。

[2] 引文(1)、(2)、(3)和(4)都存在拼写错误。首先,都把 Michel Bréal 错写为 Michael Bréal,或 Michel Brëal。引文(3)把法文的 sémantique 错拼为 semantique。

[3] 引文(3)和(4)来自同一本书的第 1 页和第 2 页。这两段引文对于 semantics 一词是什么时候第一次被使用的这个问题的描述前后矛盾。假如 semantics 一词是由 Bréal 在 1894 年第一次使用的,那么 Bréal 怎么可能在 1883 年讨论语义学这一新学科的目标?

[4] 引文(3)认为:英语中的 semantics 来自于法语中的 sémantique,其意思是"语义的变化"。这一点是值得商榷的;semantics 一词的主要意思就是"语义学",这是毫不含糊的。具体到当时语义学的研究对象是否包括语义变化,这是另外一个完全不同的

问题。但是无论如何不能说 semantics 一词的所有内涵只是"语义的变化",这不合常规。

[5] 引文(3)中提及"(Palmer 1973:Introduction)"。笔者随即翻开引文(3)书末的参考文献,发现根本没有 Palmer(1973)这本书,只有 Palmer(1981,2nd edition)。根据考证,笔者认为只有首版的 Palmer(1976)和第二版 Palmer(1981,2nd edition),并不存在 Palmer(1973)。

[6] 对于谁是第一次使用 semantics 的,尽管人名拼写错误,以上引文能够统一,都认为是 Michel Bréal。但是第一次使用的是法文的 sémantique,还是英文的 semantics,又出现不一致。

[7] 对于"语义学"是什么时间开始使用的,尤为混乱。我们从以上引文可以得出四个答案,即 1883 年,1893 年,1894 年,1897 年。由于时间不一致,导致最初出现"语义学"的文献也不一致。有如下说法:1883 年的《语义学:研究意义的科学》;1894 年的"被呈现的意义:语义学中的一个要点";1897 年的《语义学探索》;在 1893 年的何种文献中首次使用"语义学"一词,引文(5)和(6)未能列出。

笔者又翻阅了国内出版的其他语义学著作,发现都没有谈及这一问题。通过上述讨论,我发现国内的这些语义学著作在"语义学"发源的问题上十分混乱。我们有必要澄清,因为这涉及一个学科发展历史的完整。在以下论述中,以上问题分别称为问题[1]、问题[2]等。

对于谁、什么时间、在什么文献中首次使用 semantics(或法文的 sémantique)这一问题的回答不是学术问题,是不可以讨论的。这仅仅是一个客观历史事实。国内出版的一些专著对这一个历史事实众说纷纭的解释极大地激发了笔者的好奇心,促使笔者做了一点追本溯源的工作。

1.3 语义学的渊源

要追本溯源首先要顺藤摸瓜,从查阅以上著作后的参考文献入手,然后查找原文。但是笔者发现以上著作多数都未列在叙述中提到的参考文献。这也许是汉语著作的一大"特点"。至此,我们可以为以上七个问题再加上一条,为问题[8]。

[8] 以上引文出处的著作都没有完整列出在叙述中提及的 Michel Bréal 的参考文献。

以上提到的著作中都谈到过 Michel Bréal 的著作或论文。但是,只有引文(3)的著作列出了一本没有出版年代的文献,即"Breal, M. Semantics. New York: Henry Holt"(束定芳 2000:230)("Breal, M."仍为拼写错误)。另外,引文(3)的著作中没有列出该引文提到的"(Palmer 1973:Introduction)",却在参考书目中列出了 Palmer (1981)。笔者随后就查阅了 Palmer (1981),发现有如下一段叙述,由于和本文极为相关,列为引文(7)。

> (7) Although there is one occurrence of ***semantick*** in the phrase ***semantick philosophy*** to mean 'divination' in the seventeenth century, ***semantics*** does not occur until it was introduced in a paper read to the American Philological Association in 1894 entitled 'Reflected meanings: a point in semantics'. The French term ***sémantique*** had been coined from the Greek in the previous year by M. Bréal. In both cases the term was not used simply to refer to meaning, but to its development—with what we shall later call 'historical semantics'. In 1900, however, there appeared Bréal's book ***Semantics: Studies in the Science of Meaning***; the French original had appeared three years earlier. This is a superb little book, now sadly neglected, but well worth reading. (Palmer 1981:1)
>
> 尽管 ***semantick*** 早在 17 世纪在 ***semantick philosophy*** (占卜哲学)这一词组中出现过一次,表示"占卜,预言",但是 semantics(语义学)直到 1894 年才在一篇在美国语文学会宣读的论文中出现,该论文的题目为"被思考的意义:语义学研

究的一个要点"。法语的 sémantique 是此前一年由 M. Bréal 根据希腊语创造的。在上述两种情况下,这个术语都不是仅仅涉及意义,而是涉及意义的变化——包括我们后来称为"历史语言学"的内容。到了 1900 年,出现了 Bréal 的著作《语义学:意义科学研究》,该书的法文原版在 3 年前已经出版。这是一本非常好的书,篇幅不长,遗憾的是现在被忽略了,却很值得一读。

读完以上原文,笔者认为引文(3)译自引文(7)。但是,引文(3)中有误译。引文(7)的原文中没有说"Reflected meanings: a point in semantics"是 Michel Bréal 宣读的,也没有说法语中的 sémantique 的意思表示"语义的变化"。Palmer 的原文也没有说"这是一本非常难得的好书,很可惜被人们忽视了"。引文(3)漏译"now"(现在),这是对原文的断章取义。原文并不是说该书一出版就被忽略了。分析到此,从引文(1)到(7)又产生了一个新的问题,在此列为问题[9]。

[9] 谁是"Reflected meanings: a point in semantics"的作者?

这个问题很重要,因为如果该文作者不是 Michel Bréal,那么英文的 semantics 就不是 Michel Bréal 首次使用的。

经过多方查阅,笔者终于找到了一本 1991 年英文版的 Michel Bréal 的文集,由 George Wolf 编辑和翻译,书名为 *The Beginnings of Semantics: Essays, Lectures and Reviews*(Bréal 1991)(《语义学的开端:随笔,讲座和评论》)。该书在前言"Translator's Introduction: the Emergence of the Concept of Semantics"中有如下这段话,列为引文(8):

(8) Semantics has its beginnings in the development of the discipline of comparative philology in Europe during the nineteenth century. The term *semantics* (Fr. *La Sémantique*) was coined by the French linguist Michel Bréal, Professor of Comparative Grammar at the Collége de France from 1866 to 1905, officially in his article of 1883,

'The Intellectual Laws of Language: a Sketch in Semantics', and unofficially in a letter of 1878 to Angelo de Gubernatis[①]. Bréal's concept of semantics grew out of his philological work in the tradition of Bopp and the German founders of comparative philology inspired by Friedrich and August Schlegel and Wilhelm von Humboldt, the latter three having come to Paris at the beginning of the century either to study Sanskrit, or to make contacts in what was then the intellectual center of Europe. (Bréal 1991:3)

语义学的开端源于19世纪欧洲比较语文学的发展。semantics(法语, la sémantique)一词是法国语言学家 Michel Bréal 创造的。Michel Bréal 在 1866 至 1905 年是法兰西大学比较语法学的教授。semantics 一词出现于 1883 年 Bréal 公开写的题为"语言的知识规律：语义学简介"的论文中，于 1878 年非公开地出现在他给 Angelo de Gubernatis 写的一封信中。Bréal 的语义学概念产生于他在 Bopp 以及德国比较语文学创始人的传统中所作的比较语文学的研究工作。比较语文学曾受到 Friedrich，August Schlegel 及 Wilhelm von Humboldt 的启发，这 3 人曾在 19 世纪初来到巴黎，或者学习梵文或者在当时的欧洲知识中心巴黎与学者们有过广泛的交往。

Bréal 的论文《语言的知识规律：语义学简介》的英文译文全文收录在 Bréal(1991)的文集中。semantics 一词就出现在该论文的第二段。全文如下，为引文(9)。

(9) The subject in which I invite the reader to follow me is so new in kind that it has not even been given a name. The fact

---

① P. Ciureanu, Lettere inedited di Michel Bréal, Gaston Paris e Émile Littré, Convivium, July-Aug., 1955, pp. 452—466.

is that most linguists have directed their attention to the forms of words: the laws which govern changes in meaning, the choice of new expressions, the birth and death of phrases, have been left behind or have been noticed only in passing. Since this subject deserves a name as much as does phonetics or morphology, I shall call it semantics (from the verb sēmainō 'to show by a sign, to signify'), that is, the science of meaning. (Bréal 1991:137)

我向读者介绍的这一学科从其性质上看太新了,以至于它还没有被命名。事实是,大多数语言学家的注意力都集中在词的形式上:支配词义变化的规律、新的表达方式的选择、以及词组的产生和消亡等方面的规律都被抛在脑后,或者只是顺便有时候被提及。既然这一学科同语音学或形态学一样应该有一个名称,我把它称为语义学(来自动词 sēmainō "用符号显示,表示"),即,意义的科学。

随后笔者根据 Bréal(1991)的注释,找到了法文原文的 Bréal(1883),列为引文(10)。

(10) L'étude où nous invitons le lecteur à nous suivre est d'espèce si nouvelle qu'elle n'a même pas encore reçu de nom. En effet, c'est sur le corps et sur la forme des mots que la plupart des linguistes ont exercé leur sagacité: les lois qui président à la transformation des sens, au choix d'expressions nouvelles, à la naissance et à la mort des locutions ont été laissées dans l'ombre ou n'ont été indiquées qu'en passant. Comme cette étude, aussi bien que la phonétique et la morphologie, mérite d'avoir son nom, nous l'appellerons la sémantique (du verbe *semainein*), c'est-à-dire la science des significations. (Bréal 1883:132)

至此,引文(1)至(6)所造成的混乱状态得以澄清。笔者又查阅了 Allen Walker Read 于 1948 年发表在刊物 WORD 上的英语原文"An Account of the Word 'Semantics'"(Read 1948)(对"semantics"一词的描述)。Read 写道:"Two years later in 1885, another French linguist, Arsène Darmesteter, adopted Bréal's term in a study of word history."(Read 1948:79)(在两年后的 1885 年,另一位法国语言学家,Arsène Darmesteter,在对词汇史的一项研究中采用了 Bréal 的这个术语。)这篇文章从另外一个侧面证实了法文的"语义学"是 1885 年的两年前,即 1883 年开始使用的。Read 认为在 1883 年以后的任何时间,英语的 semantics 一词都有可能在英语语言的文献中出现。1884 年,曾给新奥尔良报纸(*New Orleans Newspaper*)写文章的美国作家 Lafcadio Hearn 就在报纸上介绍过 Bréal 的一篇论文。但是,Hearn 并没有使用 semantics 一词。Read 对 semantics 在英语中的出现时间作了进一步的考证,请看引文(11)。

  (11) An American scholar in 1894 did pick up the word. Charles R. Lanman, professor of Sanskrit at Harvard University, on December 27, 1894, read a paper before the American Philological Association entitled 'Reflected Meanings: a Point in Semantics,' in which he declared: 'The doctrines of the principles that underlie the processes of the development of the meanings of words may be called semantics or semasiology.'(Read 1948:79—80)

  一位美国学者在 1894 年确实拾起这个词。哈佛大学梵文教授 Charles R. Lanman,于 1894 年 12 月 27 日在美国语文学会上宣读了题为"被思考的意义:语义学研究的一个要点"的论文,他在该论文中宣称:"研究支配词的意义发展过程的规则的学说可以称为 semantics 或 semasiology。"

至此,上文提出的问题都得到了圆满解答。

1.4 结　语

通过考证,本章得出三个结论:(1) 法文的 la sémantique 早在 1878 年就在非公开发表的信中出现过,使用者是 Michel Bréal。(2) 1883 年,法国语言学家 Michel Bréal 在用法语发表的题为"语言的知识规律:语义学简介"的论文中,公开使用 la sémantique。这是"语义学"首次在公开发表的文献中以法文 la sémantique 的形式出现。(3) 1894 年 12 月 27 日,美国学者、哈佛大学梵文教授 Charles R. Lanman 在美国语文学会上用英文宣读的题为"被思考的意义:语义学研究的一个要点"一文中,正式使用英文的 semantics。

语义学的分类

第二章

语义学的分类

2.1 引 言

   自从1883年,法国语言学家Michel Bréal在用法语发表的题为"语言的知识规律:语义学简介"的论文中,正式使用la sémantique一词以来,语义学的流派和理论层出不穷。本章通过列举实例从多个角度说明了目前语义学研究洋洋大观的现状。为了从全局把握语义学这一学科,笔者提出了语义学的分类模式,认为可以用语言学的研究范畴、语言结构层次、历时角度、语义学流派等标准给语义学分类。本章也提及了语义学文献中常见的各种各样的语义学流派,并对国内大学语言相关专业,尤其是英语专业硕士研究生的语义学课程的讲授提出了建议。本章第二部分用具体数据说明了语义学多彩纷呈的现状。第三部分提出了分类标准,在分类模式中简单介绍了语义学的主要流派。本章结语给英语专业硕士研究生的语义学课程提出了一些建议。

2.2 洋洋大观的语义学

   语义学的研究对象是语言的意义。意义是语言三个层面(音、形、义)中最重要的一个层面。因为无论是语言的声音还是形体,如果没有意义,就无法用来交流,一切将无从谈起。但是,一些雄心勃勃的学者一旦想深入研究语义学,他们立刻会发现这一学科的繁杂。笔者在网页(www.google.com)输入英文关键词semantics,结果查到6,420,000项内容。在同一网页上输入汉语关键词"语义学",查到

391,000项内容。我们到香港中文大学图书馆（http://www.lib.cuhk.edu.hk/），查找书名中含有 semantics 的条目，共有 101 条，并且几乎都是书名的第一个词为 semantics。我们再到中国国家图书馆（http://www.nlc.gov.cn/res/index.htm）搜索书名中含有"语义学"的条目，得到 99 条（以上三处访问时间均为 2005 年 8 月 28 日）。实际上，语义学专著的数量应该是 101 条或者 99 条的许多倍。

从以上检索中，我们可以看到关于语义学的以下提法：词汇语义学、句法语义学、情境语义学、形式语义学、逻辑语义学、神经语义学、模糊语义学、文化语义学、结构语义学、工程图形语义学、设计语义学、认知语义学、现代语义学、英语词汇语义学、现代英语语义学、汉语语义学、现代汉语语义学、汉语计算语义学、俄语语义学、俄罗斯当代语义学、普通语义学、动词语义学、《墨子》语义学等等。当然，以上检索无法包括不含有 semantics 或"语义学"这两个关键词，但内容却是的的确确关于语义学的，甚至是语义学的一些有影响的理论。例如"Montague 语法"等。面对语义学的洋洋大观之状，胸怀大志的学者往往会感到气馁，甚至望而却步。

我们还可以以"意义"、"语义"、"meaning"等进行检索，可以说语义学的研究范围是一个汪洋大海。以上还没有包括中外刊物中的语义学论文。根据笔者所查，国外出版的英文原文期刊至少有十多种是关于语义学研究的。为了方便读者，笔者把这些期刊的名称列在下面，括号中的时间为创刊时间。

(1) *Etc.*；*A Review of General Semantics*（1943— ）

(2) *Journal of Literary Semantics*（1972— ）

(3) *Journal of Semantics*（1982— ）

(4) *Natural Language Semantics*：*An International Journal of Semantics and Its Interfaces in Grammar*（1992— ）

(5) *Syntax and Semantics*（1972— ）

(6) *Formal Aspects of Computing*：*The International Journal of Formal Methods*（1989— ）

(7) *Versus*：*VS*（1971— ）

（8）*Journal on Data Semantics*（2003—　）

（9）*Ultimate Reality and Meaning*（1978—　）

（10）*WORD*（1945—　）

以上刊物中，没有包括心理学、哲学、人类学等其他学科研究意义的刊物。从上面的列表中可以看出，有些已经有相当长的历史，比如第一种，自1943年开始出版。第十种 *WORD*（1945—　）是美国语言学会主办的，其发行历史已经超过六十年了。该刊物刊登关于词汇用法方面的论文比较多。翻阅以上刊物，笔者有一个深深的感受，那就是，绝大部分论文，即使具有国内一般的英语系硕士研究生毕业的水平，或者说具有国内绝大多数高校英语教师的平均水平，都无法读懂。中国内地学者在这些刊物上发表的论文更是凤毛麟角。从这个意义上看，我们似乎可以断言，国内语言学界，起码英语界的语义学研究还谈不上与国际接轨。

从动态的角度看，国外每年用英文出版的和语义学相关的著作，包括博士论文，多达上百部。只要浏览一下美国的语言学家网（http://linguistlist.org/）上频繁发布的新书及新的博士论文信息就可以知道这一点。2005年，我们看到 *Insensitive Semantics*（Cappelen and Lepore 2005），*Foundations of Intensional Semantics*（Fox and Lappin 2005）等。这些"奇形怪状"的语义学名称的确让我们应接不暇。

那么，我们应该从什么角度来把握语义学的这一"汪洋大海"？学习语言学的学生应该怎样对待以上各种不同的语义学分支？先学什么，后学什么？或者是否有些可以根本不学？至少语言学系的学生可以暂时不学？或者，给学习语言学的研究生及本科生开设语义学课程至少应该讲授什么内容？回答这些问题，需要站在一定的高度，需要从全局把握这一学科，需要给语义学进行分类。以下我们从语言学范畴、语言表达层面、音形义等层面给语义学分类。

2.3　以语言学为界进行分类

依据研究的范围是否在语言学内为标准，我们把语义学分为语言学领域的语义学（linguistic semantics）和非语言学领域的语义学（non-linguistic semantics）。语言学领域以外我们可以在语义学前冠以各种学科的名称，例如逻辑语义学（logical semantics）、哲学语义学（philosophical semantics）、心理语义学（psychological semantics）等等。John Lyons（1995：11）认为由于"linguistic"一词含有歧义，它既可以表示"关于语言的"，也可以表示"关于语言学的"，因此造成了"linguistic semantics"的歧义。Lyons 建议使用的第二个意思，即"linguistic semantics"其含义是"语言学的语义学"或称"语言学范畴的语义学"，它是语言学的一个分支。同理，逻辑语义学是逻辑学的一个分支；哲学语义学是哲学的一个分支；心理语义学是心理学的一个分支（Lyons 1995：11）。

Lyons 给语义学和语言学的语义学下的定义为"For me, semantics is by definition the study of meaning; and linguistic semantics is the study of meaning in so far it is systematically encoded in the vocabulary and grammar of (so called) natural languages"（Lyons 1995：xii）（我认为，从定义来看，语义学是研究意义的科学；语言学领域的语义学是研究系统编入（所谓）自然语言的词汇和语法中的意义的科学）。有一点非常值得一提，在以语言学为界给语义学清晰地划界以后，Lyons 把其他学科的语义学挡在了语言学之外；并同时扩大了语言学领域的语义学在语言学内的范围，涵盖了语用学（pragmatics）的大部分内容。在这一点上，他自己的叙述和做法是一致的。"In particular, I include much what has come to be called pragmatics"（Lyons 1995：xii）（尤其是，我包含了许多现在已经被称为语用学的内容）。因此，他在 1995 年的书中用了整整一章 100 多页的篇幅来谈论话语意义（utterance-meaning），探讨了言语行为（speech acts）。因此，Lyons 对语言学的语义学持有比较广义的解释。

持有类似观点、把语用学包含在语言学领域中的语义学的学者还有 Keith Allan。Allan 在他的两卷本巨著 *Linguistic Meaning*（Allan 1986）中用 120 页讨论了言语行为。

也有学者对语言学领域的语义学持有比较狭义的解释，认为语义学研究的意义是"literal decontextualized meaning"（语境之外的字面意义),因而把语言学领域的语义学定义为"Linguistic semantics is concerned with literal, decontextulized meaning, that furthermore, is associated with the grammatical structure of language"(Frawley 1992:2)(语言学领域的语义学是关于非语境中的字面意义,进而它和语言的语法结构相联系),从而完全把语用学排除在语言学的语义学之外。从目前中国大陆的实际来看,由于对英语专业硕士研究生都普遍开设了语用学课程,并且语用学作为语言学的一个分支,发展情况良好,因此没有必要把它放在语言学的语义学范围之内。

在语义学分类上存在不同观点,主要是由于无法确切定义"意义"造成的。这一点在本书第4章、第5章中有更详尽的讨论。语言学家对语义学的定义(the study of meaning)基本上没有分歧。下面我们从结构主义观点出发,对语言学领域内的语义学进一步分类。

2.4 从语言表达层面进行分类

词素、词、短语、句子、语篇是意义载体的五个层面。词素(morpheme)是最小的意义单位。在词和词素层面的研究上,英语中有词法形态学(morphology),简称词法学,或词法。英语语义学在这一个层次上的研究比较少,在这个层面上对意义的研究任务基本上属于词法。汉语词汇语义学的研究也已经涉及这个层次,例如《词汇语义学》(张志毅、张庆云 2001:15)。语义学的研究基本上都集中在词和句子层面,在这两个层面上有两个最重要的语义学分支,分别是词汇语义学(lexical semantics)和句子语义学(sentential semantics)。英语中的词汇语义学主要研究词汇的意义关系(sense relations)类型,以及对这些类型做出的理论解释。本书第6章到第11章的内容都是在这个层面上展开的。句子语义学研究句子的意义和句子意义的关系。本书第12章到第16章的内容是关于这个层面的。

2.5 从音、形、义三个层面进行分类

语言有三个重要层次:音、形、义。我们现在谈论的是其中一个层

次,即语义层。上文谈到语义的载体有五个结构层次。音(语音)、形(句法)两个层面与五个载体层次相交叉,可以得到另外一些语义学。从语音的角度研究意义不是语义学的重点,但是也有相关研究,现在称为"音义学",本书将在第 3 章讨论。从句法角度研究五个意义载体的层面,也有许多理论。这是上文提到的第 12 章到第 16 章的内容。

2.6　从历时角度进行分类

在上述讨论中,我们采取的是共时的角度。我们也可以从语义学的发展历史来讨论语义学的分类。首先我们看一下《牛津简明语言学词典》(1997)对语义学的定义。

> Semantics: The study of meaning. Seen by Bréal, in the late 19th century, as an emerging science (French 'sémantique') opposed to phonetics ('phonétique') as a science of sounds; similarly, for Bloomfield in the 1930s, it was a field covering both grammar, as one account of meaningful forms, and the lexicon. Also seen more narrowly, in a tradition lasting into the 1960s, as the study of meaning in the lexicon alone, including changes in word meaning. Later in accounts in which the study of forms was separated from that of meanings, opposed either to grammar in general or, within grammar and especially with generative grammar, to syntax specifically. Of the uses, current at the end of the 20th century, some are very wide: thus semantics will include, in particular, both word meaning ('lexical semantics') and the meaning of utterances as studied in pragmatics. But others are very narrow: thus one handbook of 'contemporary semantic theory' deals almost solely with problems in formal semantics, even lexical meaning being excluded. (Matthews 1997:334—335)

语义学(semantics):研究意义的学科。19 世纪晚叶,Bréal

认为语义学（法文 sémantique）是跟研究发音的语音学（法文 phonétique）相对的一门新兴科学。与 Bréal 的观点相似，20 世纪 30 年代，Bloomfield 认为语义学的研究范围既包括语法，即对有意义的语言形式的解释，又包括词汇。20 世纪 60 年代以前，语义学被狭义地定义为仅仅是词汇意义的研究，包括词义的变化。随后，对意义的研究和对形式结构的研究相分离。对意义的研究同广义的语法相对，或者说在语法中，尤其是生成语法中、和句法学相对。到 20 世纪末叶，对"语义学"这个概念的使用有宽有窄。广义上的语义可以既包括词汇的意义（"词汇语义学"），又包括语用学里研究的话语的意义。也有人对"语义学"的理解很狭窄，以至于一本"当代语义学理论"手册几乎只涉及形式语义学，甚至连词汇的意义都被排除在外。

依据上面的定义，我们得知不同时期语义学研究的范围是不同的。Bréal 最初是从与语音学相对应的角度提出语义学的。在 30 年代，语义学既包括语法研究也包括词汇研究。从狭义的角度看，语义学只研究词汇的意义，且这种传统一直延续到 60 年代。后来形式的研究与意义的研究相分离，语义学则与语法学中的句法学相对。在 20 世纪末的各种不同的理论中，有些把语义学的范围定得很宽，有些定得非常窄。通过以上历时角度的分析，我们可以看到语义学理论发展的整体脉络。

从历时的角度观察语义学的理论和流派可以得到表 1。这些理论绝大多数是建立在词汇及句子层面上的。另外值得一提的是虽然我们可以按照表 1 给语义学分类，提出现代语义学，但是，国外英语语义学的文献中现代语义学（modern semantics 或 contemporary semantics）的提法比较少。因为语义学的研究历史本来就非常短，提出"现代语义学"，似乎应该有"古代语义学"之类的与之相对应。虽然对意义的研究历史很长，但是作为一个学科，对意义进行系统的研究毕竟是很短的事情。表 1 中使用"现代语义学"的提法只是为了便于讨论。

表 1　语义学的历时分类

时期	19世纪末	19世纪末至20世纪30年代	20世纪20至30年代	20世纪60年代	20世纪70年代以来
简评	1883年首次提出"语义学"	历史语文语义学研究时期	现代语义学孕育时期	现代语义学诞生成长时期	现代语义学发展时期
代表性的流派	语义学从词汇学中独立出来	词汇学研究词义及其历史演变	语义场理论	结构主义语义学 解释语义学 生成语义学	蒙塔古语义学 逻辑语义学 认知语义学（1975— ）

2.7　意义研究的分类模式

总结以上各部分，可以得到表2。表2中用意义的五个载体层面为行(Row=R)，共5行，标记为R1至R5。各学科角度为列(Column=C)，标记为C1至C7，直至Cn。最后一个标记Cn，表示第n个学科角度，预示将来还会有新的学科研究语义学。

我们从表2可以看到R和C有很多空白点。这些地方恰恰是语言研究人员可以一试身手的地方。笔者认为，目前中国大陆英语专业硕士生的语义学课程应该包括如下内容：词汇语义学、句子语义学、部分形式语义学或逻辑语义学的知识。本科生如果开设语义学，或者在普通语言学内开设语义学，应该在深度和广度上进行调整。计算语言学的研究一般在计算机专业进行。语言学系的研究生做计算语言学的研究似乎还需要弥补大量的计算机知识。

表 2　意义研究的分类模式

学科\层次	语言学范围以内				语言学范围以外			
	无语境 C1	有语境 C2	语音 C3	句法 C4	逻辑和数学 C5	哲学 C6	计算机科学 C7	Cn
词素 R1	词汇语义学		音义关系					
词或概念 R2		普通语义学			逻辑语义学（或称形式语义学）	哲学语义学	计算语义学	
词组 R3	结构语义学	情景语义学						
句子或话语 R4	句子语义学	语用学	超音段音位	题元角色				
语篇 R5		语篇语义学						

注：R= Row；行；C= Column；列

通过表 2，我们可以从整体上了解语义学的各个分支以及它们之间的关系，甚至可以预示将来出现的新的分支。有许多新书和论文，虽然冠以各种各样的语义学，但是基本上都在表 2 的框架内。尤其是，有许多冠以 semantics 的英语刊物论文，其实都属于词汇语义学。

2.8　结　语

本章通过实际例子全面考察了语义学的种种分支，说明了为语义学进行分类的必要性，进而提出了语义学的分类模式。有了这样一个分类模式，我们可以给异彩纷呈的语义学定位。鉴于英语系硕士研究生的实际教学情况，笔者认为语义学课程应该重点讲授词汇语义学和句子语义学，可以介绍不同流派在这两个分支内的研究。有条件的当然可以开设形式语义学，或在语义学中增加这方面的内容。又鉴于语用学的发展现状以及英语系都普遍开设语用学课程的实际，笔者认为不宜把语言学领域的语义学的范围定得太宽,以至于包括语用学的内容。在教学实际中,笔者建议语义学和语用学严格划界。因此,笔者赞同对 linguistic semantics 持狭义观点。

语音和语义的关系

第三章

音义学简论

3.1 引 言

在第二章,我们提到过音义学,它是语言学的一个分支,最近才开始发展。为了关注这门新兴学科,在本章我们简单介绍一下相关的研究情况。

对语音和语义的关系问题历来存在两种观点,即任意说(arbitrariness)和非任意说(non-arbitrariness)。当代语言学之父索绪尔认为语言符号(linguistic sign)具有两个心理实体,一是声音形象(sound-image),一是概念(concept)。索绪尔用图1表示声音形象和概

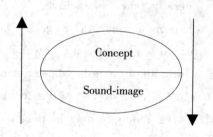

图1 语言符号的两重性

念的关系(Saussure 1966:66)。索绪尔认为语言符号的两个侧面是不能分离的。语言符号中的声音形象和概念紧密联系,互相"唤醒"(each recalls the other)。为了说明语言符号这两个要素之间对立统一的关系,索绪尔用能指(signifier)和所指(signified)来代替"声音映象"和"概念"。能指和所指的关系实质上就是语言中的音义关系。索

绪尔进而提出了语言符号的任意性原则,并认为该原则是语言的第一原则。

在过去一个多世纪中,任意性原则一直在语言学中占主流地位。但是,非任意性的观点却也一直不乏支持者。本文简要介绍了正在逐渐形成的研究音义关系的一门学科,即音义学的基本情况。音义学是语言学的边缘学科。

3.2 音义学定义

以下几个术语所涉及的都是音义关系的研究,例如,sound symbolism,phonose-mantics,phonetic symbolism,iconism 等等。音义学(phono-semantics)是苏联语言学家 Stanislav Voronin 在《音义学原理》(Voronin 1980)一书中提出的(贺川生 2002)。在英文版的语言学词典中目前还找不到 phono-semantics 的定义。Matthews 把 sound symbolism(语音象征)定义为:

> Sound symbolism: the use of specific sounds or features of sounds in a partly systematic relation to meanings or categories of meaning. Generally taken to include: 1. The use of forms traditionally called onomatopoeic: e. g. *chiffchaff* (warbler whose song alternates a higher and lower note). 2. Partial resemblances in form among words whose meanings are similar: e. g. among *slip*, *slide*, or *slither*, all with initial [sl]. In the second case the correspondence may be partly explicable by the nature of the sounds and meaning involved: e. g. the least sonorous vowel, [i], is often associated, in the vocabulary and in the minds of speakers, with concepts of smallness. But in other cases it is a feature simply of a specific language. (Matthews 1997:347)

语音象征:使用与意义或意义范畴有部分系统对应关系的特定语音或语音特征。通常包括:1. 使用传统上说的拟声词,比如

chiffchaff(刺嘴莺,其鸣声高低起伏)。2. 近义词的形式部分相似,比如 slip,slide 和 slither 都是以[sl]为词首。在第二种情况下,这种对应关系可以部分通过所涉及的语音和意义的性质来解释,比如,在词汇中和说话人的脑海中,响亮度最低的元音[i]通常跟"小"这个概念相关联。但是在其他情况下,这只是某一特定语言的一个特征。

因此,语音象征(sound symbolism)指的是某些特定的音或语音特征和意义之间部分的系统的对应关系。主要包括两类:1. 拟声词。2. 一些具有类似意义的词含有部分相同的语音。例如 slip,slide,slither 都和"滑动"有关,它们都以[sl]开头。

Margaret Magnus 在于 2001 年提交给挪威 University of Trondheim 大学的题目为"What's in a Word? Studies in Phonosemantics"的博士论文中提到:"Sound symbolism or phonosemantics is an obscure branch of and refers to the idea that vocal sounds have meaning."(Magnus 2001)(语音象征或音义学,是语言学中的一个不太引人注目的分支,它涉及如下观念:语音都有意义。)(该博士论文可以在网上下载 http://www.trismegistos.com/Dissertation/访问时间 2005 年 12 月 10 日。)Magnus 论文的中心思想是"每一个音(无论元音或辅音)都有它们的意义"。同时 Magnus 博士认为把音义关系的研究,即 phonosemantics(音义学)属于语言学的一个分支。笔者认为把 phonosemantics 翻译成"音义学"最为合适。国内还有一些学者对音义关系的研究有兴趣(例如:王寅 2002;延俊荣 2000)。下面我们先看一些音义关系的例子。

3.3 音义关系类型举例

根据上文谈到的 sound symbolism(语音象征)的定义,音义关系可以细分出 3 类。(1)拟声词;(2)意义类似的一组词含有一个或几个相同的音位(phoneme);(3)音位的发音特点和本质同含有该音位的词的意义有关。

(1) 拟声词(onomatopoeia)

Onomatopoeia: a word or process of forming words whose phonetic form is perceived as imitating a sound, or sound associated with something, that they denote. (Matthew 1997:256)(一个词的语音或发音过程模仿了该词所表示的声音或同该词所表示的事物相关,则该词为拟声词。)因此,拟声词指的是一个词的发音模仿了一种声音,或表示了同某种声音相关联的事物。任意说的支持者认为,即便是拟声词也不可能准确反映事物的声音。下面看一个练习。表1是拟声词和声音的来源对应关系的一个练习(Alyeshmerni & Taubr 1975:13; Li & Kuiper 1999:11)。表格中有 A、B、C、D 四个栏目。B 栏共有 10 个拟声词,同这些拟声词相对应的发声的动物或物体在 D 栏,并且已经加了序号。读者可以盖住 C、D 栏目,在 A 栏中写出同 B 栏拟声词相对应的动物或物体。之后,再盖住 A、B 两栏,只关注 C、D 两栏,在 C 栏填写和 D 栏相对应的拟声词。

在表1中,A 栏的标准答案的序号应该是 6—1—7—2—5—10—9—3—8—4。任意说支持者认为即便声音和意义最有关联的拟声词也不可能准确反映事物的声音,更何况一般词汇。因此认为语言符号应该是任意的(Alyeshmerni & Taubr 1975:13)。当然,持非任意说观点的学者可以说,拟声词不能准确反映声源状况是受到人类本身的发音器官所限制的。

表1 拟声词和声源对应关系

A 发声的 动物或物体	B 拟声词	C 拟声词	D 发声的动物或物体
	vow vow		1. a cat
	myow		2. a horse
	ba		3. a slamming door
	sahee		4. a bell
	cuck-roo-coo		5. a cock
	bwack		6. a dog
	guwru guwrun		7. a sheep
	dhun		8. a clock
	tik		9. a pig
	ting-ting		10. a duck

(2) 意义类似的一组词有一个或几个相同的音位(phoneme)

音义关系的第二类指的是一些词共有一个或几个音位,这些词也共有类似的意义。例如:[-ump]: rump, bump, lump, thump, chump。这组词都有[-ump]音,以及"重、钝"(heaviness and bluntness)的意义。

以下各组也都有相同的音位和意义:

[ch-] chew, chomp, munch, chaw 都有"嚼、嚼碎"的意义。

[sk-] screech, squeak, scream, squeal 都有"喊叫"的意义。

[fl-] flip, flop, flutter, flicker 都有"拍、打、闪动"的意义。

[-i-] hiss, sizzle, swish, whish 都有"嘶嘶作声"的意义。

[sn-] snuff, snore, snout, sneeze 都有"用鼻子嗅、发声"的意义。(Alyeshmerni & Taubr, 1975:13—14)

D. A. Cruse 在 *Lexical Semantics*(1986)一书中对这类现象也有过探讨。

[sl-] slimy, sleazy, slut, slouch, slovenly, slob, slattern, slither, slink, etc. 都有"粘滑、邋遢、没精打采、鬼鬼祟祟"的意义。

[gl-] glow, glimmer, gleam, glisten, glitter, glare, etc. 都有"发光、闪光"的意义。

[-u:-] coon, goofy, goon, loony, fool, drool, moon (around), noodle (fig), etc. 都有"狡猾、闲荡、怪诞、傻瓜"的意义。(Cruse 1986:34—35)

这种含有一个或一个以上的相同音位,同时又含有相同或类似意义的一组词被 Magnus(2001)称为 phonestheme,笔者建议译为"同音位近义词"。

(3) 音位的发音特点和意义的关系

关于音位的发音特点和意义的关系,我们可以看一些元音的发音特点。例如[i:]发音舌位比较高,往前,口腔中的剩余空间小,表示"小"的含义的词汇往往含有该音,例如 wee, teeny(极小的)等。相反,有一些元音的发音舌位比较低,口腔中的剩余空间比较大,含有

"大"的含义,例如 large。

"We *chip* a small piece but *chop* a large one; a *slip* is smaller than a *slab* and a *nib* is smaller than a *knob*."(Bolinger 1975:22)

Tsuru(1934)做过一个实验,让英语是母语的被试根据语音猜 36 个日语反义词的意义。正确率竟然达到 50% 以上。

对英语音义关系做系统研究的学者当首推 Margaret Magnus 博士。上文提到过她的名字,下文简单介绍她的研究。

3.4 音义学研究的进展

Margaret Magnus 在她的博士论文中阐述了其最重要的思想 (http://www.trismegistos.com/Dissertation/访问时间为 2005 年 12 月 10 日)。她把音义关系的核心思想称为"音义学假设",定义如下:

The Phonosemantic Hypothesis: In every language of the world, every word containing a given phoneme has some specific element of meaning which is lacking in words not containing that phoneme. In this sense, we can say that every phoneme is meaning-bearing. The meaning that the phoneme bears is rooted in its articulation. (Magnus 2001:Introduction)

音义学假设:在世界上的每一种语言中,含有某特定音位的词中具有某一个其他不含有该音位的词所不具有的意义成分。在这个意义上,我们可以说每一个音位都含有意义。该音位所表达的意义根植于它的发音。

Magnus 通过 14 个被她称之为 phonosemantic experiments 的实验详细描述了音位和意义的对应关系。她把含有相同音位和相似意义的一组词称为 phonesthemes。"A phonestheme is a class of words which have close similarities of both sound and meaning. For example, tramp, tromp, stamp, stomp, tamp, step..."(摘自 Magnus 给笔者的电子邮件)。因此,phonestheme 表示的是一组具有一个以上相同音位的同义词或近义词,即笔者在上文翻译的"同音位

近义词"。Magnus 把词典中的单音节词按照同音位近义词进行了详尽的标注。表 2 是对含有辅音/r/的同音位近义词的描写。

在表 2 中,A1. Consonantal Phonesthemes 表示这是按照辅音的音位和意义关系进行划分的类别。/r/ 就是在此例中要描写的音位。A1 是一个分类中的上类(superclass)标号。Walk,Run 及 Ride 是上类范畴中的指示词,提示该类的大致意义。133 是上类范畴中该类词汇的总数。13.3%是上类范畴中该类词在所有含有/r/音的单音节词中的比例。即,在作者搜集到的单音节词中,共有 1003 个含有/r/音的单音节词。133 占其中的 13.3%。"1."是 phonestheme 的标号。Walk,Run(No Vehicle)是 phonestheme 的指示词。"1、2、3、F2、F3"指相关音位在音节中的位置。具体而言,"1."表示首位;"2."第二位置;"3."第三位置;"F1."末尾前第二位置;"F2."末尾前第一位置;"F3."末尾位置。在第一个 phonestheme 中含有"race,raid,range,reach,rip,roam,romp,rove,run,rush"等词。作者认为这些词含有"以人为主体的、不使用运动工具的运动"的意义。"10.7%"是有这种音义特征的单音节词在所有以/r/开头的单音节词总数的比例。作者用这种标注方式编辑了音义关系词典(Magnus 1999),这项工作花费了大量时间,读者可以在线下载(网址为 http://www.trismegistos.com/getdict.htm 访问时间 2005 年 12 月 10 日)。

表 2　A1. Consonantal Phonesthemes
/r/
A1 Walk,Run and Ride 133,13.3%

---

1. Walk,Run(No Vehicle) 1
race, raid, range, reach, rip, roam, romp, rove, run, rush
10.7%

---

1. Walk,Run(No Vehicle) 2
break, crawl, creep, cross, cruise, drag, drift, drop (by), frisk, prance, press, prowl, thread, trace, track, trail, tramp, tread, trek, tromp, troop, trot, trudge
23.6%

续表

1. Walk, Run (No Vehicle) 3 scram, scream, spread, spring, sprint, stray, streak, stream, stride, strike, stroll, strut 12.15%
1. Walk, Run (No Vehicle) F2 barge, charge, course, curve, dart, ford, forge, fork, forth, hurl, march, part, storm, swarm, swerve, warp 16.6%
1. Walk, Run (No Vehicle) F3 fare, near, scour, tear 4.3%

3.5 结 语

音义关系研究具有久远的历史渊源,在英文文献中最早可以追溯到柏拉图时代(Magnus 2001)。在 1653 年,John Wallis 在他的 *Grammatical Linguae Anglicanae* 一书中就列出了许多同音位近义词。例如:

> wr 表示"倾斜或弯曲":wry, wrong, wreck, wrist 具有"在各个方向上弯曲本身及其他事物"等意义。
> br 表示"破坏,使用暴力分开":break, breach, brook。
> cl 表示"黏附"等意义:cleave, clay, climb, close。
>
> (Magnus 2001)

笔者认为音义关系的研究必须从实证角度进行。我们不应该轻易判断语言符号是任意性的,或非任意性的。我们也不一定要追随索绪尔持续了 100 年的论断。索绪尔提出的语言符号的任意性原则虽然有它的哲学基础(张绍杰 2004),但是该原则并非建立在大量实证研究之上。音义关系的研究也必须从跨语言角度进行。从不同语言中找到共同规律。

　　对音义关系作进一步的研究,我们首先应该树立科学的哲学观。世界万物处于联系之中,处于因果关系之中,不存在无因之果,或无果之因。语言不是非此即彼的关系。也就是说,语言符号既是非任意性的,又是任意性的,只是二者在不同的层面上表现的程度不同。

意义的本质

第四章

关于意义本质的主要理论

4.1 引 言

在第 1 章和第 2 章,我们分别论述了语义学的本源问题和分类问题,第 3 章介绍了音义研究的情况。但是,语义学是研究意义的,关于什么是意义,即意义的本质问题,是语义学家无法回避,却又必须回答的问题。到目前为止,关于意义本质的理论很多。本章对比较重要的七种理论做了整理,阐明了指称说、意念说、行为反应说、用法说、验证说、真值条件说、语义三角关系,并介绍了这些理论的渊源。

4.2 关于意义本质的主要理论

到目前为止,关于意义本质的理论有很多。Lyons(1995:40)曾经提到六种意义的理论。笔者认为语义三角关系理论也是解释意义的重要理论。因此,以下介绍 Lyons(1995:40)曾经提到的六种意义理论,加上语义三角关系,共七种意义学说,见表 1。下文将分别阐述这些理论的要点和思想源头。

表 1 七种意义理论及源头

关于意义本质的学说	主要观点	该思想的源头或主要支持者
指称说 The referential theory	意义是语言表达所指的事物	荀子《正名》篇;柏拉图(Plato)《对话录》
意念说 The ideational theory	意义是语言表达在头脑中产生的和该表达相关的想法或概念	英国哲学家洛克(John Lock)的著作《人类理解论》(*Essay Concerning Human Understanding*)(Lock 1975)。
行为反应说 The behaviourist theory	意义是某话语产生的刺激,或对某话语的反应	美国语言学家布龙菲尔德《语言》(*Language*, Bloomfield 1933)
用法说 The meaning-is-use theory	意义取决于它在语言中的使用	维特根斯坦的《哲学研究》(*Philosophical Investigations*, 1953)
验证说 The verificationist theory	意义取决于含有该表达的句子,或命题的可验证性	以石立克(M. Schlick)和卡尔纳普(R. Carnap)为主要代表
真值条件说 The truth-conditional theory	意义是语言表达对整个句子真值的作用	塔尔斯基(Alfred Tarski)
语义三角关系 Semantic triangular	区分了对象、概念和形式(Referent, reference and symbol)	《意义的意义》(*The Meaning of Meaning*, Ogden & Richards 1923)

4.3 指称说

指称说(the referential theory; denotational theory):意义是语言表达所指的事物。指称说的思想最早可以追溯到中国古代荀子的《正名》篇。现代的哲学家罗素和维特根斯坦(前期)等也持有此观点。

荀子是先秦儒家学派三个最重要的代表人物之一,另两位是孔子和孟子。荀子的生卒年代大约在公元前298—前238年(冯友兰2004:127)。《荀子》书中有《正名》篇,《正名》篇里谈到"制名以指实,上以明贵贱,下以辨同异"。冯友兰认为《正名》篇里说的"名"的由来,"一部分是伦理(即社会)的需要,一部分是由于逻辑思辨的需要"(冯友兰 2004:132)。荀子还认为,所有名称都是人创造的。人在为万物命名时,何以这样命名,其实都是强加给它们的。称之为"狗"的动物,本来也可以称之为"猫"。但是,等一个名字被大众所接受之后,这个"名"和这个"实"的关系便约定俗成了。这就是荀子在《正名》篇里所说的"名无固宜,约之以命,约定俗成谓之宜"的意思。

徐烈炯认为指称说来源于柏拉图的《对话录》(徐烈炯 1995:11)。徐烈炯认为这一理论的基点在于"句子由词构成,词是事物的名称,人们通过词句反映客观事物。最极端的指称论观点认为:词的意义就是它所指的事物。这显然是谬误。"(徐烈炯 1995:11)。

哲学家罗素认为:词语是代表某事物的符号;词的意义就是事物(罗素 1948,1983:86)。

维特根斯坦对意义有广泛的论述。张志毅、张庆云(2001)认为维特根斯坦也曾经同意指称说观点:"名称表示对象,对象就是名称的意义"(维特根斯坦 1922)。我们的确可以在维特根斯坦的著作中找到相关表述"And the *meaning* of a name is sometimes explained by pointing to its *bearer*"(Wittgenstein 2001:18)(名称的意义有时可以通过指向该名称的载体而得到解释)。但是维特根斯坦并不是指称说的强烈支持者。请看维特根斯坦的论述:

> Let us first discuss *this* point of the argument: that a word has no meaning if nothing corresponds to it. —It is important to note that the word "meaning" is being used illicitly if it is used to signify the thing that 'corresponds' to the word. That is to confound the meaning of a name with the *bearer* of the name. When Mr. N. N. dies one says that the bearer of the name dies, not that the meaning dies. And it would be nonsensical to say that, for if the name ceased to have meaning it would make no sense to say "Mr. N. N. is dead". (Wittgenstein 2001:17)
>
> 让我们首先讨论这个观点:如果不存在与一个词语对应的事

物,那么这个词语就没有意义。值得注意的是,把"意义"这个词理解为与词语相对应的事物是不对的,这种理解混淆了"名称的意义"和"名称的承载体"。比如,N.N.先生去世了,我们可以说"N.N.先生"这个名称的承载体去世了,而不是它的意义消失了,说它的意义消失了是荒谬的,因为如果"N.N.先生"这个名称不再有意义了,说"N.N.先生去世了"也就没有任何意义了。

从以上这段话,我们可以确定维特根斯坦并不同意意义和它所指的对象相对应的观点。这一观点通过如下表述得到明确的印证:"It is important to note that the word 'meaning' is being used illicitly if it is used to signify the thing that 'corresponds' to the word."(值得注意的是,把"意义"这个词理解为与词语相对应的事物是不正确的。)

4.4 意念说

意念说(the ideational or mentalistic theory):意义是操某语言表达的人在头脑中产生的同该表达相关的想法或概念。

意念说起源于 17 世纪英国哲学家洛克(John Locke)的著作 *Essay Concerning Human Understanding*(Locke 1975)。

"没有思想交流便不会有社会带来的舒适和优越,所以人们有必要找些外表能感知的符号,以便让别人也知道构成自己思想的意念。这样,我们就能理解,人们为什么要用词来作为意念的符号,词用于这一目的是再自然不过的了。"(Locke 1975;徐烈炯 1995:20)

以下选自 Lock 的原文:

"Idea is the object of thinking."(*Locke Book II*, Chapter 1)
思想是思维的工具。

"All ideas come from sensation or reflection."(*Locke Book II*, Chapter 1)
所有的思想都来自感觉或思考。

To use these sounds as signs of ideas. Besides articulate sounds, therefore, it was further necessary that he should be able to use these sounds as signs of internal conceptions; and to make them stand as marks for the ideas within his own mind, whereby they might be made known to others, and the thoughts of men's minds be conveyed from one to another. (Locke Book III, Chapter 1)

使用这些声音作为思想的符号。除了清晰的声音,他还必须能够使用这些声音作为内部概念的符号,成为自己头脑中的思想的标识,并且可以让其他人也懂得这些符号,人们头脑中的思想就可以从一个人传达到另一个人了。

Locke 认为语言符号是表达思想的,是思想的标记(marks for the ideas)。因此,词语的意义是头脑中的想法或概念。

4.5 行为反应说

行为反应说(the behaviourist theory):意义是某话语产生的刺激,或对某话语的反应,或者是刺激和反应的结合。

行为反应说的主要代表是美国语言学家布龙菲尔德。他认为意义是说话人发出语言形式时所处的情境和这个形式在听话人那儿所引起的反应(Bloomfield 1933;张志毅、张庆云 2001:144)。布龙菲尔德(1933)在第九章"Meaning"开篇谈到:

The study of speech-sounds without regard to meanings is an abstraction: in actual use, speech-sounds are uttered as signals. We have defined the *meaning* of a linguistic form as the situation in which the speaker utters it and the response which it calls forth in the hearer. The speaker's situation and the hearer's response are closely co-ordinated, thanks to the circumstance that every one of us learns to act indifferently as a speaker or as a hearer in the causal sequence speaker's situation →speech→hearer's response, the speaker's situation, as the earlier term, will usually present a simpler aspect than the hearer's response; therefore we usually discuss and define meanings in terms of a speaker's stimulus. (Bloomfield 1933: 139)

对于意义不加考虑的语音研究是一种抽象的研究:从实际的使用来说,语音是作为信号说出来的。我们曾经给语言形式的意义(meaning)下的定义是:说话人发出语言形式时所处的情景和这个形式在听话人那儿所引起的反应。说话人的处境和听话人的反应是相互紧密地配合,这是因为我们每一个人既会做一个说话的人,又会做一个听话的人。在下面的因果序列中:

说话人的处境→言语→听话人的反应,

作为最先提出命题的说话人的处境,通常比听话人的反应呈现的情况要单纯一些;所以我们一般都根据说话人的刺激来讨论和确定意义。(袁家骅等 2004:166)

笔者认为布龙菲尔德的行为主义观点解释的是语用意义,无法解释静态的句子意义。

4.6 用法说

用法说(the meaning-is-use theory):语言表达的意义取决于它在语言中的使用。

维特根斯坦在他的《哲学研究》(*Philosophical Investigations*, 2001)中多次提到意义的定义,"一个词的意义就是它在语言中的使用"(王寅 2001:42)。但是,当我们翻阅维特根斯坦的英译本时,会发现原来"一个词的意义就是它在语言中的使用"是有上下文的,并不是一个全称判断。

For a large class of cases—though not for all—in which we employ the word "meaning" it can be defined thus: the meaning of a word is its use in the language. (Wittgenstein 2001: 18)

在很多情况下,虽然不是在所有情况下,我们在使用"意义"

这个词的时候,它都可以被定义为:一个词的意义就是它在语言中的使用。

4.7 验证说

验证说(the verificationist theory):语言表达的意义取决于含有该表达的句子或命题的可验证性。验证说属于经验主义的语义观。以石立克(M. Schlick)和卡尔纳普(R. Carnap)为代表的维也纳学派发展了经验主义的语义理论。他们的哲学观被称为逻辑实证主义或逻辑经验主义(徐烈炯 1995:46)。

句子或话语是否有意义取决于(1)是否具有分析性真值(analytic truth),或是否自相矛盾;(2)是否具有可证性(verifiability)。请看例(1)。

例(1)
 a. 被狗咬的那个孩子被狗咬了。
 b. 被狗咬的那个孩子没有被狗咬。
 c. 被狗咬的那个孩子被送医院了。
 d. Colorless green ideas sleep furiously.

句子(1)a 是真的,不可能是假,不需要证明。这类句子称之为分析性真值句。句子(1)b 是假,不可能是真,因为自相矛盾。句子(1)a 和(1)b 都是有意义的句子。句子(1)c 可能是真也可能是假。但是,只要能通过验证(verification)确定其真假都算有意义。句子(1)d 不具有可证性(verifiability),因此没有意义。

验证说的局限在于它只解释句子及话语层面表达的意义。

4.8 真值条件说

真值条件说(the truth-conditional theory):意义是语言表达对整个句子真值的贡献。波兰逻辑学家塔尔斯基(Alfred Tarski)在 20 世纪 30 年代曾对真值的语义概念作了重要研究。塔尔斯基提出一个问题,句子(2)a 在什么条件下是真的?

例(2)

a. 雪是白的。

b. 句子"雪是白的"是真的,当,且仅当,雪是白的。

塔尔斯基认为应该用(2)b 来描述(2)a 的真值。也就是说,句子的意义只有和客观世界相一致的时候才是真。

真值指的就是句子或命题为真的条件。"Truth conditions: the conditions under which a sentence, or a proposition expressed by it, is true: e. g. I have red hair is true under the condition that the speaker has, in fact, red hair."(Matthews 1997:385)(真值条件:在该条件下,一个句子或该句子表达的命题为真。比如在说话人确实有红头发的条件下,"我有红头发"是真的。)关于句子意义的真值条件说,在本书第 20 章中有进一步解释。

4.9 语义三角关系

这是 C. K. Ogden 和 I. A. Richards 在 *The Meaning of Meaning*(Ogden & Richards 1923:11)一书的第 1 章"Thoughts, Words and Things"中讨论思想、词汇和事物之间关系的理论。国内出版的许多语义学专著不知为何在引用的时候对 Ogden 和 Richards 的语义三角关系在不同程度上进行了省略。例如,伍谦光(1988:75);王寅(1993:293)等。图 1 是 Ogden & Richards(1923:11)书中的原样。图 2 是图 1 的汉语翻译。为了方便讨论,笔者在三角形的每一个角上标上(1)、(2)、(3)。

张志毅、张庆云(2001:146)认为:Ogden 和 Richards 认为(3)和(2)之间,以及(1)和(3)之间都有因果关系。"其实(3)和(2)之间不应有因果关系,(1)(3)之间也不完全是因果关系,否则不能解释同音词、同义词、多义词、同指不同义现象。"(张志毅、张庆云 2001:146)

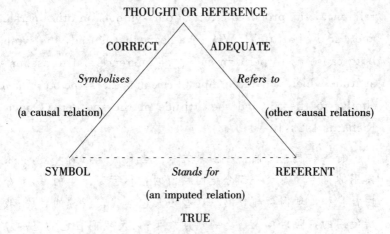

图 1 见 Ogden & Richards(1923:11)

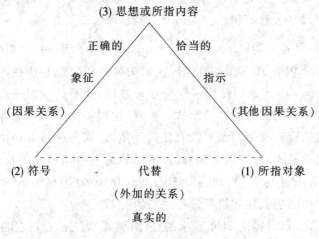

图 2 语义三角关系

笔者认为这是对 Ogden 和 Richards 原文中"causal relation"错误的理解,请看英语原文。

Between a thought and a symbol causal relations hold. When we speak, the symbolism we employ is caused partly by the reference we are making and partly by social and psychological factors—the purpose for which we are making the reference, the proposed effect of our symbols on other persons, and our own attitude. When we hear what is said, the symbols both cause us to perform an act of reference and to assume an attitude which will, according to circumstances, be more or less similar to the act and the attitude of the speaker. (Ogden & Richards 1923:10—11)

符号和思想之间存在因果关系。当我们说话的时候,我们所使用的符号的意义一部分是由我们的指称行为产生的,一部分是由社会和心理因素导致的。这些因素包括我们指称的目的;我们所使用的符号对他人产生的预期效果;以及我们自己的态度。当我们听到说话内容的时候,符号使我们履行指称行为,同时我们采取某种态度。根据交际场景,这种态度应该与说话者的态度和指称行为大致相同。

因此,笔者认为,Ogden 和 Richards 原文中所谓的"因果关系"表示的是如下内容:在我们讲话时,我们头脑中的思想和所指内容决定或导致(caused)了我们使用哪些符号来表达,并不是说思想或所指内容决定或导致了符号的声音形式。所以,这跟不同的语言对相同的思想有不同的声音及书写符号没有任何关系,跟同一种语言中同一个思想有不同的符号形式(同义词)以及不同的思想使用相同的符号(多义词)也没有任何关系。Ogden 和 Richards 所说的"因果关系"说的完全是在交际中思想表达和符号选择之间的关系。

同样,(3)和(1)之间也不存在"因果关系",Ogden 和 Richards 虽然在图中表示为"other causal relations",但是在表述中,却是这样说的:

Between the Thought and the Referent there is also a relation; more or less direct (as when we think about or attend to a coloured surface we see), or indirect (as when we 'think of' or 'refer to' Napoleon), in which case there may be a very long chain of sign-situations intervening between the act and its referent: word—historian—contemporary record—eye-witness—referent (Napoleon)。

思想和所指对象之间也存在一种关系。这种关系相对比较直接(当我们思考或谈论我们看到的有色平面时),或间接(当我们想到或谈及拿破仑时)。对后者来说,行为和所指对象之间可以有一系列的符号—情景关系:词—历史学家—当代记载—目击者—所指对象(拿破仑)。

对于(2)和(1)之间的关系,笔者对后人的理解没有异议。(2)和(1)之间用虚线,表示二者之间的关系不是直接的关系,而是一种人为的外加的关系。

综上所述,笔者认为,Ogden 和 Richards 的语义三角关系谈的是所指对象、思想、语言符号三个要素之间的共时的语用关系,不是三者之间的历时的关系。因此这个三角关系不涉及语言符号的产生或起源问题,也不涉及命名问题。实际上,所指对象(1)和思想或所指内容(3)之间不可能有什么因果关系。否则,如何解释不同的语言对相同的事物有不同的称呼？同样,思想或所指内容(3)与(2)符号之间也不可能存在什么因果关系。否则,如何解释不同的语言对相同的思想有不同的声音及书写符号？这些都是显而易见的。

4.10 结 语

综上所述,指称说、意念说、行为反应说、用法说、验证说、真值条件说,都是从不同的角度对语言的不同层面的描述。指称说、意念说侧重概念层面,在语言表达中对应于词汇层面。行为反应说、用法说、验证说、真值条件说对应于句子或话语层面。

第五章

意义的五要素说：对象、概念、符号、使用者和语境

5.1 引 言

　　第 4 章探讨了关于"意义是什么？"的七个重要理论。这些理论只能从某个侧面来解释意义的本质，都无法做出全面的解释。在本章，笔者通过考察意义的本质、意义的相关理论、意义的类型等，提出意义的五要素说。语言学家们对语义学的定义一般没有分歧。但是，对"什么是意义"却可以从许多方面、不同的角度定义，导致了语义学有众多的分支。本章从语义学经典著作中意义的定义入手，分析了给意义定义的基础和定义的语言层面，指出这些定义和理论之间的联系，从而提出意义的五要素说：对象、概念、符号、使用者和语境。笔者认为用这五个要素可以解释任何形式的意义。意义就是这五个要素之间的此起彼伏、此隐彼显、此强彼弱的关系。本章第二部分简单介绍意义的多样性和不确定性。第三部分分析了 Ogden 和 Richards（1923：186—187）对意义下的 22 种定义。第四部分讨论了这些定义和主要意义理论之间的联系。第五部分研究 Leech 提出的七种不同类型的意义和第 4 章谈到的意义理论的关系。本章第六部分为结语。

5.2 意义的不确定性

虽然语义学的历史不长,但是它的跨学科的性质以及它的分支多彩纷呈却是一个不争的事实。语言家们对语义学的定义一般没有分歧。比如,语言学词典中的定义,"Semantics: The study of meaning"(Matthews 1997:334);再如,一般英文词典中的定义,"Semantics is the study of meanings in a language"(*Cambridge International Dictionary of English*, 1995:1290)。因此,语义学一般都被定义为关于"意义研究的"学科。但是,对什么是意义却可以从许多方面、从不同角度来定义。举几个简单的例子。英文中有这样的表达"I didn't mean what I said"。也就是说,说话人说出的话并不是他的真实意图。我们称之为"心口不一"。说出的话是"口",真实意图是"心"。那么,他的"心"到底是什么呢?这要从许多方面进行研究。再如,老师在教室里向大家宣布"外面下雨了"。他的真实意图可以有许多。他可能是要告诉大家:

>   今天要早下课。
>   快通知家长送雨伞来。
>   明天的劳动要取消。
>   我们今天不能在外面上体育课了。
>   天气预报不准确。
>   赶紧把晾在外面的衣服收进来。
>   家远的同学可以回家了。
>   ……

因此,我们无法穷尽"外面下雨了"的真正意义。那么意义到底是什么?如何给意义下定义?意义的本质问题一直是困扰语言学家和哲学家的问题。因此对意义定义的探索也就从未间断过。

5.3 意义的22种定义

Ogden 和 Richards 在他们 1923 年合著的《意义的意义》(*The Meaning of Meaning*)一书中用较大篇幅探讨了意义的定义问题。为了便于讨论,笔者把他们提出的 22 种意义的定义(Ogden and Richards 1923:186—187)放在表 1 中,表格右侧的汉语译文为笔者所加。国内有些语义学著作认为他们提出的是 23 种定义,笔者认为是 22 种。如表 1 所示,共三大类,十六小类,其中第 VII、XIII、XVI 类分别由二、四、三个细类组成,16+1+3+2=22,共 22 种。

在考察 Ogden 和 Richards 提出的 22 种意义之前,我们先阅读一段小插曲。Richards 曾经访问过清华大学,他的题目为 *The Meaning of "The Meaning of Meaning"*(《意义的意义》的意义)的发言稿刊登在 1930 年的《清华学报》第六卷第一期《文哲专号》上。下面是该文章的前两段。

When I was an undergraduate at Cambridge I listened for several years to the Lectures of two celebrated philosophers. They spoke at the same hour in the same building, one on the ground floor, the other just above him on the second floor. Each spent much of his time discussing the views of the other. Dr. A, on the ground floor, would say several times an hour, "I cannot imagine what Professor B **means** by saying..." and just as often Professor B would say, "I do not pretend to be able to grasp Dr. A's **meaning**." The only point upon which they ever seemed to agree was that the other "could not possibly **mean** what he said."

After some years of this, it began to dawn on me that there must be something radically wrong with their use of language if two very able and accurate and distinguished men behaved so strangely. At the same time I noticed that neither of them ever spent any time discussing *meaning* itself; and a little inquiry showed that other philosophers did not behave very differently in this regard, although the word '*meaning*' was as constantly in the months(注：原文为 months,笔者疑为 mouths). (Richards 1930:11)

  我在剑桥读本科的时候,听过两位著名哲学家几年的课。他们在同一座楼里同时讲课,一个在一层,另一个在三层。他们都花了很多时间讨论对方的观点。一个小时内,一层的 A 博士会好几次说道:"我无法想象 B 教授说的……是什么意思。"而 B 教授也会同样频繁地说:"我不能装做自己能理解 A 博士的意思。"他们唯一能达成共识的一点是,对方不可能是他说的那个意思。

  若干年后,我开始意识到,如果两个如此能干、用词准确、才华出众的人表现得如此奇怪,那么他们对语言的使用肯定存在某种严重的问题。同时,我注意到,他们两人都没有花时间讨论过"意义"本身,而且我稍做调查就发现,其他哲学家在这方面也没有太大的不同,虽然"意义"这个词总是挂在他们嘴边。

以上两段是 Richards 本人介绍他与 Ogden 合作纂写《意义的意义》的一个背景。下面我们看一下 Ogden 和 Richards 提出的意义的 22 种定义,见表 1。

  表 1 中的 22 种定义是建立在该书中前一章对 beauty 一词的详尽的分析基础上的,即 Chapter VII "The meaning of beauty"(Ogden and Richards 1923:139)。为什么 Ogden 和 Richards 通过分析 beauty 一词的意义来得出"意义"的定义呢? Richards 有如下叙述:

表1 意义的22种定义

	意义的22种定义	汉语翻译
A	I. An intrinsic property.	1. 内在性质。
	II. A unique unanalysable relation to other things.	2. 与其他事物独特而不可分析的关系。
	III. The other words annexed to a word in the dictionary.	3. 词典中附属在一个词之后的其他词。
	IV. The connotation of a word.	4. 词的内涵。
	V. An essence.	5. 本质。
B	VI. An activity projected into an object.	6. 投射到客体中的活动。
	VII. (a) An event intended. (b) A volition.	7. (a) 预期的事件。(b) 意志。
	VIII. The place of anything in a system.	8. 任何事物在一个系统中的位置。
	IX. The practical consequences of a thing in our future experience.	9. 事物在我们未来经历中的实际结果。
	X. The theoretical consequences involved in or implied by a statement.	10. 陈述所包含或暗示的理论结果。
	XI. Emotion aroused by anything.	11. 任何事物所引起的情感。
C	XII. That which is actually related to a sign by a chosen relation.	12. 由被选出的一种关系把它跟符号实际上联结起来的事物。
	XIII. (a) The mnemic effects of a stimulus. Associations acquired. (b) Some other occurrence to which the mnemic effects of any occurrence are appropriate. (c) That which a sign is interpreted as being of. (d) What anything suggests. In the case of symbols. That to which the user of a symbol actually refers.	13. (a) 刺激的记忆效果。所获得的联想。(b) 对任何出现的事物的记忆效果都合适的某种其他事物。(c) 符号被解释成属于它的事物。(d) 任何使人产生联想的事物。就符号来说：符号的使用者实际上指的事物。
	XIV. That to which the user of a symbol ought to be referring.	14. 符号的使用者应该指的事物。
	XV. That to which the user of a symbol believes himself to be referring.	15. 符号的使用者认为自己在指的事物。

续表

C	XVI. That to which the interpreter of a symbol (a) Refers (b) Believes himself to be referring. (c) Believes the user to be referring.	16. 符号的解释者： (a) 所指的事物 (b) 认为自己在指的事物 (c) 认为使用者在指的事物。

Although the question 'What is Meaning' never has been much discussed, the question 'What is Beauty?' has been the occasion for endless dispute. We found, of course, that 'Beauty' has many senses and also that these senses run parallel to those of the word 'Meaning' in an interesting and suggestive manner. (Richards 1930:14)

尽管对于"什么是意义"这个问题从来没有过多的讨论，但是对于"什么是美丽"的争论却是无休止的。自然，我们发现，"美丽"具有很多意义，并且这些意义和"意义"的意义是一一对应的。这种对应的方式十分有趣，且具有启发性。

这些意义的定义是从多个层面进行的。Ogden 和 Richards 把这 22 个定义分成了三类。第一类，也就是表中的 A 类，可以认为是从事物本身的特性谈的。我们可以概括为所指物的层面。第二类，也就是表中的 B 类，可以认为是从词汇及概念的层面谈的，是一个词和其他词的关系。我们可以把这一类概括为语言符号层面。第三类，也就是表中的 C 类，是从语言符号的使用者角度谈的。我们把这一类概括为语言使用者，即人的层面。因此，表 1 中的 22 种意义的定义可以概括为表 2 中的三大类。我们可以称之为意义的三要素。

表2 意义的三要素：所指物、符号、使用者

	意义的22种定义	分类
A	I-II	所指物
B	III-XI	符号
C	XII-XVI	使用者

表 2 中 Ogden 和 Richards 提出 A,B,C 三类共 22 种意义的定义和

所指物、符号、使用者不是完全一一对应的。比如，A类和C类对应情况较好。但是B类就比较复杂。B类中已经含有使用者，即人的因素。例如，"11. 任何事物引起的情感"，这里当然指的是语言使用者的情感，符号本身没有情感。"7.(b)意志"指的是语言使用者的意志。但是，尽管不是一一对应，笔者认为用所指物、符号、使用者这三个要素能够囊括A,B,C三类中的22种定义。下文将结合意义的理论来谈定义问题。

5.4 意义的理论

Ogden 和 Richards 以词汇的具体意义的分析为方法论基础，通过抽象和概括提出了意义的 22 种定义。到目前为止，关于意义本质的理论很多，Lyons（1995：40）曾经提到六种意义的理论（见 4.2），我们已经在第 4 章讨论过。它们分别是：

（ⅰ）The referential theory（指称说）
  意义是语言表达所指的事物。

（ⅱ）The ideational, or mentalistic theory（意念说）
  意义是理解某语言表达的人在头脑中产生的同该表达相关的想法或概念。

（ⅲ）The behaviourist theory（行为反应说）
  意义是某话语产生的刺激，或对某话语的反应，或者是刺激和反应的结合。

（ⅳ）The meaning-is-use theory（用法说）
  语言表达的意义取决于它在语言中的使用。

（ⅴ）The verificationist theory（验证说）
  语言表达的意义取决于含有该表达的句子，或命题的可验证性。

（ⅵ）The truth-conditional theory（真值条件说）
  意义是语言表达对整个句子真值的贡献。

我们把 Ogden 和 Richards 提出的 22 种意义的定义和以上六种意义理论相结合得到表 3。

表3　22种意义的定义和关于意义的理论

	意义的22种定义	意义理论
A	1. 内在性质。	(i) 指称说
	2. 与其他事物独特而不可分析的关系。	(v) 验证说
	3. 词典中附属在一个词之后的其他词。	"语义场理论"及"框架语义学"
B	4. 词的内涵。	(ii) 意念说
	5. 本质。	
	6. 投射到客观物体中的活动。	隐喻意义理论(?)
	7. (a) 期望的事件。(b) 意志。	(iv) 用法说
	8. 事物在任何一个系统中的位置。	结构主义的语义说
	9. 事物在我们未来经历中的实际结果。	(vi) 真值条件说
	10. 陈述所包含或暗示的理论结果。	(iv) 用法说
	11. 任何事物引起的情感。	(iii) 行为反应说
C	12. 由被选出的一种关系把它跟符号实际上联结起来的事物。	(vi) 真值条件说
	13. (a) 刺激的记忆效果。所获得的联想。 (b) 对任何出现的事物的记忆效果都合适的某种其他事物。 (c) 符号被解释成属于它的事物。 (d) 任何使人产生联想的事物。 就符号来说： 符号的使用者实际上指的事物。	(iii) 行为反应说 (iv) 用法说
	14. 符号的使用者应该指的事物。	
	15. 符号的使用者认为自己在指的事物。	
	16. 符号的解释者： (a) 指的事物 (b) 认为自己在指的事物 (c) 认为使用者在指的事物	(i) 指称说 (iv) 用法说

　　从表3可以看出，Ogden和Richards提出的22种意义的定义大都直接与意义的理论有关。我们也可以认为是Ogden和Richards对意义定义的详细分析为后人提出意义理论打下了基础。但是也有一些定义不属于现存理论。例如，"3. 词典中附属在一个词之后的其他词。"这是词语的词典定义，是否可以属于"意念说"，笔者尚不能确

定。对于"6. 投射到客观物体中的活动",Ogden 和 Richards 认为应该把它当成隐喻对待。对于"7. (a)期望的事件;(b)意志",Ogden 和 Richards(1923:191)认为是来自对下列句子的研究。

  a. They *meant* no harm.
   他们无伤害的意思。
  b. He *means* well.
   他本意良好。
  c. I *meant* to go.
   我打算去。
  d. What I *meant* was what I said.
   我的意图就是我说的意思。

关于"7. (b)意志",Ogden 和 Richards 认为句子 His meaning is certain = He has definite wishes. 他们进而认为 meaning = wishes = volition。因此,笔者认为"7. (a)期望的事件;(b)意志"属于语用范畴,归为(iv)用法说。

关于"8. 事物在任何一个系统中的位置",该条指的是诸如"星期一是一周中的第二天"这样的定义。"年"、"月"的定义也属于一个系统中的位置。笔者认为该定义应该属于结构主义的语义观。有如下引文为证。

  The meaning of a linguistic sign is not a fixed property of the linguistic sign considered in and of itself; rather, meaning is a function of the value of the sign within the sign system which constitutes a language. ... This means that while the word *red* is obviously used by speakers of English to refer to properties of the world, and might well evoke in the mind of a speaker a mental image of the concept "red", the meaning of the word is not given by any properties of the world, nor does it reflect any act of non-linguistic cognition on the part of a speaker. The meaning of *red* results from the value of the word within the system (more precisely, the subsystem) of English colour vocabulary. (Taylor 2003:6—7)

  一个语言符号的意义并不是该语言符号本身所固有的属性，而是该符号在构成某种语言的符号系统中的价值的一种功能。……也就是说，尽管 red 被讲英语的人显然用来指称这个世界的某种性质，并且很可能在说话者头脑中唤起"red"这个概念的心理意象，但是这个词的意义并不是由这个世界的任何性质赋予的，它也不反映说话者的任何非语言认知行为。red 的意义产生于 red 在英语颜色词汇系统（或者更准确地说是次系统）中的价值。

因此，笔者认为，Ogden 和 Richards 意义的第八个定义实际上反映的是结构主义的语义观。

"3. 词典中附属在一个词之后的其他词。"笔者认为"附属在一个词之后的其他词"实际上是理解该词的背景或语义场，因此，这个定义和"语义场理论"及"框架语义学"有关。相关内容参见 9.3 和 9.9。

以上我们谈了 Ogden 和 Richards 的意义的 22 种定义同现存意义理论的对应关系。下面我们再考察以上内容同 Leech 提出的七种类型的意义的关系。

5.5 七种类型的意义

Leech（1981:9）曾提出意义有七种类型。详见表 4，汉语译文为笔者所加。表 5 为意义的七种类型同 Ogden 和 Richards 的意义的 22 种定义的对应情况。

表 4 意义的七种类型

1. Conceptual meaning or *sense*		概念意义
Associative Meaning	2. Connotative meaning	伴随意义
	3. Social meaning	社会意义
	4. Affective meaning	情感意义
	5. Reflected meaning	被反映的意义
	6. Collocative meaning	搭配意义
7. Thematic meaning		主题意义

表 5 意义的七种类型和意义的 22 种定义

	意义的 22 种定义	意义的七种类型
A	1. 内在性质。	概念意义
	2. 与其他事物独特而不可分析的关系。	
	3. 词典中附属在一个词之后的其他词。	系统意义(?)
	4. 词的内涵。	内涵意义
	5. 本质。	
	6. 投射到客观物体中的活动。	隐喻意义
B	7.（a）期望的事件。（b）意志。	说话者的语用意义
	8. 事物在任何一个系统中的位置。	系统意义
	9. 事物在我们未来经历中的实际结果。	
	10. 陈述所包含或暗示的理论结果。	会话隐含
	11. 任何事物引起的情感。	情感意义
	12. 和被挑选出来的一种关系实际相关的符号。	概念意义(?)
C	13. (a) 刺激的记忆效果。所获得的联想。 (b) 对任何出现的事物的记忆效果都合适的某种其他事物。 (c) 符号被解释成属于它的事物。 (d) 任何使人产生联想的事物。 就符号来说： 符号的使用者实际上指的事物。	反映意义
	14. 符号的使用者应该指的事物。	
	15. 符号的使用者认为自己在指的事物。	
	16. 符号的解释者： (a) 指的事物。 (b) 认为自己在指的事物。 (c) 认为使用者在指的事物。	话语意义；语用意义

我们比较表 4 和意义的 22 种定义的对应关系，可得到表 5。我们发现 Leech 提出的意义的七个类型无法和意义的 22 种定义——对应起来。定义 14、15、16 应该属于话语的意义，这在 Leech 提出的意义的七个类型中没有谈及。定义 3、8、9 在七个类型中也没有位置。定义 6 和隐喻意义相关，定义 10 与会话隐含有关，这些都没有被包含在 Leech 提出的意义的七个类型中。我们发现 Ogden 和 Richards 定义中同说话者人相关的定义都没有出现在 Leech 的七个类型中。因此可以说，Leech 谈意义的类型时，少了一个层次，即语言使用者的层次。

另外我们再一一观察七个类型中的每一种类型的意义，会发现，Leech 的社会意义、搭配意义、主题意义等三种类型在 22 种定义中也找不到对应。很明显，Leech 是从语言表达的功能上给意义划分类型的。Leech 在分类中增加了语篇和搭配层面，这在 Ogden 和 Richards 的定义中并没有谈及。搭配意义和主题意义就属于语篇和搭配层面。综合 Ogden 和 Richards 的意义定义和 Leech 对意义的分类，我们应该在所指物（对象）、符号、使用者三要素上再增加语境和概念两个要素。

5.6　意义的五要素说：对象、概念、符号、使用者和语境

通过分析语义学经典著作中关于意义的定义、理论和分类，我们发现语义学家完全是在不同的层面上谈论意义的。我们可以通过对象、概念、符号、使用者和语境这些必要的要素来描写意义。见图 1：意义的五要素。

首先，人类是通过对大量的客观对象（A：对象，即客观事物）的范畴化及概念化形成概念的。概念（B：概念）存在于人的思维中，并通过各种认知过程进行符号化，形成语言系统（C：符号）。人们（D：使用者）再使用这些符号来表达处于某时空（E：语境）中的客观对象（A：对象）。整个过程的顺序为 A—B—C—D—E。任何语言的形成过程以及使用过程都是在一定的时间和空间中进行的。从微观角度看，语言使用者所指的对象不可能完全等同于起初的对象。

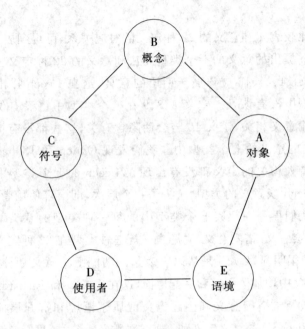

图 1　意义的五要素

详细理解从 A—B—C—D—E 的过程很有意义。A—B 过程经历了高度抽象化过程,是信息量丢失的过程。B—C 过程再次经历信息量丢失。因此语言使用者使用高度抽象化的符号只能借助语境才有可能完全表达自己的意图。以上图表也可以很好地解释语言的模糊性。用有限的高度抽象化的符号来表示具有无限具体特征的客观对象,无法不模糊。

我们可以用以上五种要素中的一个或几个来表示意义。意义可以是对象(包括对象的属性、特点等)。意义可以是人们头脑中的概念(包括想法、观念等)。从说话者角度看,意义可以是说话人的打算、想法、要传达的暗示、隐含等。意义可以是符号本身或符号之间的关系,意义可以存在于语境中(包括主题意义、搭配意义)。因此,本文提出意义的五要素说。意义的五要素说认为:对象、概念、符号、使用者和语境是意义的最重要的五个组成元素;意义可以通过五个元素中的一个或几个来描述。

笔者认为在表达意义时五要素可以同时存在，只不过参与的程度不同；有的处于突显状态，有些处于隐现状态。语用学在研究话语意义时，突显"语境"和"使用者"；语义学在研究意义时，突显"概念"和"符号"。

关于五个要素的定义。"对象"，"概念"和"符号"的定义与传统文献中的定义一致。关于"使用者"，笔者指的是语言使用者的"意愿"，"打算"，"理解"等等。关于语境，何兆熊在其《新编语用学概要》一书中转引 Sperber 和 Wilson 的观点，认为，"话语理解中的语境不仅包括上下文所表达和隐含的信息，还包括即时的情景因素，以及与该旧信息和新信息有关的所有百科知识"（何兆熊 1999：208）。笔者拟持更宽泛的定义，语境也包括文化信息。

一句话的意义可以有语境参与，也可以没有。有语境参与时，语境要素得到一定程度的"突显"。若没有语境，那么这句话表达的就是句子意义，是通过语言符号来表达独立于语境之外的静态意义，此时"语境"并没有完全消失。若将语境加入其中，就变成话语意义（utterance meaning）。话语意义是具体的，是同一定交际条件密切相关的，具有交际价值，是动态的。意义由静态变为动态的过程，就是语境要素突显的结果。

5.7 结 语

本章分析了 Ogden 和 Richards 于 1923 年出版的经典名著《意义的意义》中意义的 22 种定义，Leech 提出的意义的七种类型，以及意义的相关理论。结论发现语义学家在不同的层面上谈论意义。笔者提出意义的五要素说，认为：对象、概念、符号、使用者和语境是意义的最重要的五个要素；绝大多数意义都可以在这五个层面上得到解释。意义就是这五个要素之间的此起彼伏，此隐彼显，此强彼弱的关系。意义就是这五个要素在不同程度上参预的结果。

词汇语义学

第六章 词汇之间的关系和词汇语义学的核心

6.1 引 言

第5章对"什么是意义"得出了一个结论。本章将进入词汇层面,全面分析词汇之间的关系(lexical relations)类型和它们的特点。笔者论述了把词汇之间的关系分成三个大类的必要性,即:形体关系;意义关系;实体关系。国内有些语义学文献错误地把词汇之间的关系全部当作意义关系,本章指出,词汇之间的关系不全是意义关系(sense relations)。详细区分词汇之间的关系类型有助于我们把握词汇语义学的研究重点。笔者进一步指出,词汇语义学(lexical semantics)的研究核心应该是意义关系,而意义关系的核心内容应该是词汇的多义性等问题。在词汇语义学中,很多理论都是关于多义关系的。词汇语义学通过这些理论与认知语言学、哲学、逻辑学、心理学等学科产生联系。词汇语义学中的一词多义现象是词汇语义学同许多其他学科相交叉的连接点。因此,对一词多义现象的研究应该是词汇语义学的核心之核心。笔者对意义关系的相关理论,尤其是关于多义性的理论做了简要评论。

6.2 词汇之间的关系

词汇之间的关系与意义关系不完全等同。前者在英文中为lexical relations,后者为sense relations。关于这一点在用汉语写成的关于英语语义学的文献中有混淆的现象,把 lexical relations 都当成意义关系。例如,在外研社 2000 年出版的 *Semantics* 的导读中就把原文中的 lexical relations 介绍成了"词与词之间的意义关系"(Saeed 2000:F24)。

英语中纯粹的单义词很少,绝大多数词都是多义词,一个词项有两个或两个以上的意义,即 senses。"Sense: A meaning of a lexical unit distinguished, e. g. in a dictionary, from other meanings."(Matthews 1997:337)(义项:在词典中,一个词项所包含的相互区别的意义。)例如,chair 可以当成"椅子"使用,也可以当成会议的"主席"。因此我们说 chair 至少有 2 个 sense,即 2 个义项。另外需要区分 lexeme 和 lexicon 的概念。前者指的是语言系统中与其他类似单位相互区别的最小的抽象单位,它是词典中的一个词条。汉语译为"词位","词汇单位",或"词条"。例如,study,studies,studied,studying 应该属于一个词条。后者(lexicon)一般指一个语言中词条的总汇。我们平时谈论的词汇很多情况下指的是词位,即词条。

Saeed 在他的《语义学》(Saeed 2003:63—71)一书中共区分了 8 种词汇之间的关系类型。表 1 列出了这 8 种类型及其主要特点。

从表 1 我们可以看出,同音同形关系(Homonymy)中根本不涉及意义关系。例如,ring 和 wring 发音相同,意义没有任何关系。二者之间的关系我们只能说是一种形体上的关系。这里属于声音形体。再如,作为"银行"的 bank,和作为"河岸"的 bank,二者在意义上也是没有任何联系的,只是发音和写法相同。二者在词典中分别属于两个词条。因此,笔者认为它们只是形体上的关系,这里形体既包括语音形体,也包括拼写形体。表 1 中 2—5 类才属于意义关系。其中,第 2 类多义性属于一个词项内部的意义关系,3—5 类属于不同词项之间的意义关系。第 6 类 Meronymy(组成部分和整体的关系)既不属于意义关系,也不属于语言形体上的关系。例如 car 和 engine,虽然汽车上都有发动机,但是我们把"小汽车"和"发动机"的意义都列出来,会发现它们在意义上没有多大联系,只是任何汽车都使用发动机而已,但是发动机也可以安装在其它地方。因此,这是一种客观实体之间的

表 1　词汇之间的关系类型及特点

序号	词汇之间的关系类型		词项本身的名称		主要特点
1.	Homonymy	同音同形异义关系	Homonym (homograph; homophone); Homonymous words	同音同形异义词（同形异音异义词；同音异形异义词）	形体关系，包括声音形体和拼写；意义之间无关联性；实际上不属于意义之间的关系
2.	Polysemy	多义性	Polyseme; polysemous word	多义词	意义之间有关联性；在词典中都属于同一个词条
3.	Synonymy	同义关系	Synonym	同义词	不同词条之间的意义相同或相近；可涉及两个或两个以上的词条
4.	Opposite (antonymy)	对立关系（反义关系）	Opposite (antonym)	反义词	意义相对立或相反的词；一般涉及两个词条
5.	Hyponymy	下义关系	Hyponym Hypernym	下义词 上义词	词的意义包含在另一个词之中；许多下义词可以属于同一个上义词
6.	Meronymy	组成部分和整体的关系	Meronym	汉语没有相对应的译法	不属于意义之间的关系；属于客观实体关系
7.	Member-collection	个体和集体的关系	个体和集体各有名称	个体和集体各有名称	不属于意义之间的关系；属于实体关系
8.	Portion-mass	部分和整体的关系	部分和整体各有名称	部分和整体各有名称	不属于意义之间的关系；属于实体关系

表 2　词汇之间的关系类型和理论

序号	词汇之间的关系类型			相关理论或要点
1.	形体关系（Form relations）	Homonymy	同音同形异义关系	如何与多义词相互区别；歧义问题
2.	意义关系（Sense relations）	Polysemy	多义性	意义扩展（sense extension）；多义词的发展轨迹；多义聚合的特点；意象图式理论；隐喻意义；概念隐喻理论；歧义与消歧；范畴理论；家族相似性；典型范畴；语义成分分析等等
3.		Synonymy	同义关系	同义词的文体学价值；同义词的发展演变等等
4.		Opposite (antonymy)	对立关系（反义关系）	反义词的修辞学价值等等
5.		Hyponymy	下义关系	语义场理论；范畴理论；家族相似性；典型范畴；基本层次范畴等等
6.	实体关系（所指对象之间的关系）（Object relations）	Meronymy	组成部分和整体的关系	很多类似关系尚未词汇化；研究潜力不大
7.		Member-collection	成员和集体的关系	量词系统的研究
8.		Portion-mass	部分和整体的关系	量词系统的研究

关系。第 7、8 类也类似,我们把 6—8 类归为实体关系。它们属于客观实体之间的关系,根本不属于语言表达层面的问题。表 2 列出了词汇之间的三种大的关系类型和相关理论,以及在词汇语义学中的研究要点。

在表 2 中第一大类(形体关系)和第三大类(实体关系)不是词汇语义学研究的重点。关于同音同形异义关系的现象也只是限于语言描写,相关理论很少。第三大类实体关系中的 6—8 小类是最近的英语语义学专著中才开始提及的现象。7—8 类中成员和集体的关系以及部分和整体的关系,前者是关于可数名词的,后者是关于不可数名词的。我们可以对量词系统做系统研究,在理论上也可以和认知语言学相结合。词汇语义学的重点在于意义关系的相关研究。在意义关系的研究中,笔者认为多义性处于核心地位。

6.3 多义性:词汇语义学的研究核心

表 2 中的意义关系(sense relations)共有四类。其中三类是词汇之间的意义关系,一类是一个词项内部之间的意义关系,即多义性。上下义关系间接涉及范畴理论,因此涉及家族相似性、典型范畴、基本层次范畴,从而使词汇语义学的研究间接与哲学研究相联系。众多的下义词可以被认为构成一个语义场。因此上下义关系同语义场理论相联系。对立关系同修辞学相关。同义关系同文体学的关系最密切。词汇语义学意义关系的类型中最吸引学者兴趣的应该是一词多义的研究。

多义性的研究是多层面的,可以同如下内容相关:意义扩展(sense extension)、多义词的发展轨迹、多义聚合的特点、意象图式理论、概念隐喻理论、歧义与消歧、范畴理论、家族相似性、典型范畴等等。因此,多义性的研究在词汇语义学中是最吸引学者的内容之一。

多义性的研究内容十分丰富,例如,对通感(synaesthesia)的研究也可以看成是对词汇意义扩展的研究。Joan Tietz 在专著 *A Thousand Years of Sweet* (Tietz 2001)一书中研究了 sweet 一词经过一千多年的变化,逐步从味觉扩展到视觉、听觉等不同的感觉域。

在认知语言学领域,概念隐喻理论就是对系统的一词多义现象解释的一种理论模式(Lakoff and Johnson 1980;Lakoff 1993)。概念隐喻理论认为,隐喻是一种跨概念域的系统映射。比如,在概念隐喻 INTERNET IS HIGHWAY(互联网是高速公路)中,原来用于高速公路的词汇都系统地映射到互联网。这就是系统的一词多义现象。

除此以外,当我们跳出词汇疆域之外考察词汇与词汇的搭配时,词汇语义学中还有并置理论(collocation theory)、语义场理论(semantic field theory),这些都是词汇语义学的核心内容。但是在词汇关系(lexical relations)层面,通过以上分析,笔者认为意义关系应该是词汇关系的核心内容。在意义关系之中,词汇的多义性是意义关系研究的核心。因为它在词汇的意义关系类型中所涉及的理论最多,引起了学者的广泛兴趣。一词多义现象也引起了认知语言学界的兴趣。例如,*Polysemy in Cognitive Linguistics*(Cuyckens and Zawada 2001)就是在认知语言学框架内全方位探讨一词多义现象。

6.4 结　语

本章论述了词汇之间的各种关系类型。本章的结论是:(1)国内有学者把 lexical relations 都当成意义关系来探讨,那是不恰当的,并且笔者认为应该把词汇关系分成三个大的类型:形体关系;意义关系;实体关系。(2)本章简要评论了各个关系类型的主要特点和相关的理论。通过分析发现,词汇的多义现象是词汇之间意义关系研究的核心。众多的理论都是关于一词多义现象的。因此笔者认为,一词多义现象应该是词汇语义学的核心内容之一。(3)通过列举一词多义现象的相关理论,笔者发现一词多义现象是词汇语义学向其他学科延伸的连接点,例如,意义的延伸、哲学中对范畴相关理论的研究等。一词多义现象也是认知语言学研究的一个核心内容。

本章是词汇语义学的一个概述。接下来我们将选取两种重要的意义关系详细考察。它们分别是第 7 章的同义关系和第 8 章的一词多义现象。

第七章

同义关系：本质、根源及其文体学价值

7.1 引 言

第 6 章描述了词汇语义学的框架。本章和第 8 章将选取两种重要的意义关系做深入探讨，一种是同义关系，另一种是一词多义关系。本章使用大量的例子论述了英语词汇中的同义现象，分析了造成同义现象的主要原因，笔者认为，同义词在本质上是一个模糊范畴，形成的主因在于历史和语体。笔者同时指出同义现象具有较高的文体学价值，同义关系范畴应该成为文体学研究的对象。

7.2 同义关系及词汇的风格意义

同义关系(synonymy)是意义关系(sense relations)中的一种，表示两个词汇含有相同或相近的意义(即义项)。"The relation between two lexical units with a shared meaning."(Matthews 1997：367)也就是说，两个词只要有一个意义(sense)相同，就可以被认为是同义词。例如，couch/sofa, boy/lad, lawyer/attorney, toilet/lavatory, large/big，每组中的两个词互为同义词。一般认为绝对的同义词是不存在的。所谓绝对的同义词是指在任何场合下都能互换使用的词。同义词往往表示的概念意义相同，而其他特征有差异，例如，在语域(register)上有差异，也就是词汇的正式程度不同，有些非常正式，属于正式语言，有些属于方言俚语。因此，同义词往往表示词汇的风格意义(stylistic meaning)或称社会意义(social meaning)的不同。风格意义是指词汇所含有的社会环境的信息总和。下面是几组同义词(Leech 1981:14—15)。

马
steed（诗体）
horse（普通）
nag（俚语）
gee-gee（儿语）

住处,家
domicile（很正式）
residence（正式）
abode（诗体）
home（普通）

扔
cast（文学语言）
throw（普通）
chuck（俚语）

小
diminutive（非常正式）
tiny（口语）
wee（口语,方言）

从上面的例子可以看出,每组同义词中的词,它们的正式程度不同,有的非常正式,有的是普通用法。它们适用的语体不同,有的是口语,有的是方言等等。再看以下两个句子。

例(1)
They chucked a stone at the cops, and then did a bunk with the loot.
(他们向大盖帽扔了一块石头,带着战利品溜走了。)

例(2)
After casting a stone at the police, they absconded with the money.
(他们向警察扔了一块石头后,带着钱逃离了。)

例(1)可以认为是两个罪犯之间的对话。例(2)可能是调查案件的警官的报告。因此我们可以从句子中大致推测出该事件的社会环境。这些信息都是词汇的风格意义或是社会意义带给我们的。

7.3 同义关系:文体学研究的范畴

每组同义词可以根据它们的语体差异构成一个等级级差。在这个等级级差中,我们用词汇的语体差异来进行区分。例如,我们有三个同义词为一组的,我们称之为同义词等级级差三分法。

elevated(书面语)　　neutral(中性)　　colloquial(口语)

图 1　同义词级差三分法

表 1　同义词级差三分法例词

Elevated(书面语)	Neutral(中性)	Colloquial(口语)
fearful	afraid	yellow
covenant	agreement	deal
infant	child	kid
vallour, prowess	courage	pluck
intoxicated	drunk	tipsy
partake	eat	gobble
countenance	face	phiz
parent	father	dad(daddy)
maiden	girl	lass
headpiece	head	garret, pate
steed	horse	nag
slay	kill	make away with
encounter	meet	come across
bombast	monsense	rot

我们可以对同义词级差三分法的例词进一步分析,再增加这些词汇的俚语形式,得到每组四个的同义词,我们称之为同义词级差四分法,见表 2。其中的个别词还可以继续划分出一个类别,即古词。我们称之为同义词级差五分法,见表 2。

表 1 和表 2 中的例词都是没有语境的,表 3 至表 10 是一些小说中的具体例子。在这些例子中,原文中有 7 个同义词在它们的节写本中都替换成了 to see。

表 2 同义词级差四分、五分法例子

Elevated 书面语	Neutral 中性	Colloquial 口语	Slang 俚语	Archaic 古语
fearful	afraid	yellow	funky	afeard
valour	courage	pluck	guts	
intoxicated	drunk	tipsy	soused	dauntlessness
countenance	face	phiz	mug	favour
maiden	girl	lass	skirt	damsel
headpiece	head	garret, pate	nob, onion	sconce
steed	horse	nag	plug	courser
slay	kill	make away with	screw	
bombast	nonsense	rot	bump off	
			bosh	

表 3 "to see"的同义词

In the original 原文中的用法	In the "digest" 节写本中的用法
behold descry detect observe perceive remark view	see

表 4 to behold 和 to see 的原文语境比较

"The Republic of Plato", translated into English by I. H. Davies and D. I. Vaugnan, London, 927. (通用缩写形式 D. V. R. P.)	"The Republic of Plato", a new version founded on *Basic English* by I. A. Richards, N. Y. , 1942. (通用缩写形式 R. R. P.)
... in heaven there is laid up a pattern of it for him who wishes *to*	... its pattern is already there in heaven for him *to see* who so desires;
behold it, and, beholding, to organize himself accordingly. (D. V. R. P. , 334)	and, *seeing* it, he makes himself its citizen. (R. R. P. , 184)

表 5 to descry 和 to see 的原文语境比较

Jonathan Swift, *Gulliver's Travels*, Oxford, 1940. （通用缩写形式 S. G. T.）	Jonathan Swift, *Gulliver in Lilliput*, In Basic English, ed. By I. Litvinoff M. L. 1935. （通用缩写形式 S. G. L. L）
... I *descried* a small island about half a league to the north-west. (S. G. T., 64)	... I *saw* a small island about a mile and a half to the north west. (S. G. L. L., 99)

表 6 to detect 和 to see 的原文语境比较

E. A. Poe, *The Gold Bug*, *Poems and Tales*, Chicago, 1904. （通用缩写形式 P. G. B）	E. A. Poe, *The Gold Insect*, In Basic English, ed. By I. Litvinoff, M. 1936. （通用缩写形式 P. G. I）
... you will easily *detect* five such cases of unusual crowding. (P. G. B., 261)	... you will quickly *see* five places where the signs are uncommonly near together. (P. G. I., 67)

表 7 to observe 和 to see 的原文语境比较

Daniel Defoe, *The Life and Adventures of Robinson Crusoe*, Oxford, 1937. （通用缩写形式 D. R. C）	Daniel Defoe, *Robinson Crusoe*, In Basic English, ed. By I. Litvinoff, M. L. 1935. （通用缩写形式 D. R. C. L）
After I had *observed* the outrageous usage of the three men by the insolent seamen, I *observed* the fellows run scattering about the land. (D. R. C., 324)	After I had *seen* how cruel the rough seamen were to the three men, I *saw* them go in all directions over the island. (D. R. C. L., 71)

表 8　to perceive 和 to see 的原文语境比较

... the essential Form of Good is the limit of our inquiries, and can barely be *perceived*; but, when *perceived*, we cannot help concluding that it is in every case the source of all... (D. V. R. P., 238)	... in the field of deep knowledge the last thing *to be seen*, and hardly *seen*, is the idea of the good. When that is *seen*, decision has to be that it is truly the cause... (R. R. P., 134)

表 9　to remark 和 to see 的原文语境比较

... he failed *to remark* that he was fated therein to devour his own children. (D. V. R. P., 368)	... he took it without examination, not *seeing* that he was fated by it to eat his own children (R. R. P., 208)

表 10　to view 和 to see 的原文语境比较

The lanes and alleys which I could not enter, but only *viewed* them as I passed. (S. G. T., 30)	The narrow streets, into which I was unable to go, but only *saw* when I went by. (S. G. L. L., 54)

通过以上具体语境，我们非常清楚地看到书面语体和普通语体的区别是真实存在的。这些同义词绝不是语言学家为了谈论同义关系而罗列出来的。但是以上例子因为语体不同，它们不能出现在同一语篇中。

以下则是一些语体相同的同义词在同一语篇中重叠使用的例子。

—she must *hate and detest*；
—she had *yearned and craved* for sympathy；
—the young man looked *scared and frightened*；
—reckless *mishaps and misfortunes*；
—the jokes were *tame and stale*；
—with all her *might and strength*；
—tell me *all and everything*；

—in a dreadful state of *doubt and uncertainty*;
—in such times of *misery and destitution*;
—he left more *sad and downcast*;
—a great state of *agitation and excitement*;
—a *dense and stupid* policeman;
—full of the most delightful *hopes and expectations*;
—full of offensive personal *allusions and hints*;
—with constant *care and assiduity*;
—the crowd looked on with *awe and wonder*;
—you must be *meek and humble*;
—I *beg and implore* you;
—it's *all right and proper*;
—you are *famous and celebrated*;
—a *full and complete* version;
—with a *swift and rapid step*;
—with the greatest *caution and circumspection*;
—I'm *sure and certain*;
—I have committed a hundred *mistakes and blunders*;
—to *throw spell and incantation* over the soldiers;
—the same *thoughts and meditations*;
—we *require and demand*;
—the child is *sacrificed and offered up* to fate;
—to be very critical upon her *behavior and deportment*;
—he *cursed and swore*;
—striving to *soothe and comfort*;
—she sat *quite and still*;
—a *calm and quiet* grief;
—he is *false and deceitful*;
—they were completely *wrong and mistaken*;
—he *invents and devises* somewhat of his own;
—a woman who officiated as *guide and cicerone*;

—all was *agreed and settled*;

...

在以上诸多例句中，很多已经不是同义词。笔者觉得想把这些表达准确地译成汉语是十分困难的。在下文中要谈到的每组词的关系则距离同义词越来越远。

7.4　同义词是一个模糊范畴

在上文谈到的每对词汇中，它们是否是"同义词"已经不十分明显。下面每对词汇之间的关系则距离"同义"越来越远。

—a *faint and feeble* voice;
—he was perfectly *generous and free-handed*;
—I was *desolate and abandoned*;
—*dread and fear* were upon him;
—she looked very *pale and wan*;
—his *pale and ghastly* face;
—they were getting *coarse and rough*:
—she had *coaxed and wheedled* before;
—the *visions and dreams* of the world;
—to discuss the matter *frankly and openly*;
—the manner was *frank and sincere*;
—he was a *shame and disgrace*;
—he used to *cheat and hoodwink* poor George;
—his mutterings were rising up to *screams and shrieks*;
—he *started and trembled*;
—he *started and shuddered*;
—his *bravery and courage*;
—Oliver felt *stunned and stupefied*;
—above *respect and esteem*;
—threatening *innuendoes and hints*;

—a *wicked and cruel* boy;
—the *changed and altered* aunt;
—in *an unfinished and incomplete* state;
—they are always *sudden and unexpected*;
—they were *close and intimate* friends;
—he wandered on *irresolute and undecided*;
—in *rage and fury*;
—their *curses and blasphemy*;
—*struggling and wrestling* with him;
—he felt a *dread and awe*;
—etc.

我们罗列的这些词汇的数量越多，它们之间的语义关系越松散。由于这些词的词性相同，在句子中的句法特点相同，我们可以用"同构结构"来代替"同义词"。下面是"三词同构结构"：

—he *coaxed*, *wheedled and cajoled* Jos;
—the visitors were *delighted*, *cheerful and good-tempered*;
—full of airy *flashings*, *twinkles and coruscations*;
—its *shrill*, *sharp*, *piercing* voice;
—that *slippy*, *slushy*, *sleety* sort of state;
—and on it, *unwatched*, *unwept*, *uncared* for, was the body of this man;
—his face is *benevolent*, *kind and tender*;
—his own *kind*, *generous*, *hearty* nature;
—a *bleak*, *dark*, *cutting* night;
—it was *cold*, *bleak*, *biting* weather;
—there was an *eager*, *greedy*, *restless* motion in the eye;
—the phantom *slowly*, *silently*, *gravely* approached;
—the air was *bracing*, *crisp*, *and clear*;
—a *slouching*, *moody*, *drunken* sloven;
—pity my *presumption*, *wickedness*, *and ignorance*;

—the rain came *slowly*, *thickly*, *obstinately* down;

—the marriage is with a *stern*, *sordid*, *grinding* man;

—etc.

下面是"四词同构结构":

—the people *half-naked*, *drunken*, *slipshod*, *ugly*;

—it gave admission to a *little*, *meagre*, *thoughtful*, *dingy-faced* man;

—they had *clear*, *loud*, *lusty*, *sounding* voices;

—an *easy*, *affable*, *joking*, *knowing* gentleman;

—*charity*, *mercy*, *forbearance*, *and benevolence* were all my business;

—a *kind*, *forgiving*, *charitable*, *pleasant* time;

—an *odious*, *stingy*, *hard*, *unfeeling* man;

—he escorted a *plump*, *rosy-cheeked*, *wholesome*, *apple-faced* young woman;

—etc.

"五词同构结构":

—he called out in a *comfortable*, *oily*, *rich*, *fat*, *jovial* voice;

—Joe was a *mild*, *good-natured*, *sweet-tempered*, *easy-going*, *foolish* dear fellow;

—he brought two children—*wretched*, *abject*, *frightful*, *hideous*, *miserable*;

—they were a boy and a girl—*yellow*, *meagre*, *ragged*, *scowling*, *wolfish*;

—running to the window, he opened it: *a clear*, *bright*, *jovial*, *stirring*, *cold* morning;

—a *malicious*, *bad-disposed*, *wordly-minded*, *spiteful*, *vindictive* creature;

—etc.

"六词同构结构":

—he was a *squeezing*, *wrenching*, *grasping*, *scraping*, *clutching*, *covetous*, old sinner;
—hundreds upon hundreds of men would have been violently *slain*, *smashed*, *torn*, *gauged*, *crushed*, *mutilated*;
—an *old*, *musty*, *fusty*, *narrow-minded*, *clean and bitter* room;
—a *nasty*, *ungrateful*, *pig headed*, *brutish*, *obstinate*, *sneaking* dog;
—you *dirty*, *yellow*, *sneaking two-faced*, *lying rotten* Wop you;
—etc.

"七词同构结构":

—she appeals to an *enlightened*, *a high-minded*, *a right-feeling*, *a conscientious*, *a dispassionate*, *a sympathising*, *a contemplative* jury;
—there are some who do their deeds of *passion*, *pride*, *ill-will*, *hatred*, *envy*, *bigotry*, *and selfishness* in our name.

"八词同构结构":

—she was the *soft*, *damp*, *fat*, *sighing*, *indigestive*, *clinging*, *melancholy*, *depressingly hopeful* kind.

(李福印 Kuiper 1999:280—299)

通过以上分析,我们看到,同构结构的词汇的数量越多,它们之间的意义关系越远。当我们列到八词同构结构时,我们只能说"soft, damp, fat, sighing, indigestive, clinging, melancholy, depressingly hopeful"是表示人物特征的一组形容词而已。我们在三词同构结构中,例如"the visitors were *delighted*, *cheerful and good-tempered*",似乎还可以说这三个词属于同义词。我们很难准确划定什么时候它们由"同义词"变成了只有在性质上有共同点的"同构结构"。因此,我们认为同义关系是一个模糊范畴。

7.5 结　语

　　本章用大量的语料论述了英语中的同义关系。结论认为研究同义关系主要应该从历时的层面、从语体的角度进行。形成同义词的主要原因在于语体。形成不同语体的主要原因是语域和历史原因。笔者认为同义词在本质上是一个模糊范畴,我们在具体使用中很难具体划定同义词的界限。笔者认为同义词范畴具有较大的文体学价值,应该成为文体学研究的对象。

　　本章的同义关系是词汇语义学中的一个要点。第 8 章我们将更详细地探讨词汇语义学的另一个核心内容,一词多义现象。

一词多义现象:概念隐喻理论的解释和不足①

8.1 引 言

全书安排了三章讨论词汇语义学的内容。第 6 章是大的框架,是概述。第 7 章是同义关系的研究。本章(第 8 章)将更深入一步,从"概念隐喻理论"的角度研究一词多义现象。本章也是三章中最难的一章,因为本章是对"概念隐喻理论"解释一词多义现象的质疑。Lakoff 的"概念隐喻理论"是对系统的一词多义现象的理论解释。该理论也是过去 20 年来认知语言学研究的焦点之一。该理论虽然属于认知语言学范畴,从另一个侧面,它解释的语料却是系统的一词多义现象。因此,我们在本书中把这一问题当成语义问题来探讨。本章首先全面介绍概念隐喻的内容,之后指出了它的一些不足。本章有五个部分:第一部分为引言;第二部分简单介绍理论背景;第三部分详细介绍概念隐喻理论;第四部分指出该理论的不足;第五部分为结语。

8.2 理论背景简介

自 20 世纪 80 年代初至今,语言学研究中发展最快的,研究最热的恐怕非"认知语言学"莫属。认知语言学中最热的焦点之一应该是"隐喻"。而这些热点或焦点的"导火索"、"催产剂"在很大程度上应该

---

① 本章根据李福印(2005b)改编。

归功于"概念隐喻理论"(Lakoff & Johnson 1980;Lakoff 1993)。该理论认为隐喻是从一个具体的概念域向一个抽象的概念域的系统映射;隐喻是思维问题,不是语言问题;隐喻是思维方式和认知手段。这些革命性的提法促进了认知语义学对概念结构的研究,从而促进了认知语言学的整体发展。只要翻阅一下历届认知语言学国际会议的论文题目及过去二十年来认知语言学的出版物,我们便会对以上的描述深有同感。因此,概念隐喻功不可没,这是不争的事实。但是,一切都是一分为二的,很多事情都是双刃剑。国内外对隐喻研究的过热的趋势也不例外。这种过热的趋势在中国大陆表现得尤为明显。2001年在上海召开的第一届认知语言学大会有近50%的论文是关于隐喻的。我们把会议的名称改为隐喻大会也许更合适。这种过热本身很容易形成一种盲从。同时这种过热的研究也淹没了批判者的声音。本章全面分析了概念隐喻的内容,指出了它的一些不足,以期待引起学者们的理性思考。

8.3 什么是概念隐喻理论

概念隐喻理论的思想是在《我们赖以生存的隐喻》(*Metaphors We Live By*, Lakoff & Johnson 1980)一书中首先被提出来的,在"The Contemporary Theory of Metaphor"(Lakoff 1993)一文中得到系统的阐述。为了对概念隐喻理论有一个初步的了解,我们把概念隐喻的基本观点和 Lakoff 所称的传统的隐喻的观点列一个表格(见表1),做一个简单对比。Lakoff 所指的"传统的"(traditional)及"古典的"(classical)观点并没有具体指明出处(Lakoff 1993:204-205)。Lakoff 本人也承认这一点。请看下面引文:

> We have done our best to survey the principal traditional theories of metaphor and where our views differ from them. Our survey differs from most other such surveys in two respects: First, we have not tried to say who claims what, to associate particular authors with positions. Our main interest has been in

simply stating what the positions are. Second... (Lakoff and Turner 1989:136)

我们已经尽了最大努力考察了主要的传统隐喻理论,并论述了我们的观点在什么地方与传统观点不同。我们的考察与以往绝大多数这样的考察有两点不同:首先,我们没有说明谁持什么观点,以把具体作者和观点联系起来。我们的主要兴趣只是在于说明传统观点是什么。第二……

表1 "传统观点"与概念隐喻理论的比较

基本问题	"传统观点"	概念隐喻理论
谁创造了隐喻?	由诗人等文人墨客创造的	每一个普通人都创造隐喻
隐喻是怎么被创造的?	一个一个被创造的	隐喻是系统的映射,可以一批一批地创造
谁使用隐喻?	文人创造隐喻,大家使用隐喻	每一个普通人都创造和使用隐喻
隐喻的存在方式是什么?	只存在于文学语言中	既存在于文学语言中,也普遍存在于日常语言中
隐喻的功能是什么?	对语言起修饰作用,使表达更美	隐喻是一种认知手段,一种思维方式
隐喻的本质是什么?	隐喻只是语言层面的问题,是词汇问题	隐喻是思维层面上的问题

表1中的观点散见于 Lakoff & Johnson (1980),Lakoff & Turner (1989),Lakoff (1993),Lakoff (1986a,1986b) 等等。有一点需要指出,笔者认为表1中所谓的"传统观点"在中外文献中很难找到来源。

Lakoff 使用如下术语阐述概念隐喻理论:"概念域"(conceptual domain)、"源域"(source domain)、"目标域"(target domain)、"意象图式"(image schema)、"恒定假设"(invariance hypothesis)、"映射"(mapping)。鉴于许多文献(如 Cienki 1998;Clausner & Croft 1999;Brugman 1990;Johnson 1987;Roher 1997)对以上术语均做过详细阐述,在此不赘述。Lakoff 认为人们用一个具体的概念域,即"源域"

(如"建筑物"BUILDINGS)中的词汇来描述另一个抽象的概念域,即"目标域"(如"理论"THEORIES)。见例(1)。

例(1)
a. We need to **buttress** the theory with solid argument.
（我们需要牢靠的论据支撑这个理论。）
b. The **foundation** of the theory is **shaky**.
（这个理论的根基不稳固。）
c. The argument **collapsed**.
（论据垮了。）

在以上例子中,Lakoff 认为词汇 buttress, foundation, shaky, collapsed 本来是用来描写"建筑物"的,现在用于描写"理论"。因此,我们是把"理论"当成了"建筑物",即"理论是建筑物"(THEORIES ARE BUILDINGS)。以上词汇的用法实际上就是系统的一词多义。词汇 buttress, foundation, shaky, collapsed 在"建筑物"语域有一个意义,它们分别又在"理论"语域获得另外一个意义,即隐喻意义。Lakoff 认为诸如"理论是建筑物"这样的观念在我们的概念系统中是普遍存在的,因此称之为"概念隐喻"。概念隐喻理论的核心内容是"隐喻是跨概念域(cross-domain)的系统映射"。我们可以把概念隐喻理论核心内容概括为八条。引号内的内容是笔者对 Lakoff(1993)原文的直译。每条的题目为笔者所概括。

[1] 隐喻是认知手段

"隐喻是我们用来理解抽象概念,进行抽象推理的主要机制。""隐喻让我们用更具体的、有高度组织结构的事物来理解相对抽象的或相对无内部结构的事物。""许多主题,从最普通的事情到最深奥的科学理论只能通过隐喻来理解。"因此我们可以把这段话归纳为隐喻的作用是一种"认知手段"。

[2] 隐喻的本质是概念性质的

"隐喻从根本上讲是概念性质的,不是语言层面上的。""隐喻性语言(metaphorical language)是'概念隐喻'的表层体现。"因此,Lakoff 称为"概念隐喻"。

[3] 隐喻是跨概念域的系统映射

"隐喻是跨概念域的映射。""这种映射是不对称的、是部分的。""每一种映射都是源域与目标域的实体之间一系列固定的本体对应。""一旦那些固定的对应被激活,映射可以把源域的推理模式投射到目标域中的推理模式上去。"因此,概念隐喻是跨域映射。

[4] 映射遵循恒定原则

"隐喻映射遵循'恒定原则':源域的意象图式结构以与目标域的内部结构相一致的方式投射到目标域。"因此,概念隐喻是源语域往目标域的单向的映射。

[5] 映射的基础是人体的经验

"映射不是任意的,它根置于人体、人的日常经验及知识。"这一点也是 Lakoff 等人把概念隐喻理论置于认知语言学领域的重要原因。

[6] 概念系统的本质是隐喻的

"概念系统中含有数以千计的常规隐喻映射(conventional metaphorical mapping),这些映射构成概念系统中有高度组织的"次概念系统(subsystem)。"因此,概念隐喻是概念系统不可分割的一部分,也是我们的知识体系的重要组成。

[7] 概念隐喻的使用是潜意识的

"绝大部分常规概念隐喻系统是潜意识的、自动的,使用起来是毫不费力的,正像我们的语言系统及概念系统中其他部分一样。"

[8] 概念隐喻是人类共有的

"隐喻映射的普遍性有所不同;一些似乎是具有共性的(universal),

另外一些是广泛的(wide-spread),还有一些似乎是某种文化特有的(culture-specific)。"(以上各项均译自 Lakoff 1993:244—5。)

以上各项在以下叙述中分别简称为莱氏观点[1],莱氏观点[2],依此类推。概念隐喻理论在倍受学者青睐的同时,也受到许多质疑。以下是学者们在该理论中发现的主要问题。

8.4 概念隐喻理论存在的主要问题

概念隐喻理论面世以来,就一直面临学界异样的声音。例如 Murphy (1996, 1997), Vervaeke et al. (1997), Engstrøm (1999)等等。国内学者也曾注意到概念隐喻理论的不足(刘正光 2001;李福印 2005b)。莱氏理论存在的问题是多方面的,为了便于讨论,本文归纳为如下 12 条:

(1) 方法论问题

在方法论方面,莱氏赖以建立概念隐喻理论的语料不是来自大型语料库检索。很多语料缺乏具体的使用语境,例如网页(http://cogsci.berkeley.edu/MetaphorHome.html,访问时间 2002 年)上列出的隐喻表达都没有说明来源。因此它的系统性、科学性和真实性常常受到质疑。2004 年 4 月份,Lakoff 来北京航空航天大学作了系列讲座,共十讲(高远,李福印 2007)。其中一讲是关于概念隐喻的。有听众问到:"What is the methodology of this theory?"(该理论的方法论是什么?)主讲人的回答竟是:"Sometimes scientific theory takes the imagination of some genius."(有时科学理论采用的是一些天才的想象。)

(2) 映射的量化标准问题

莱氏理论缺乏用来确定概念隐喻的量化标准。如果说我们能够接受 THEORIES ARE BUILDINGS 作为一个概念隐喻,是因为英语中的确存在一系列用描写"建筑物"的词语描写"理论"的隐喻表达;那么,如果只有 1 例隐喻表达,是否也可以建立其相应的概念隐喻呢?

例如,仅靠词组 sunbeams(一道阳光,光束)和 rays of light(一束束光线),可否确定 LIGHT IS A LINE(光是线条)(按照规范,英语中的概念隐喻都要大写)(例子来自以上提到的网页)就是概念隐喻呢?如果没有这样一个量化标准,那么,只要有一例隐喻表达,就可以建立两个语域之间的映射关系,概念隐喻也就无处不在了。再者,只有一例隐喻表达,能称得上是"系统映射"吗(参见莱氏观点[3])?

(3) 隐喻鉴别问题

莱氏理论没有鉴别隐喻表达及非隐喻表达的标准,没有严格区分多义词与隐喻表达的机制。为什么把 sunbeams 和 rays of light 当做隐喻?如果不建立这种标准,就很容易把英语中大量一词多义现象看作是隐喻。因此,隐喻也就无处不在了。另外,莱氏讨论隐喻时用的语料都是一些习惯性的表达(conventional expressions),这些隐喻大都已经进入语言表达,按照常规的隐喻标准这些表达已经不是隐喻了。

(4) 映射的经验基础问题

根据莱氏观点[1]和[3],源概念域应该更具体,更贴近生活经验。但是,莱氏的许多语料不能自圆其说。他在理论中引用的只不过是最典型的、映射数量最多的例子。例如,在上文提到的 LIGHT IS A LINE 中,究竟"阳光"(light)和"线条"(line)对一般人来讲,哪一样更看得见、摸得着、感觉得到?再如,根据如下例子,She is in the flower of youth(她正处于花季年龄);He's a budding artist(他是刚刚展露头角的艺术家)及 She's past her bloom(她已经过了花季),为什么确定的概念隐喻是 PEOPLE ARE PLANTS(人是植物),而不是 PEOPLE ARE FLOWERS?难道所有的植物都开花不可?这是疑问之一。疑问之二,植物比人更具体吗?有谁会相信争论(或辩论)就一定比炮火连天的战争更抽象?以至于非要借助于战争来认识争吵?难道在文明社会发生战争是常见的,而人与人之间的争吵是罕见的?为此才会出现 ARGUMENT IS WAR 这一广泛讨论的概念隐喻吗?

(5) 恒定原则问题

关于恒定原则的讨论，同 Lakoff(1990)相比，Lakoff(1993)的描述有了很大变化。因为恒定原则是概念隐喻理论经验基础的核心问题，我们把 Lakoff 前后的两个版本稍作比较。

The Invariance Hypothesis: Metaphorical mappings preserve the cognitive topology (this is, the image-schema structure) of the source domain. (Lakoff 1990:54)（隐喻映射保持源域的认知结构，即意象图式结构。）

...the Invariance Principle: The image-schema structure of the source domain is projected onto the target domain in a way that is consistent with inherent target domain structure. (Lakoff 1993:245)（译文见上文莱氏观点[4]）

在 Lakoff(1993)中，他首先是把 The Invariance Hypothesis 改成了 The Invariance Principle。把"假说"改为"原则"显示了作者对这个问题态度的微妙转变。Lakoff(1990)的提法中的问题在于如果映射之后保持了源域的意象图式，那么目标域自己的意象图式到哪里去了？或者说映射发生之前目标域是杂乱无章的，没有任何结构？如果保持了源域的意象图式，为什么源域的某些主要特征没有映射过来？正如一些学者指出的那样，既然"理论是建筑物"，为什么"建筑物"中最重要的部分"地板户"没有映射到"理论"中来？很显然，Lakoff 注意到了这些问题，并在 Lakoff(1993)中做了改进。可是，Lakoff(1993)的改进，仍不能令人满意。如果源域只是把与目标域相一致的那一部分意象图式投射到目标域，那么这种映射有什么意义？换言之，源域对目标域的结构没有任何影响。如果是这样，恒定原则有什么意义？因为具有经验基础的源域没有对目标域产生任何结构上的影响。

(6) 心理真实性问题

从理论上讲，一个认知语言理论如果成立，它必须具有心理真实性。我们说某理论具有心理真实性，是指该理论包含或者体现了我们的认知过程。具体来讲，如果一个语法结构能够代表我们的"心理加工"(mental processing)、"记忆存储"(storage)及"回忆"(recall),或直接与它们有关,我们可以说,该语法结构在心理上是真实的,即具有心理真实性(Brown 1987:150)。Cohen(2000:4)认为证明心理真实性应该有四个方面的证据。笔者结合概念隐喻来阐述。

(ⅰ) 行为证据(Behavioral evidence)

必须有实验发现表明受试者对概念隐喻与非概念隐喻的材料在反应时间、出错率等方面有显著差异。

(ⅱ) 神经心理学证据(Neuropsyological evidence)

必须有案例研究证明不同的神经损伤对概念隐喻系统的破坏有差异。

(ⅲ) 个体发生证据(Ontogenetic evidence)

必须有案例观察表明儿童在概念隐喻和非概念隐喻习得方面有显著差异;除此之外,还必须有证据表明随着人的衰老,在概念隐喻和非概念隐喻的遗忘方面表现出显著差异。

(ⅳ) 逻辑证据(Logical evidence)

必须有逻辑推理表明概念隐喻的使用在学习、推理等方面具有更高的效率。Lakoff 在以上四个方面都没有系统研究,就宣称概念隐喻存在于人们的概念系统之中,不能不说是过早的断言,是概念隐喻理论的一个缺憾。认知语言学家已经认识到这一点,且已有一些实证研究问世(如 Gibbs et al. 1990,1995,1996),但是这些研究不足以证实概念隐喻的心理真实性。

(7) 概念隐喻在历时研究方面的问题

这是莱氏理论最大的问题所在。Lakoff 的语料都是共时性的,是静态的,研究的是 conventional metaphor,也就是说,研究的是一些固化在语言表达中的"死的隐喻"。如果确实存在跨概念域的映射,那么这些映射不可能是瞬间完成的,我们一定能够在词源上找到充足的证据。跨域映射发生之前两个概念域的结构是什么样子?跨域映射之后又有何改变?跨域映射先在概念层产生还是先在语言表达层产生?既然映射是系统的,那么在两个语域之间的一系列的映射应该有先后。这些在莱氏理论中找不到答案。根据莱氏观点[6]和[7],概念隐喻在我们的概念系统中已经存在了(尽管是潜意识的),只是没有一定的契机被激活而已,一旦映射被激活,跨概念域的系统映射就产生了。但是,莱氏理论并没有阐述被激活的认知机制。总之,莱氏理论缺乏对两个概念域映射的历时研究。换句话说,"映射"是一个动态的概念,而 Lakoff 的语料中 conventional metaphors 是静态的。

(8) 跨语言验证问题

莱氏理论缺乏足够的跨语言研究。由于该理论的可操作性,近年来的确出现了许多在英语以外其他语言中对概念隐喻的研究。这些研究对莱氏理论赞誉的多,批评的少;先入为主,认为莱氏理论正确,在语言中寻找概念隐喻的多,从心理真实性进行实证研究的少。综观中国内地 20 世纪 90 年代以来(尤其是 1995 年以后)外语刊物上关于隐喻的论文,其数量增长的确很大。但是,介绍国外他人观点的多,有自身新观点的少;照搬英语原文语料的多,使用汉语语料的少;总结他人观点的多,利用汉语语料进行实证的少(近年来已开始有实证研究,如,蓝纯 1999;周榕 2001,2002 等)。使用汉语语料去赞同莱氏理论的多(如,Yu 1998),利用汉语语料提出异议的文章少。因此,发表的论文的数量多,并不一定能促进研究。尤其是绝大多数论文是综述性质。如果论文都是一个声音,那么,这本身就是一个问题。对于任何一个语言的理论,我们都能找到正反例子,但是找正面的例子对理论说 YES 要比找反面的例子去说 NO 容易得多,省事得多。如果我们先入为主,先认为某理论正确,之后寻找支持该理论的语料,这太简单了,并且都会找到支持的语料。我认为持这种观点再研究 100 年,也不会促进研究的发展,这种研究的态度再持续 1000 年,我们也很难创新。我们中国内地的一些学者当三思。

(9) 语言和思维的关系问题

语言和思维的关系问题是语言学中的老问题,是争论了上百年都没有完全解决的问题。难道 Lakoff 一下子就弄清楚了?莱氏声称隐喻是思维问题，不是语言问题。那么为什么语言层面的问题就不能是思维问题？如果没有语言表达，思维如何存在？我们姑且暂时承认莱氏观点正确，那么是先有语言层面的语言隐喻（linguistic metaphor）还是先有思维层面的概念隐喻（conceptual metaphor）？如果先有概念隐喻，那么它的表现形式是怎样的？如果先有语言隐喻，那么它在思维中的体现（representation）又是怎样的？

除了以上 9 个方面的问题之外，刊物 *Journal of Pragmatics* 31 (1999) N12, pp. 1539—1685，整个一期的 9 篇论文都可以被认为是概念隐喻的"异样声音"，限于篇幅，本章非常简要地概括如下，是为问题(10)、(11)、(12)。该期是 Special issue on "literal and figurative language"，正如主编 Rachel Giora 在前言中所说，该期可以称为 Swimming against the current（逆流而上）。

(10) 用两个语域之间的对应来解释隐喻理解是不充分且缺少实证根据的

持这种观点的是 Glucksberg 和 McGlone，见文章"When love is not a journey: What metaphors mean" (Glucksberg & McGlone 1999)。

(11) 概念隐喻的概念本质遭到质疑

为了支持莱氏观点[2]，Gibbs 及其同事做过多次实验（如 Gibbs et al 1990, 1997）证实理解成语的理据是概念隐喻。Keysar 和 Bly 的文章"Swimming against the current: Do idioms reflect conceptual structure?"(*Keysar* & Bly 1999) 提出了针锋相对的观点，认为成语不能用来证明概念隐喻的存在。

(12) 隐喻意义与字面意义哪一个先被加工

对比喻性语言（figurative language）的理解，传统观点认为，人们首先是按照语言的字面意义去理解，这种理解受阻的时候，才寻找比喻性的理解。莱氏的双语域模式隐喻观认为人们是用具体的概念来理解抽象的概念。因此，我们认为莱氏在隐喻理解上属于传统观点。

但是 Dews 和 Winner 的文章"Obligatory processing of literal and nonliteral meanings in verbal irony"(Dews & Winner 1999) 以及 Giora 和 Fein 的文章"On understanding familiar and less-familiar figurative language"(Giora & Fein 1999) 却提出了相反的观点。哪个先被加工这一问题与具体或抽象与否没有关系,而与哪个最凸显(salient)有关系。进而,Gernsbacher 和 Robertson (1999) 探讨了在不当语境中理解受阻的相关机制。以上简单介绍了该专辑 9 篇论文中的 5 篇,其他 4 篇分别是 Shen (1999), Titone et al (1999), Blasko (1999), Kreuz et al (1999)。Shen (1999) 及 Titone et al (1999),找出了一些莱氏的双域模式没有办法解释的相互矛盾的语料,提出了解释隐喻的"Hybrid model"(混合模式)。Blasko (1999) 从隐喻与理解者的角度探讨了隐喻的特点如何与理解者的特点互动。最后 Kreuz et al (1999) 探讨理解中 common ground(共同背景)的作用。以上论文都给我们提供了研究的不同视角。

另外还有一点也是我们不得不注意的,那就是,Lakoff 谈的隐喻和我们通常谈的隐喻是一回事吗?它们是完全等同的吗?我们通常谈的隐喻就是一种修辞手段。句子 My love is a red, red rose 是一个典型的例子。Lakoff 的隐喻是两个概念域之间的系统的对应关系;是对系统的多义现象的一种解释。另外,Lakoff 谈论的是 conventional language ("已经通用的语言")。也就是说 Lakoff 谈论的大都是已经固化了的隐喻,或者根本就不是隐喻。在这一点上,Lakoff 也有过阐述:

> Therefore, whenever in this book we speak of metaphor, such as ARGUMENT IS WAR, it should be understood that ***metaphor*** means ***metaphorical concepts***. (Lakoff and Johnson 1980:6)
>
> 因此,我们在本书中无论何时谈到**隐喻**,例如**争论是战争**,**隐喻**应该理解为**隐喻概念**。

因此,Lakoff 谈论的东西完全可以另外有一个名称。我们通常所指的隐喻实际上是 Lakoff 的隐喻概念之下众多的语言隐喻(linguistic metaphor)(或称隐喻表达,metaphorical expressions) 的一小部分。

尽管上文提到 Lakoff 在北京的讲座期间并没有详细谈及方法论

的问题,但是 Lakoff 本人在著述中对概念隐喻理论的证据曾多次提及。Lakoff 和 Johnson 对 1980 年的《我们赖以生存的隐喻》一书中的证据是这样说的:

> In 1980 we had evidence for the theory of conceptual metaphor from only two areas of research: Systematic polysemy... Generalizations over inference patterns..." (Lakoff and Johnson 2003:247—248)

在 1980 年,我们对概念隐喻理论的证据仅来自两个领域的研究:系统的多义现象……。关于推理模式的概括……。

到 2003 年,《我们赖以生存的隐喻》再版时,Lakoff 和 Johnson 认为他们有了七个研究领域的证据。原文如下(译文为笔者所加):

> We now have at least seven other types of evidence derived from various empirical methods:
> 1. Extensions to poetic and novel cases (Lakoff and Turner 1989)(向诗性隐喻及新奇隐喻的扩展)
> 2. Psychological research, for example, priming studies (Gibbs 1994; Boroditzky 2000)(心理学的研究,例如,启动效应研究)
> 3. Gesture studies (McNeill 1992)(手势语研究)
> 4. Historical semantic change research (Sweetser 1990)(对语义的历史变化的研究)
> 5. Discourse analysis (Narayanan 1997)(语篇分析)
> 6. Sign language analysis (Taub 1997)(手势语研究)
> 7. Language acquisition (C. Johnson 1999)(语言习得)
>   (Lakoff and Johnson 2003:248)

概念隐喻理论有了二十余年的发展,内容已经比 1980 年的时候丰富多了。这也正是笔者在本文开头强调的概念隐喻对认知语言学的发展功不可没所要表达的意思。但是上文谈到的 Lakoff 和 Johnson 列出的证据仍然无法完全解决上面谈到的 12 个方面的问题。毕竟作为普遍真理的语言理论不是一本书、几篇论文就能证明的。

此外，笔者谈一个不容易引起读者注意的问题。Lakoff 在阐述自己的理论的时候，经常同传统观点作比较，正如上文表 1 中描述的那样。例如，Lakoff 专门用标题为"Traditional false assumptions"（Lakoff 1993:204）的一小节来讨论错误的传统观点。但是 Lakoff 从未给出任何具体文献，指出是哪家学者所言。这一点上文已经提到。这很容易让人认为是 Lakoff 为了夸大自己理论的革命性，在叙述传统理论时也夸大其词了。

最后，笔者谈一个非学术的学术问题。那就是，来自 Berkeley 的声音太强了。George Lakoff 是加州大学伯克利分校语言学系教授。许多认知语言学界的知名学者，或者更具体点说，很多支持概念隐喻理论的学者都和 Berkeley 有关。在 Lakoff 的概念隐喻理论出现危机的时候，提出"Primary metaphor theory"（Grady et al. 1996）的 Grady 等人是 Berkeley 的。上文 Lakoff 和 Johnson 列出的七个研究领域的证据中的作者中 Lakoff，Sweetser，Taub，Narayanan，McNeill 等都和 Berkeley 有直接或间接的关系。据笔者查证，他们先前或现在要么是 Berkeley 的教授，要么是 Berkeley 的博士生。这种强势很容易压住不同的声音。试想一下，如果以上专辑中的作者都在 Berkeley，或者这些人的身边有一批类似 Berkeley 的研究人员，那么这些反对的声音将会如何？上文提及的专辑都是概念隐喻的"异样声音"，只不过这些声音的扩散效果远不如来自 Berkeley 的声音那么好。因此，这样的声音也就鲜为人知。

8.5 结　语

概念隐喻理论自 20 世纪 80 年代初以来逐渐成为认知语言学领域的一个十分火热的研究焦点。自 90 年代以来国内有关的论著呈几何基数增长。纵观 20 多年的趋势，笔者认为支持者多，反对者少；从表层泛泛而谈者多，深入者少；空谈者多，实证并用事实说话者少。鉴于这一现状，本章首先详细介绍了概念隐喻理论，把该理论概括为 8 个方面。之后，提出了 12 个方面的问题，为进一步研究概念隐喻理论提出了不同的视角；同时也为研究系统的一词多义现象提供了广阔的背景。

词汇及概念层面的主要语义学理论

第九章

词汇及概念层面的主要语义学理论

9.1 引 言

本章介绍词汇及概念层面上的几种重要的语义学理论。这些理论都是把词汇当做一个网络,研究词汇在网络中的相互关系。因此,笔者认为这些理论与第 4 章介绍的关于意义本质的理论不在一个层面上。本章分 11 部分:9.2 简单介绍本章的整个框架;9.3 讨论语义场理论;9.4 并置理论;9.5 语义成分分析;9.6 词项空缺现象及界定;9.7 词汇空缺的跨文化研究;9.8 词汇空缺的语义填补及修辞作用;9.9 框架语义学;9.10 义元理论;9.11 结语。由此可见,全章介绍五种理论,深入探讨一种现象,即词项空缺现象。

9.2 词汇及概念层面的主要语义学理论

首先,我们把要介绍的五种理论及一种语言现象做一个简单对比,大致了解这些理论的主要思想和所研究的词汇的关系类型,见表 1。

表 1　词汇及概念层面的主要语义学理论及现象

理论	主要思想	关系类型	提出者
语义场理论 Field theory	语言中词汇的意义是相互联系的，它们构成一个完整的系统、一个网络	词的纵聚合关系（paradigmatic relation）	J. Trier
并置理论 Collocational theory	某些词与另外一些词之间具有相关的语义联系	词的横组合关系（syntagmatic relation）	?
语义成分分析 Componential analysis	词义可以分解为最小的语义成分	研究概念上的词汇——语义关系（conceptual-lexical relations）	J. J. Katz and J. A. Fodor
词项空缺现象 Lexical gap	语义场中缺少词的现象	语义场中的整体网络关系；语义场中语义成分的交叉点上不存在词汇表达	?
框架语义学 Frame semantics	框架是理解的模式；词汇是激起框架的工具	概念的理解和背景框架之间的关系	Charles J. Fillmore
义元理论 Lexical primitives	自然语言本身含有数量很小的一部分词汇，用这一部分词汇可以解释该自然语言中绝大部分（如果不是全部）词汇的意义	一小部分词汇和语言整体词汇的解释关系	Anna Wierzbicka；Cliff Goddard

在表1中，词项空缺是语义场在语义成分分析的基础上出现的一种现象，其他都是理论。下面我们从语义场开始介绍这些理论和现象。

9.3　语义场理论

Semantic field: A distinct part of the lexicon defined by some general term or concept. E. g. in English the semantic field of colour includes words such as *black* and *red* that distinguish colours, or are hyponyms of the more general term *colour* (Matthews 1997:334)

语义场：由某个概括词或概念界定的一部分词汇，它们有与其他部分词汇相区别的的特征。比如，英语中"颜色"的语义场包括像"黑色"和"红色"这样区分颜色的词，它们是"颜色"这个概括词的下义词。

semantic field 语义场（又叫 lexical field）：由具有某些共同语义特征的一群词类聚而成的场。如表示亲属关系的词：祖父母、父母、兄弟、姊妹、叔、伯、舅、姨、姑等都有一个共同的义素[＋亲属]，便组成了语义场中的"亲属场"(kinship field)。

语义场理论是德国语言学家特里尔(J. Trier)最先提出来的（何三本、王玲玲 1995:101）。语义场理论的主要观点：(1)语言中的词汇，他们在语义上是相互联系的，它构成一个完整的系统、一个网络。其中某些词在一个统称的统辖下，构成一个语义场。例如，food 这个词，它所构成的语义场见表2。

如表2所示，水果、肉、蔬菜、谷物等可以构成食物的语义场；而苹果、香蕉、橘子等可以构成水果的语义场。

表 2 食物的语义场举例

FOOD 食物	Fruit 水果	apple
		banana
		orange
		grape
		coconut
		...
	Meat 肉	beef
		pork
		mutton
		sausage
		shrimp
		...
	Vegetable 蔬菜	cabbage
		spinach
		cucumber
		pea
		mushroom
		...
	Grain 谷物	rice
		wheat
		barley
		corn
		...
	...	...

(2) 由于语义场的存在,我们只有通过分析和比较词与词之间的关系,才能恰当确定一个词的真正意义。例如,在 week 这个概念下,我们有 Sunday, Monday, Tuesday, Wednesday, Thursday, Friday, Saturday 组成。想知道 Sunday 的含义,就必须了解它和其他词的关系,即 Sunday 在整个语义场中的位置。

除了词汇的上下义关系之外,同义关系,反义关系都构成语义场。因此,我们可以认为语义场研究的是词和词之间的纵聚合关系(paradigmatic relation)。

表3 烹饪词汇的语义场

cooking terms 烹饪词语	bake 1：for the preparation of bread, pasta, cookies, etc 烘,烤,焙			
	cook 1：the most general term to refer to the preparation of meals 烹调			
	cook 2：transitive verb 烹调,煮,烧,烤	steam：(boil 1 and steam) denotes cooking with water or a water-based liquid 水煮		
		fry: indicates the presence of fat or oil 炸,炒	sauté：quick frying with a small amount of fat 嫩煎,炒	
			deep-fry：the presence of a large amount of oil 油炸	
		boil 1 (see steam above) 炖,蒸	simmer：differs from boil 2, insofar as the liquid is just below the boiling point (without large bubbles) 煨,炖	poach：Poach specifies that the food is slowly cooked so that its shape is preserved 把(鱼等)放入开水(或牛奶等)用文火稍煮；隔水炖
				stew：refers to a long cooking time, usually till great softness is achieved (用文火)焖
				braise：refers to a process where the food is first browned (e.g by frying) and then cooked slowly in a covered pot with little water (用文火)炖
			boil 2：the liquid is above the boiling point with large bubbles 蒸	
		broil：refers to cooking	grill：to cook by direct heat, esp. under a very hot surface in a cooker(在烤架上面)烤炙	

续表

		to cooking by direct exposure to fire or another heat source 烤,焙	**barbecue**: a metal frame on which meat, fish or vegetables are cooked outside over a fire, or a meal prepared using a frame which is eaten outside, often during a party 烤架;(在户外烤制的)烤肉等
			roast: used to refer to roasting on an open fire on a spit, and is now better decribed as a hyponym of broil or bake 2, applicable to big-sized food pieces(在火上)烤
			bake 2: refers to cooking food by exposure to hot air in an oven(在烤箱里)烤

例如:

   an old lady
       man
       father

  纵聚合关系是可以替换的关系。因此,an old lady 可以替换成 an old man 或 an old father。lady,man,father 处于纵聚合关系之中。横聚合关系是搭配关系。因此,an,old,lady 之间的关系属于横聚合关系。

  (3) 既然词汇可以构成语义场,我们就不能孤立地研究一个词的意义的变化。通过分析和比较不同语言中的语义场,我们可以发现语言之间的文化差异。Lehrer(1974)曾经对英语中的烹饪词汇的语义场作过详细分析,笔者把相关内容整理在表 3 中,个别词很难在汉语中找到完全相对应的词。关于语义场理论研究的相关进展可以参阅 Lehrer and Feder(1992)。

  Lehrer 考察了许多语言的烹饪词汇(包括法语、德语、波斯语、日本语、汉语等),得出结论:所有语言都有 cooking with water 这一个范畴。在这一个范畴内又有 boiling/non-boiling 的区别。

9.4　并置理论

并置理论认为:某些词与另外一些词之间具有相关的语义联系。并置理论(collocational theory)研究的是词汇之间的搭配关系,也可以说它研究的是相关词汇之间的一种或然关系(probabilistic-lexical relations)。并置,也叫搭配,是指语言中的某些词习惯上连在一起使用;是指一类词和另外一类词之间有同现关系(co-occurrence)。词汇之间的同现关系告诉我们:语言是客观世界的反映,在客观世界中,有联系的事物以及它们之间的关系也必然反映到语言的表达中来;语言的很多运用是约定俗成的,因此我们在使用中只能遵循语言习惯。

并置理论中的搭配并不是指任何意义上的搭配。它既不同于成语的搭配,又有别于词汇之间的自由搭配。它是介于二者之间的搭配。见表 4。

表 4　成语、搭配和词的自由组合

Idioms 成语	Collocation 搭配	Free word combination 词的自由组合
to button up your lips	table of contents	to take the bus
to kick the bucket	flat bee	to buy a cup of beer
to hit the ceiling	explode a myth	explode a house

语言学词典对 collocation 的定义是:

Collocation: A relation within a syntactic unit between individual lexical elements; ... used especially where words specifically or habitually go together: e.g. *blond* collocates with *hair* in *blond hair* or *Their hair is blond*...(Matthews 1997: 60)

并置:在某句法单位中,单个词汇元素之间的关系。常用于词语间特定的或习惯性的共同出现。比如,在 blond hair 和

Their hair is blond... 中, blond 与 hair 同时出现。

对并置问题的研究应该成为外语研究的一个重要问题。并置理论研究的是词汇的搭配问题。这个问题十分复杂。对它的深入研究，可以演变成语法问题。以下是汉语界学者对这个问题的评论。

  语义问题和组合的法则问题特别复杂。所谓组合的法则，包含着进行组合的词的语义搭配问题，这在任何语言里都是十分麻烦的，因为既有比较客观的，在各种语言中，或多或少带有共性的因素，例如，词所指称的客观事物，能不能那样搭配，逻辑事理上，容许不容许那样搭配，又有特定语言社会中比较独特的因素。例如，社会风俗，文化背景，思想习惯，语言心理等等。组合法则中没有，或极少有词形变化的约束，因而语义搭配问题，就显得格外突出，实际上也格外复杂，因为有文字记载以来的历史长，使用的地域广，人口多，纵横交错，纷繁万状。（张志公 1987,《简明汉语义类词典》(序))

  随着语法研究的深入，如何把语法与语义结合起来进行研究，引起人们极大的关注。刑公畹教授在"语言的搭配问题是不是语法问题"(1978)中认为：语言结构公式的正确性的基础，就是它的真实性。语言结构公式的真实性，在于它能反映语言事实，把它用到语言实践中又能行之有效。因而词的搭配问题，在我们发现了搭配的类，并且认识了这些类的意义之后，就成了语法问题。石安石教授在《语义论》(1993)中评论道："说主谓关系也好，说施动关系也好，都是从难以计数的词语间的关系抽象概括出来的。因为有这样两个重要的相似之点，所以统称之为语法关系。把词语搭配问题都看成语法问题。"

(何三本、王玲玲 1995:87—89)

英语中对于词汇搭配的研究往往和语料库研究以及词典编撰相结合。例如, *Collins Cobuild English Language Dictionary* 是目前最大的搭配词典。该词典中的例句就是来自两亿词汇量大的语料库。这里 Cobuild 是 Collins Birmingham University International

Language Database 的缩写。从统计的角度研究词语搭配往往能够发现其内在规律。例如,Sinclair(1991:117—121)曾经谈到对英语中 back 一词前后搭配的各种情况。Sinclair 详细研究了 back 一词在语料库中前面和后面的搭配实例,并且按照词性进行了分类。例如,以下是 back 与动词搭配使用,出现在动词后面时的一些典型例子:

You *arrived* back on the Thursday
May *bring* it back into fashion
We *climbed* back up on the stepladder
They had *come* back to England
She never *cut* back on flowers
It possibly *dates* back to the war
The bearer *drew* back in fear
We *drove* back to Cambridge
You can *fall* back on something definite
I *flew* back home in a light aircraft
He *flung* back the drapes joyously
Don't try to *hold* her back
She *lay* back in the darkness
He *leaned* back in his chair
He *looked* back at her, and their eyes met
Pay me back for all you took from me
Pulled back the bedclothes and climbed into bed
I *pushed* back my chair and made to rise
Shall I *put* it back in the box for you
I *rolled* back onto the grass
She *sat* back and crossed her legs
Edward was *sent* back to school
He *shouted* back
The girl *stared* back
They *started* walking back to Fifth Avenue

He *stepped* back and said

He then *stood* back for a minute

The woman *threw* her head back

These could be *traced* back to the early sixties

He *turned* back to the bookshelf

She *walked* back to the bus stop

We *waved* back like anything

Sinclair（1991：119—121）

以上仅仅是出现在 back 之前的一些动词的例子。Sinclair（1991：117—121）对语料库中出现在 back 之前和之后的各种搭配都进行了详细的分类。得出结论：(1) 词语的搭配，表面上看似乎千变万化，实际上，它们遵循一些固定的模式；(2) 同时出现在两种搭配模式中的词语的出现频率很少有超过 1 次的。例如，flat on her back 和 back to her flat；(3) 目前所掌握的证据无法证明词语的搭配模式能映射到语义结构中去，因为词语的搭配是横组合关系，是线性的；而意义是纵聚合关系，是联想的关系。

9.5　语义成分分析

Componential analysis：A treatment of lexical meaning in which the sense of each unit is distinguished from those of others by a set of semantic features or components. E. g. the basic sense of *bull* might be analyzed into three components：'bovine', distinguishing it from those of *stallion*, *ram*, etc.; 'fully adult', distinguishing it from that of *calf* or *bullock*; and 'specifically male', distinguishing it from that of *cow*.

Several versions of componential analysis were developed independently from the 1930s onwards. In the English-speaking countries the best known was that of J. J. Katz and J. A. Fodor, proposed in 1963 within the framework of a generative grammar. This assumed, in addition, that components such as 'bovine' (or [+bovine]), 'adult' ([+adult]), or 'male' ([+male]), were substantive universals. (Matthews 1997:65)

成分分析：一种分析词汇意义的方法，以一组语义特征或成分来区分各个词汇单元的释义方法。例如，"公牛"的基本意义可以分析为3个成分："牛类动物"，与马和羊等区分开；"完全长成的"，区别于牛犊；以及"特指雄性"，与母牛区别开来。

20世纪30年代以来，独立发展出了几种不同版本的成分分析方法。在英语国家，最著名的是J. J. Katz和J. A. Fodor于1963年在生成语法框架下提出的成分分析法，它假定诸如"牛类"、"成熟"和"雄性"这样的成分具有普遍性。

语义成分分析（componential analysis）的主要思想是认为，词义可以分解为最小的语义成分。20世纪40年代，在结构主义丹麦学派代表人物L. Hjelmslev和布拉格学派的代表人物R. Jakobson的著作中已经有关于语义成分的考虑。真正的科学的语义成分分析理论是50年代美国人类学家创立的。主要代表人物是W. H. Goodenough和F. G. Lounsbury。该理论从20世纪60年代开始进入语言学（何三本、王玲玲 1995:89）。英语界中成分分析理论的主要代表人物是J. J. Katz和J. A. Fodor，他们的主要观点如下：

(1) 词义可以分解为最小的对立成分

正像化学中的分子可以分解为原子，音位学中可以把语音分解为区别性特征一样，语义可以继续分解为更小的语义成分或称为语义特征。在表5中，从横向看，ADULT是man和woman的语义特征；YOUNG是boy和girl的语义特征。从纵向看，MALE是man和boy的语义特征；FEMALE是woman和girl的语义特征。

表 5　man, woman, boy, girl 的语义特征分析

	MALE	FEMALE
ADULT	man	woman
YOUNG	boy	girl

我们可以用语义特征来表达这些词汇的意义：

man：＋HUMAN ＋ADULT ＋MALE
woman：＋HUMAN ＋ADULT －MALE
boy：＋HUMAN －ADULT ＋MALE
girl：＋HUAMN －ADULT －MALE

　　语义分析是一种聚合分析。它通过分析不同的词义找出区别性特征。例如，分析人和动物，我们可以把＋HUMAN 和－HUMAN 作为语义特征。但是，就分析亲属关系的称谓而言，因为都具有＋HUMAN 特征，我们就不能把＋HUMAN 和－HUMAN 作为区别性特征。笔者认为，词义所具有的所谓语义特征实际上是该词具有的范畴特征。例如，man 具有＋HUMAN ＋ADULT ＋MALE 等特征，实际上 man 是同时具有 HUMAN, ADULT, MALE 三个范畴特征，是三个范畴的交集。

（2）　语义特征的分类

　　一个词具有的语义特征可以从三个角度进行考察：语法；词汇内部；使用者。因此，我们把语义特征分为三类：语法—语义特征、内在语义特征和感受性语义特征（何三本、王玲玲 1995:93）。详见表 6。

表 6　语义特征的分类

语法—语义特征 Grammatical features	指明确的语法标志，如人称、性、数、时态、语态等
内在语义特征 Innerent features	指直接反映的客观事物本质的语义特征
感受性语义特征 Perception features	指带有主观色彩的和表示内涵的语义特征

　　关于第一类，语法—语义特征，例如，西班牙语中就有明确表示性

别的标志。以-o 结尾表示男性;以-a 结尾表示女性。(Lounsbury 1956:158)见表 7。

表 7 西班牙语中的性别标志

西班牙语	英语	西班牙语	英语
tio	uncle	tia	aunt
hijo	son	hija	daughter
abuelo	grandfather	abuela	grandmother
hermano	brother	hermana	sister

关于第二类,内在语义特征,表示的是词汇的概念意义,是词汇的内在的本质特征。例如:man:+HUAMN +ADULT +MALE。

关于第三类,感受性语义特征,表示的是不同的人对某些词汇的不同理解。例如:

  woman:妇女、女人(一般用语)
  lady:夫人(带有尊敬色彩)
  female:女性(带有粗俗色彩)
  bitch:淫妇(带有粗鄙色彩)
  slut:懒妇、荡妇(带有贬义色彩)
  floozy:妓女、荡妇(带有贬义色彩)

以上这组词汇的外延特征是相同的,它们都含有"成年女性"的特征,但是它们的伴随特征不同。(何三本、王玲玲 1995:94)

9.6 词项空缺现象及界定

语言学中有"lexical gap"(词汇空缺)这一术语,是指在一个词汇场的某位置上缺少词的现象。在汉语研究中,有"语言空符号"的说法(王希杰 1989)。王希杰先生曾列过许多例子,如:长—○—短,大—○—小,○(脸+脖子),○(脚+小腿);还有"词族中的空格"(范干良 1989)的提法。

如

  前：前天，前年，前人，前辈，前程，前途，前景。
  后：后天，后年，后人，后辈，○○，○○，○○。
  大：大便，大哥，大姐，大麦，大脑，大葱，大车，大海，大陆，大粪。
  小：小便，小哥，小姐，小麦，小脑，小葱，小车，○○，○○，○○。

  以上三处所指"空缺"、"空符号"、"空格"的内容基本相同，但又有区别。笔者认为确定"缺"与"非缺"首先应该选定合理的参照系。所谓"合理"就是说能确定"缺"与"不缺"，而不是当一个词在结构上不存在其反义词，或者几个部分合在一起没有上义词时就认为是个空缺。有"软件"，"硬件"，"软磨硬泡"，"软着陆"，我们并非一定弄出个"硬着陆"不可。

  （1） 以音位系统为参照——词素（语素）空缺

  词素（morpheme）是语言中最小的有意义的单位，也是音义结合的最小单位。它的代表形式是音位或几个音位按一定规律的组合。可是，这些音位组合有的被赋予了意义，有的没有意义。英语中有 /blink/，/milk/，/kild/，无 /blint/，/blins/，/kilb/，/filk/。汉语有 /liang/，没有 /piang/ 和 /tiang/。

  以音位组合规律为参照，那些符合音位组合规律（即：应该出现）却没有出现、没有意义的词素，便成了"词素"空缺。即，按照音系规律，它们有自己存在的合理性，而语言中却没有这些词素。我们不妨称之为 morphemic gap。

  （2） 以词素的组合规律为参照——词素组合空缺

  词是由一个词素或几个词素组合构成。语言中已经存在某些词素组合规律，而某些组合却不构成词。英语中 un＋形容词，可构成反义词，如，kind—unkind, known—unknown，却没有下列组合：good—ungood, big—unbig, great—ungreat。我们称之为"词素组合空缺",即morphemic collocation gap。对英语学习者来说,每一个空缺,都可能是个陷阱,一不小心就要犯错误。

(3) 以语义特征(义素)(semantic feature)组合为参照——词汇空缺

某一语义场(semantic field)中的词可以进一步划分为许多相同的语义特征。如表8。

表8 HUMAN BEING 的语义场

	HUMAN	MALE	ADULT
MAN	+	+	+
WOMAN	+	−	+
BOY	+	+	−
GIRL	+	−	−

词义可以细分为义素,相反,我们可以把某语义场中的共性语义特征组合起来,那些没有词来代表的组合便构成了词汇空缺。见表9和表10。

表9 关于动物和植物状态的语义场

	HUMAN	ANIMAL	PLANT
DEAD	CORPSE		○

因此,选定语言中已存在的参照系是确定空缺的首要条件。按这一要求,长—短,大—小之间不构成空缺。每一对互为反义词,按照标志理论,一个为"标志性的"(marked),一个为"无标志性的"(unmarked)。英语中也只有long—short,big—small,中间无过渡词。日语也一样,长い—短い,大きい—小さい。无论在一种语言内部,还是从跨文化的角度看,没有材料能证明同义词和反义词之间一定存在一个过渡词。因此,无法采用"语言中已经存在的合理的参照系"来确定此为空缺。同理,对脸+脖子,脚+小腿,也不能认为存在上义词空缺。

表 10 人和动物的语义场

	MALE	FEMALE	YOUNG
HUMAN	man	woman	child
HORSE	stallion	mare	foal
CATTLE	bull	cow	calf
DOG	dog	bitch	puppy
PIG	boar	sow	piglet
SHEEP	ram	ewe	lamb
GOAT	(billy goat)	(nanny goat)	kid
BEAR	○	○	cub
RABBIT	buck	doe	○
CHICKEN	cock	hen	chick
DUCK	drake	duck	duckling
GOOSE	gander	goose	gosling
DONKEY	jackass	○	○
GIRAFFE	○	○	○

除此之外,笔者还认为,确定空缺还应满足第二个条件。乔姆斯基(Chomsky 1965)认为,一个语言的形体有三种情况:已经出现;不可能出现;可能出现,但尚未出现。能证明永不可能出现的,谈不上空缺(如,/nblk/,违背音系规律根本不可能成为英语词)。只有那些可能出现(即符合上述第一点,有参照系)但尚未出现的才可以认定为空缺。语言的词汇发展史证明,这类空缺也最易得到填补。

如

  有:有理,有名,有效,○○

  无:无理,无名,无效,无偿

从前,我们强调奉献,劳而无酬,无偿劳动,无偿献血,无偿支援等等。现在推行市场经济,强调无偿的同时,也强调劳动和报酬挂钩。"有偿"一词便出现了。《现代汉语词典》(1994,商务)中只能查到"无偿"一词,仍没有"有偿",这便是一个旁证。但是1999年版的《现代汉语词典》(1999:1527)就有了"有偿"一词。和"无偿"相对应的空缺就得到了填补。

综上所述,只有研究符合上述两个条件的空缺才有现实意义和理论价值。这也正是本章界定某一特定语言中的词项"缺"与"非缺"的条件。

9.7 词汇空缺的跨文化研究

从跨文化的角度研究词汇空缺,至少有两个途径。第一,把两种语言的词汇空缺特点进行对比,寻找共性与个性,再研究该共性与个性的含义,从语言学的角度加以解释。第二,把甲乙两种语言互为参照系,确定各自的空缺(可称为:跨文化词汇空缺 cross-cultural lexical gap),再对这些空缺加以解释,并研究两种语言空缺的互译问题,即词汇空缺的跨文化填补。本节对英汉词汇空缺现象进行一尝试性的研究。

(1) 英汉词汇空缺的共性

通过对英语汉语中一些词汇空缺的对比,我们会发现一些例子,它们在两种语言,甚至多种语言中都为空缺。如表 9 所示,英汉都没有一个词表示"死亡了的植物",却都有表示"死亡了的人"的词。这无疑可以反映出人类思维或文化的一些共同特点,人类共同的发展史。这一点可以从原始人祭祀尸体,古人重葬尸体的角度得以解释。人们在原始生活的交往中,有产生 corpse 一词的绝对必要。corpse 一词的词源说明,中古英语就有 corps,它首先来源于古法语 cors,而古法语最初来源于拉丁语 corpus。因此,证明法语、拉丁语都有该词。英语中没有词表示 dead plant,却有 hay(干草)、log(原木)等词表示不同的"死掉的植物"。因为,语言本身有必要分别产生这些词。

(2) 英汉词汇空缺的个性—结构特点

英语中的某些空缺在汉语中可能不是空缺。例如,表 10 中的词汇,汉语中有词素"公—"、"母—"、"—崽"等,便可构成所有表示动物两性的词。这是汉语词的结构决定的。因为"公猪"、"母猪"、"公兔"、"母兔"等可分离出共同的词素。英语中表示这些动物的词不能再进一步分成词素,它们都是独立的词,例如母狗(bitch)、母马(mare)等。

即汉语词素组合的灵活性避免了此类语义场中的词汇空缺。英语填补这些空缺也往往靠添加词素来解决。如,he-bear, she-bear, male-, female-,等等。

(3) 文化特点

任何语言都以自己的文化为根基。词汇空缺也可反映其文化。词汇空缺的对比结果必然是文化的对比。英语中有关"牛"的词按雌、雄、年龄大致可列于表 11。

表 11 家畜词汇空缺分析

	General	Female	Male	Castrated	With longhorns	With shorthorns
Full grown	○	cow	bull	ox	longhorn	shorthorn
Young	○	heifer	bullock	steer	○	○
Very young	○	calf	calf	○	○	○

我们同样可以把汉语中与牛有关的词列一个表,如牡牛(雄性,与牝相对)、牝牛(雌牛)、牯牛、牛犊、犍牛、犪牛(毛色黑白相间的牛)。犍、牡、牯三字都表示"雄性"。但是,《尔雅》中牛的名称竟然有 90 个,我们实在无法准确分类。笔者可否得出如下结论:英美农牧发展史比汉族农牧发展史长。或者说,英美以农牧文化为主,汉族以农耕文化为主。通过对有关粮食的词汇空缺对比(如汉语中分:粗粮、细粮、大米、谷子……)也可得出同样的结论。爱斯基摩人有数十种表示雪的词,大多数在其他语言中是空缺。这正反映了他们所处的地理及某些自然条件。

9.8 词汇空缺的语义填补及修辞作用

词汇空缺反映了词汇发展的不平衡。这种不平衡是由交际对语言需要的不平衡导致的。在语言的发展过程中,已形成某些空缺。然而,现实中却存在空缺的词所代表的实体。那么,我们是怎样表达这些意义呢?

(1) 用短语或添加词素填补

例如:

(1) What I want you to do is to clear those dead plants.
(2) She-bear is crueler than he-bear.
(3) He keeps a male dog as pet.

这种补偿方式虽然有点冗长,但充分表达了所想表达的意义,是可取的。

(2) 用上、下义词填补

例如:

(4) 山上有只羊。
(5) 山上有只绵羊。
(6) 山上有只绵羊羔。
(7) 山上有只山羊羔。
(8) 山上有只羊羔。
(9) There is a sheep or goat on the hill.
(10) There is a lamb on the hill.
(11) There is a kid on the hill.

由于在英语词汇中"羊"没有统称指山羊和绵羊的词。恐怕(4)、(5)都只能都译成(9)。句(6)、(7)、(8)也只能译为句(10)。虽然 kid 为山羊羔,由于该词有多义(还指"小孩"),句(7)译为(11),信息大减。因为如果没有具体的语境,听者不知山上究竟是有个小孩(kid),还是有个山羊羔(kid)。词汇空缺的跨文化填补是研究翻译的一项课题。

(3) 亚规范的出现

当某些词出现上义词空缺时,没有规范的词可替代,我们使用一个与这些词密切相关的概念,或者称之为"准上义词"。

例如：

○（垃圾＋灰尘＋树叶＋蜘蛛网…）。我们可以说"打扫垃圾"，"打扫树叶"……但这些词缺少共同的上义词。我们只好用"打扫卫生"来代替。不管打扫什么，结果都一样"干净了"，"卫生了"。

这真可以说是语言的无奈选择，也反映了人类思维的范畴认知与划分的局限性。

(4) 词汇空缺的修辞效果
例如：

(12)"体育系男生个个威猛孔武有力，户外课更把他们晒得黝黑，一身破运动服也掩饰不住青春与活力，个个都是女孩子心目中的<u>黑马王子</u>"

（《读者》1993. N3. p. 30）

(13)"无论你所做的事是文化还是<u>武化</u>"

（鲁迅《这回是第三次》按语）

这种临时造来使用的词，使对话多了几分幽默。当然，汉语并不存在**黑马王子**和**武化**这样的空缺。

例(12)中，"黑马王子"显然要比白马王子生动得多，"黑"字又能与上文"黝黑"形成词汇衔接（lexical cohesion），使上下更连贯。这种修辞也为填补一些空缺提供了可能。

9.9 框架语义学

框架语义学（frame semantics）是解释语言意义理解的语义学。以上提到的各种语义学理论，例如，语义场理论、语义成分分析、并置理论等，都不能有力地解释词的意义的理解。例如，我们看到"教授"一词时，通常我们首先想到的不大可能是它属于什么语义场、具有哪些语义成分、能和哪些词汇搭配。我们联想到的名词更多的是"大学"、"学生"、"博士"、"校园"、"图书馆"等。同样，我们读到"玫瑰"或英文的 rose 的时候,联想到的往往是植物、花朵,西洋人往往联想到"爱情"、"生日"、"求爱"等;而不是它的同义词、上义词等。因此,框架语义学是关于语言理解的语义学。关于这一点,有一个很典型的英文句子,可以帮助我们理解框架语义学。即,"Frame as models for understanding, words as tools to evoke frames"。也就是说"框架是理解的模式;词汇是激起框架的工具"。

提出框架语义学的学者是 Fillmore(1977, 1982, 1985, 1992)。框架是经验、信念或实践的结构背景,它构成意义理解的一种先决概念条件。在意义的理解过程中,我们发现许多概念不是杂乱无章的,往往很多概念有一种同现的趋势。例如,RESTAURANT, CUSTOMER, WAITER, ORDERING, EATING, BILL 等。CUSTOMER, WAITER, ORDERING, EATING, BILL 这些概念是理解 RESTAURANT 的框架。再如,对半径(RADIUS)的理解只能通过圆周、直径、圆心、圆弧等概念才能完全理解。半径是一条线段,但是不是任何一条线段都可以称作半径呢?回答显然是否定的。只有连接圆心到圆周任何一点的线段才是半径,见图 1。

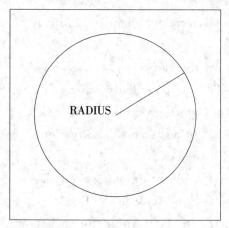

图 1 半径的框架

语义场理论和框架语义学不同。语义场理论认为词汇都处于纵聚合关系(paradigmatic relation)或横聚合关系(syntagmatic relation)(参见 9.3)。受语义场理论的影响,语义学家的任务就是解释各种纵聚合关系和横聚合关系。框架语义学则不同,它认为一个词或概念只有在相应的知识框架的背景中才能得到理解。表12是Fillmore and Atkins(1992:79)列出的商业交流框架中的词汇关系。

表12 The semantic and syntactic valence (Active voice) of the verbs from the commercial transaction frame (Fillmore and Atkins 1992:79)

	Buyer	Seller	Goods	Money
BUY	Subj	(from)	D—Obj	(for)
SELL	(to)	Subj	D—Obj	(for)
CHARGE	(I—Obj)	Subj	(for)	D—Obj
SPEND	Subj	NULL	For/on	D—Obj
PAY	Subj	(I—Obj)	(for)	D—Obj
PAY	Subj	(to)	for	D—Obj
COST	(I—Obj)	NULL	Subj	D—Obj

在概念的理解中,往往只需要激活部分框架。例如,Fillmore和Atkins(1992)认为概念RISK的框架可以包含以下成分或元素。

RISK frame:

  Chance (uncertainty about the future)

  Harm

  Victim (of the harm)

  Valued Object (potentially endangered by the risk)

  Situation (which gives rise to the risk)

  Deed (that brings about the Situation)

  Actor (of the Deed)

  Gain (by the Actor in taking the risk)

  Purpose (of the Actor in the Deed)

  Beneficiary and motivation (for the Actor).

可能出现动词risk的句子如下:

a. You've (Actor/Victim) risked your health (Valued Object) for a few cheap thrills (Gain).

b. Others (Actor/Victim) had risked all (Valued Object) in the

war (Situation).
c. She (Actor/Victim) has risked so much (Valued Object) for the sake of vanity (Motivation).
d. Men (Actor/Victim) were not inclined to risk scalping (Harm) for the sake of settlers they had never seen (Beneficiary).
e. I (Actor/Victim) didn't dare risk a pause (Deed) to let that sink in (Purpose).

在以上句子中,没有任何一个句子同时含有 RISK 框架的所有成分,但是理解以上任何句子都需要激活 RISK 框架。

9.10 义元理论

义元理论(Theory of lexical primitives)的主要提出者是 Anna Wierzbicka。她的主要代表作包括 Wierzbicka(1972,1996),Goddard 及 Wierzbicka(1994)及一些论文。义元理论的核心思想是自然语言本身含有数量很小的一部分词汇,用这一部分词汇可以解释自然语言中绝大部分(如果不是全部)词汇的意义。语义学家的主要任务就是通过分析找出这些数量很小的一部分词汇,这部分词汇就是义元(lexical primitives; semantic primitives)。

Primitive: (unit, etc) from which others are derived but which is itself underived. E. g. words like *fish* or *man* are traditionally primitive words, while *fishy* or *manliness* are derived words. (Metthews 1997:295)

义元:能派生出其他语言单位而本身不是通过派生而来的语言单位,比如,传统上认为 fish 和 man 是义元,而 fishy 或 manliness 则是衍生词。

因此,lexical primitives 或 semantic primitives 是说在语义上没有办法再继续分解,是意义的最小组成单位,所以,称为义元。义元理论的支持者们建立了自己的理论基础用以解释为什么要寻找义元,以及为什么要在自然语言中寻找义元。

正如 Wittgenstein 所言"Philosophy is not a body of doctrines but an activity. A philosophical work consists essentially of elucidations."(Wittgenstein 1953)(哲学不是一堆教条,而是一种活动;一种哲学著作从本质上应由阐释组成。)Wierzbicka(1972:1)认为语义学也应该是一种活动。这种活动包括对人类的话语意义进行阐释。阐释的目的是为了揭示被语言的外在形式所掩盖了的思维的结构。当代语义学的主要任务应该是致力于"语义表征"(semantic representation),力图用简单的清晰的模式把语义描述出来,而不是总是谈论意义(及意义的变化)。

关于为什么要寻找义元,Wierzbicka 有如下论述:

If semantics is to delineate the structure of human consciousness by rendering the content of human utterances, it cannot make use of an apparatus alien to that consciousness. A semantic language which purports to explain must make the complex simple, the confused transparently plain, the obscure self-explanatory. (Wierzbicka 1972:1—2)

如果语义学的任务是通过人类的言语内容来描述人类意识的结构,语义学就不能使用那些与意识格格不入的机制。用来解释语义的语言必须让复杂的变得简单,让混乱的变得清晰,让晦涩难懂的变得不释自明。

关于为什么一定要在自然语言中寻找义元,Wierzbicka 的思想可以归纳为如下几点:

(1) Artificial languages are not self-explanatory. They arise from natural language, and in the last resort are only comprehensible through it.
(人造语言并非不释自明。人造语言起源于自然语言,最终只能通过自然语言来理解。)

（2）Artificial languages have no direct contact with the intuition.
（人造语言跟直觉没有直接联系。）

（3）If natural language is to serve as a semantic metalanguage, it will have to be appropriately "trimmed".
（如果用自然语言来充当语义的元语言,自然语言必须适当地被"修剪"。）

（4）Semantic analysis is inevitably reductive.
（语义分析必须是简化性的。）

（5）Therefore: we should seek for semantic metalanguage within natural language.
（所以,我们必须在自然语言中寻找语义学的元语言。）

（6）The essential problem is to carve out the smallest part possible of natural language, and in particular a minimal list of words and expressions, which will be sufficient to present the meanings and interrelationships of and between all other words.
（关键问题是要从自然语言中分离出来尽可能小的一部分,特别是最小的一系列词语,这些词语应该足够用来描述所有其他词语的意义和相互关系。）

(Wierzbicka 1972:2)

在以上思想的指导下,Wierzbicka 致力于在自然语言中寻找义元的工作。在 1972 年,Wierzbicka 提出了一共 14 个词语,她认为用这些词语可以表示绝大部分的意义关系。

In the course of the seven years I have spent studying linguistic facts in search of the semantic primitives, my number of suspects has systematically diminished. Currently, I am of the belief that there are somewhere between ten and twenty of them. Below I present a list of my present favorites. (Wierzbicka 1972:15)

7年来,我一直致力于语言现象研究,试图找出义元,我所推测的义元的数量不断地减少。现在,我相信大约有10到20个义元。下面列出了我最认可的。

表13 Proposed lexical and semantic primitives (Wierzbicka 1972:16)

want	something
don't want (diswant)	someone (being)
feel	
I	
think of	you
imagine	world
say	this
become	
be a part of	

Wierzbicka继续为自己的义元理论申辩。她认为语义成分分析有许多缺点。例如:

boy: ANIMATE and HUMAN and MALE and not ADULT
girl: ANIMATE and HUMAN and FEMALE and not ADULT
man: ANIMATE and HUMAN and MALE and ADULT
woman: ANIMATE and HUMAN and FEMALE and ADULT

Wierzbicka认为male, female, young, adult等不能被认为是义元成分。原因如下:

(1) 所有这些词汇都过于专业化;只限于某领域使用。真正的义元应该是最普通的,可以用于任何领域的词汇,例如,part, become,等。但是,不是male, female, young, adult等。

(2) male, female, young, adult等词汇是高度抽象的,学术的词汇。他们不属于基本词汇,实际上,被解释的词,boy, girl, man, woman等比这些词还要简单。

(3) male/female, young/adult等词的对称性更符合研究人员本身的愿望,而不是和语言事实及认知相对应。

以下是用义元对一些词的解释:

boy: young human being that one thinks of as becoming a man.

girl: young human being that one thinks of as becoming a woman.
woman: human being that could be someone's mother
man: human being that could cause a woman to be someone's mother.
mare: "stallion", "foal"
mare: horse that could have inside her body something becoming the body of another horse.
stallion: horse that could cause a mare to have inside her body something becoming the body of another horse.
bull: animal that could cause a cow to have inside her body something becoming another cow.
bitch: dog that could have inside its body something becoming the body of another dog.

(Wierzbicka 1972:38—54)

Wierzbicka 自 1972 年提出表 13 中的义元之后,从未间断对这一领域的研究。Wierzbicka 和她的博士后来对表 13 中的义元进行了改进,这就是表 14。

表 14　Proposed lexical and semantic primitives (Goddard & Wierzbicka 1994:22)

Substantatives	I, YOU, SOMEONE, SOMETHING, PEOPLE
Mental-predicates	THINK, SAY, KNOW, FEEL, WANT
Determiners/quantifiers	THIS, THE SAME, OTHER, ONE, TWO, MANY, ALL
Action/events	DO, HAPPEN
Meta-predicates	NO, IF, CAN, LIKE, BECAUSE, VERY
Time/place	WHEN, WHERE, AFTER, BEFORE, UNDER, ABOVE
Partonomy/taxonomy	HAVE PARTS, KIND OF
Evaluators/descriptors	GOOD, BAD, BIG, SMALL

寻找义元是一种实践性很强的研究。Wierzbicka 继续在实践中

对提出的义元进行逐一验证,并继续寻找新的义元。Wierzbicka 在 1996 年的著作 Semantics:Primes and Universal(Wierzbicka1996:35)中称,在 Goddard and Wierzbicka (1994)的研究项目中经历检验了的义元称为旧义元,新近提出的称为新义元。至此 1972 年的 14 个义元其中有 10 个经历了检验进入旧义元中。表 15 是 Wierzbicka (1996)所说的旧义元,表 16 为新义元。

表 15:The set of old primitives(Wierzbicka 1996:35—36)

Substantatives	I, YOU, SOMEONE, SOMETHING, PEOPLE
Determiners	THIS, THE SAME, OTHER
Quantifiers	ONE, TWO, MANY(MUCH), ALL
Mental-predicates	THINK, KNOW, WANT, FEEL
Speech	SAY
Action and events	DO, HAPPEN
Evaluators	GOOD, BAD
Descriptors	BIG, SMALL
Time	WHEN, BEFORE, AFTER
Space	WHERE, UNDER, ABOVE
Partonomy and taxonomy	PART (OF), KIND (OF)
Metapredicates	NOT, CAN, VERY
Interclausal linkers	IF, BECAUSE, LIKE

表 16:The set of new primitives(Wierzbicka 1996:73—74)

Determiners	SOME
Augmentor	MORE
Mental predicates	SEE, HEAR
Non-mental predicates	MOVE, THERE IS, (BE)ALIVE
Space	FAR, NEAR; SIDE; INSIDE; HERE
Time	A LONG TIME, A SHORT TIME; NOW
Imagination and possibility	IF…WOULD, MAYBE
Words	WORD

Edward Sapir 的学生 Morris Swadesh 认为有一种核心词汇(core vocabulary),这种观点同义元理论的想法极为相似。这些核心词汇比语言中的其他词汇更稳固,更不容易变动。而且他认为所有语言中的核心词汇是相同的或极其相似的。我们可以用这部分核心词汇追溯

语言之间的谱系关系。(Saeed 2003:76)

Swadesh 起初提出了200个核心词汇,后来缩减为100个。因为这些核心词汇对外语学习很有参考价值。笔者把它们列入表17中。

表17 Swadesh's (1972) 100-item basic vocabulary list

1. I	26. root	51. breast	76. rain
2. you	27. bark	52. heart	77. stone
3. we	28. skin	53. liver	78. sand
4. this	29. flesh	54. drink	79. earth
5. that	30. blood	55. eat	80. cloud
6. who	31. bone	56. bite	81. smoke
7. what	32. grease	57. see	82. fire
8. not	33. egg	58. hear	83. ash
9. all	34. horn	59. know	84. burn
10. many	35. tail	60. sleep	85. path
11. one	36. feather	61. die	86. mountain
12. two	37. hair	62. kill	87. red
13. big	38. head	63. swim	88. green
14. long	39. ear	64. fly	89. yellow
15. small	40. eye	65. walk	90. white
16. woman	41. nose	66. come	91. black
17. man	42. mouth	67. lie	92. night
18. person	43. tooth	68. sit	93. hot
19. fish	44. tongue	69. stand	94. cold
20. bird	45. claw	70. give	95. full
21. dog	46. foot	71. say	96. new
22. louse	47. knee	72. sun	97. good
23. tree	48. hand	73. moon	98. round
24. seed	49. belly	74. star	99. dry
25. leaf	50. neck	75. water	100. name

9.11 结 语

本章介绍了词汇及概念层面的六种主要的语义学理论,它们包括:语义场理论、并置理论、语义成分分析、词项空缺现象、框架语义学,最后介绍了义元理论。我们之所以同时介绍这些理论,是因为通过对比可以知道它们的共同点及各自的特点。比如,语义场理论研究的是词和词的纵聚合关系(paradigmatic relation);而并置理论研究词和词的横组合关系(syntagmatic relation)。语义场理论研究的是某语义范畴内的词汇关系;而并置理论研究的是词和词的搭配关系。语义成分分析研究的是如何把词义向更微观的方向进行解剖,怎样可以分解为最小的语义成分。词项空缺现象是对语义场进行分析的结果,表示的是语义场中的整体网络关系。框架语义学是从认知角度提出的关于意义理解的理论。义元理论的基础则是一种哲学思想。这种思想认为自然语言中存在数量很少的一部分词,用这部分词可以解释所有的意义关系。

  本章的理论是关于词汇层面的,下面的两章将从两个特殊的角度考察两种比较有特色的语言表达。第 10 章集中探讨成语,即 idioms。第 11 章探讨如何形象地表现惯用搭配。

词组层面的主要语义学理论

第十章

成语的意义、特性和理据

10.1 引 言

在第 9 章中,我们介绍了关于词汇层面上的主要语义学理论。在词的组合层面,本书选取了比较有特点的两个领域分别在两章里单独讨论。本章讨论成语,第 11 章从思维意象的角度研究惯用搭配。我们先看成语。"成语是具有特定意义的一组固定的词语,它的意义不等于组成该成语的单个词的意义之和"(*Longman Dictionary of Contemporary English*, 1987:518)。研究成语的传统文献普遍认为"非组合性"、"结构固定性"、"比喻性"、"谚语性"、"非正式性"和"情感性"等是英语成语的基本特性。其中,意义的"非组合性"和结构的"固定性"是两个最主要的特性。本章通过分析大量英语成语,发现许多英语成语在意义上具有"可组合性",在结构上具有"离散性"。本章又进一步介绍了成语的理据性,认为一些成语是以概念隐喻为理据的,从而使成语的意义具有了可分析性。结论:英语成语的特性是相对的,而不是绝对的;一些成语的意义是可以分析的,不是没有理据的,英语成语是一个相对模糊的范畴。本章主要参考了李素英(2001)。

10.2 英语成语的特性

(1) **非组合性**(Non-compositionality)

非组合性表示成语的意义不等于它的组成部分的单个词义之和,

也称约定俗成性(conventionality)。请看成语的如下定义：

a. "These are idiomatic in the sense that their meaning is non-compositional."(Chomsky 1980:149)
(这些之所以是成语，是因为它们的意义是非组合性的。)

b. "Idioms... do not get their meanings from the meaning of their syntactic parts."(Katz 1973:358)
(成语的意义并非来自其句法组成部分的意义。)

c. "The essential feature of an idiom is that its full meaning... is not a compositional function of the meanings of the idiom's elementary parts."(Katz and Postal 1963:275)
(成语的本质特征是，其完整的意义不是其基本组成部分的意义的组合功能。)

d. "Our definition of idioms, or frozen expressions, is rather broad. Ideally, an expression is frozen if the meaning is not predictable from the composition, that is to say, for example, if the verb and fixed complements do not contribute to the meaning of the sentence (e.g. to kick the bucket, to take the bull by the horns)."(Machonis 1985:306)
(我们对成语，即固定表达的定义是很宽泛的。如果一个表达的意义无法根据它的各组成部分推测出来，比如，动词和固定补足语不能为句子的意义提供信息(如 to kick the bucket：俚语，死，翘辫子；to take the bull by the horns：大胆地对付困难(或危险)，不畏艰险)，那么这个表达就是固定表达。)

从以上几处对成语的定义可以得知：成语的意义是约定俗成的，是非组合的，它的整体意义不能从它的组成部分，即单个词单独使用时的意义推得。

(2) 固定性(Inflexibility)
以下是两本词典对成语的定义：

a. "An idiom is a fixed group of words with a special meaning which is different from the meanings of the individual words." (*Longman Dictionary of Contemporary English*, 1987: 518)

(成语是具有特殊意义的一组固定的词语,它的意义不同于其中单个词语的意义。)

b. Idiom is "an expression in the usage of a language that is peculiar to itself either grammatically (as *no, it wasn't me*) or in having a meaning that cannot be derived from the conjoined meanings of its elements (as *Monday week* for "the Monday a week after next Monday")..." (*Webster's Ninth Collegiate Dictionary*, 1988: 598)

(成语是语言中的一种表达,它有自身的特性。这种特性要么表现在语法结构上(例如:*no, it wasn't me*),要么表现在它的意义上,它的意义不能从组成成分的意义组合中得到。)

从朗文词典和韦氏大学词典第九版对成语的定义,我们可以得知成语的另一个特点,那就是句法结构上的固定性。如 shoot the breeze (chat) 不能变成 ＊the breeze was shot,或 ＊the breeze is hard to shoot。同样,kick the bucket (die)也不能变成 ＊the bucket was kicked。

(3)　比喻性,谚语性,非正式性和情感性

除以上谈到的非组合性和句法结构固定性以外,成语还具有比喻性(figuration),谚语性(proverbiality),非正式性(informality)和情感性(affect)等特性。

所谓比喻性是指成语往往包含隐喻(metaphor),换喻(metonymy),夸张(hyperbole)等各种类型的修辞手法。

例 (1)

a. take the bull by the horns (brave) (metaphor) 抓住公牛的牛角(不畏艰险)(隐喻)

b. spill the beans (divulge secret) (metaphor) 撒豌豆(泄露秘

密)(隐喻)

c. lend a hand (help) (metonymy) 借出一支手(帮助)(换喻)

d. count heads (metonymy) 清点人头数(换喻)

e. not worth the paper it's printed on (hyperbole) 不值印它的纸(毫无价值)(夸张)

谚语性,是指成语往往表达或描述人们的兴趣或是对人们的认识、经验的总结,在这一点上,成语类似谚语。

成语往往和非正式语域(register)相联系,用来表达人们的评价、情感、态度,很少表达不含任何感情色彩的中性的事物,这就使成语有具有"非正式性"和"情感性"。

以上是英语成语的基本特点,但是最重要的仍是语义的非组合性和句法结构的固定性。下文将论证这两个重要特点的相对性。

10.3 英语成语特性的相对性

(1) 非组合性的相对性(Relativity of Non-Compositionality)

成语语义的非组合性是相对的,这种相对性主要表现在成语语义的能产性(productivity of idiomatic meaning),表现在成语的某一部分可以被形容词、副词、数词以及从句等修饰,使成语增加新的意义,从而使成语在意义上具有组合性(Compositionality)。修饰之后的成语的语义完全可以从新增加的词的词义推得,从而使成语的意义相对具有了可推导性(Predictability)。例如:

用形容词修饰:

例(2)

a. leave no *legal* stone unturned (原义:想尽一切办法;新义:想尽一切合法的办法)

b. beat our *terrifying* swords into plowshares (原义:将使人害怕(感到恐惧)的军刀铸成犁头;新义:偃武修文)

c. kick the *filthy* habit (原义:戒掉嗜好;新义:戒掉不良嗜好)

d. when drugs are involved, it's time to speak your *parental* mind.（原义：说心里话）

用副词修饰：

例（3）

Did he *finally* speak his mind?

（他最终说出心里话了吗？）

用数词或表示数量的其他词修饰：

例（4）

a. touch *a couple of* nerves（get on sb's nerves：使人心烦）

b. That's *the third* gift horse she's looked in the mouth.（look at the gift horse in the mouth：对礼物吹毛求疵）

c. We would...pull yet *more* strings.（pull strings：幕后操纵）

从句修饰：

例（5）

a. Pat got the job by pulling strings *that weren't available to anyone else.*

（帕特通过别的任何人都没有的幕后关系得到了这份工作。）

b. Your remark touched a nerve *that I didn't even know existed.*

（你的意见触及了要害，我以前根本就没有意识到它的存在。）

c. Many Californians jumped on the bandwagon *that Perot had set in motion.*（jump on the bandwagon：看风使舵；赶浪头）

（派洛特开始行动了，很多加利福尼亚人看风使舵。）

(2) 成语结构的可分离性(Compositionality)

在某种情况下，为了强调成语的某一部分，可以使之主题化，成为句子的主题(theme)。

例（6）

a. Those strings, he wouldn't pull for you.（pull the strings：在

幕后操纵)

(他不会为你幕后牵线。)

b. His closets, you might find skeletons in. (a skeleton in the closet/cupboard：家丑)

(他可能有不可外扬的家丑。)

c. That hard a bargain, only a fool would drive. (drive a hard bargain over sth：为某事拼命讨价还价)

(只有傻瓜才会为了这事拼命讨价还价。)

在省略结构中(尤其 VP＋NP 结构)，成语的某一部分可以省略。

例 (7)

a. My goose is cooked, but yours isn't. (cook sb's goose：彻底挫败某人的计划)

(我的计划被挫败了，你的还没有。)

b. We thought the bottom would fall out of the housing market, but it didn't. (The bottom has fallen out of sth：基础动摇，快垮台了)

(我们认为房地产市场的根基会动摇，可是它并没有。)

c. We had expected that excellent care would be taken of the orphans, and it was. (take care of：照料)

(我们曾期望这些孤儿会得到很好的照料，可是并没有。)

成语可构成对上文的前指照应(Anaphoric reference)

例 (8)

a. We thought tabs were being kept on us, but they weren't (keep tabs on：监视)

(我们认为我们受到监视，但是并没有。)

b. We worried that Pat might spill the beans, but it was Chris who finally spilled them. (spill the beans：说漏嘴，不慎泄密)

(我们担心帕特会泄密，但是泄密的却是克瑞斯。)

c. Pat tried to break the ice, but it was Chris who succeeded in breaking it. (break the ice：打破沉默)

（帕特试图打破沉默,但是真正打破沉默的却是克瑞斯。）

成语中的某一个词,有时可以用另一个同义词或近义词替换,成语意义不变;或者被替换的虽不是同义词,但两种形式表达相同的语义。

例（9）

a. break the ice＝crack the ice

（打破沉闷,使气氛活跃）

b. tilt at windmill＝fight windmill

（同假想的敌人战斗,徒劳地对不可能战胜的事物发动进攻）

c. lose one's mind ＝lose one's marbles

（发狂）

d. take a leak＝take a piss/shit/crap

（拉屎/撒尿）

以上论述表明成语不再具有非组合性。因此,作为成语最重要特性之一的非组合性(约定俗成性)只是相对的。另一方面,成语的句法结构固定性也并非无懈可击。非组合性与固定性不是彼此孤立的,在以上论述成语非组合性的相对性的同时,从另一个侧面已经证明了成语结构的"非固定性"。以下再着重从句法方面说明成语的特点。

(3)　成语句法结构的灵活性(Flexibility)

成语的某一部分在使用过程中与成语的其他部分完全分离(参见上文中的,例6)。再如：

例（10）

a. Advantage seems to have been taken of Pat. (原有的成语：to take advantage of)

（帕特被利用了。）

b. take no significant advantage （原有的成语：to take advantage)

（没有充分利用）

上文中提到的成语的省略、主题化,用形容词、副词、数词修饰都能说明成语句法结构的灵活性。

某些成语可以允许多种句法结构的变化,时态、语态也可以不同。

例(11)

a. Pat spilled the beans.

(帕特泄露了秘密。)

b. The beans were spilled by Pat.

(秘密被帕特泄露了。)

c. The beans continue to appear to be certain to be spilled.

(秘密仍然看上去一定会被泄露。)

例(12)

a. The cat is out of the bag.

(秘密被无意中泄露了。)

b. The cat seems to be out of the bag.

(秘密好象被无意中泄露了。)

c. The cat seems to be believed to be out of the bag.

(看上去大家认为秘密被无意中泄露了。)

例(13)

a. They claimed full advantage would be taken of the situation.

(他们声称,会充分利用形势。)

b. They claimed full advantage had been taken of the situation, but none was.

(他们声称形势已经被充分利用了,但是实际上根本就没有。)

10.4 成语意义的认知理据

以往对成语的研究往往局限于对单个成语的考察,即对单个成语的结构、意义、加工(processing)等的研究,没有系统地研究一系列的意义相关的成语,也就是说,对具有同义关系的一组成语的理据的探讨比较少。例如,英语中有如下成语都表示"生气,愤怒"的意思:blow your stack/top, hit the ceiling/roof, blow off steam 等等。对于为什么会有许多成语表示类似的或相同的意义这一问题,却没有研究。在认知语言学的框架内,对这一问题的研究有了突破。有许多学者探讨了成语意义的理据性或相关问题。例如 Gibbs & O'Brien (1990); Nayak & Gibbs (1990); Kreuz & Graesser (1991); Gibbs (1992); Cacciari & Tabossi (1993); Keysar (1995); Kövecses & Szabo (1996); Gibbs & Bogdanovich et al (1997); Boers & Demecheleer (2001); Peterson et al. (2001)。其中,美国加州大学 Santa Cruz 分校心理学系教授 Gibbs 及其同事的研究最令人关注。Gibbs 和 O'Brien (1990)的研究认为部分成语的意义是以概念隐喻为理据的。例如成语 hit the ceiling, blow your stack, blow off steam 等都是以下面两个概念隐喻为理据的:THE BODY IS A CONTAINER; ANGER IS HEAT。为什么 hit the ceiling, blow your stack, blow off steam 等可以表示愤怒的意思,是因为 THE BODY IS A CONTAINER; ANGER IS HEAT. 所以,当愤怒(ANGER)增加,HEAT 也增加;因为身体是一个 CONTAINER,当这个 CONTAINER 不能容纳越来越多的愤怒(ANGER),即 HEAT 的时候,就会 hit the ceiling, blow your stack, blow off steam。

Gibbs 和 O'Brien (1990)的实验使用了 25 个成语,每 5 个为一组。实验结果认为,每组分别以两个概念隐喻为理据。详细介绍如下。

第一组:愤怒

Motivating Conceptual Metaphors: MIND IS A CONTAINER; ANGER IS HEAT

作为理据的概念隐喻:头脑是容器;愤怒是热量

下面的成语都表示"生气"、"发火"的意思:

1. blow one's stack 〈俚〉(发脾气,勃然大怒)
2. hit the ceiling 〈口〉(勃然大怒,大发脾气)
3. lose one's cool (失去自制而激动起来)
4. foam at the mouth 〈口〉(大怒;口吐白沫;(发怒时)唾沫四溅)
5. flip one's lid 〈俚〉(发脾气,狂怒;发疯,歇斯底里发作)

第二组:施加控制/权威

Motivating Conceptual Metaphors:CONTROL IS A POSSESSION;CONTROL IS AN INVISIBLE FORCE

作为理据的概念隐喻:控制是所有物;控制是看不见的力量

下面的成语都表示"逼迫别人"的意思:

6. crack the whip（发号施令；斥责）

7. lay down the law（权威性地表态；严令）

8. call the shots〈口〉（控制事态,操纵；发号施令）

9. wear the pants〈美俚〉（掌权,当家）

10. keep the ball rolling（或 up）（使活动（常指谈话）不中断）

第三组:守口如瓶

Motivating Conceptual Metaphors:MIND IS A CONTAINER;IDEAS ARE ENTITIES

作为理据的概念隐喻:头脑是容器；想法是实体

下面的成语都表示"保守秘密"的意思:

11. keep it under one's hat（保密）

12. button one's lips〈俚〉（住嘴；守口如瓶）

13. hold one's tongue（用于祈使语气）（不要讲话,安静。hold your tongue! 住嘴!）

14. behind one's back（背着某人）

15. keep in the dark（对……保密,隐藏）

第四组:精神失常

Motivating Conceptual Metaphors:MIND IS A CONTAINER;MIND IS A BRITTLE OBJECT

作为理据的概念隐喻:头脑是容器；头脑是易碎的物体

下面的成语都表示"精神失常"、"发狂"的意思:

16. go off one's rocker（发疯）

17. lose one's marbles（丧失理智）

18. go to pieces〈口〉（在身体、精神、道德方面崩溃,垮掉；十分激

动,极度紧张(以至失去控制能力))

19. lose one's grip (失去控制)
20. bounce off the walls (off the wall:超越常规的,不合常理的)

第五组:泄露秘密
Motivating Conceptual Metaphors：MIND IS A CONTAINER；IDEAS ARE ENTITIES
作为理据的概念隐喻:头脑是容器;想法是实体
下面的成语都表示"泄露秘密"的意思:

21. spill the beans〈俚〉(泄漏秘密)
22. let the cat out of the bag (尤指无意中)(泄漏秘密)
23. blow the whistle〈美口〉(告发,揭发)
24. blow the lid off (向公众揭露(尤其是非法的或丑闻性质的事情))
25. loose lips

以上每组中的两个概念隐喻被证实是理解该组五个成语的理据。这样一来,意义相近的成语便有了一定的理据。

10.5 结 语

本文对传统文献中普遍接受的成语的特点提出了反论,证明有大量的成语不符合成语的基本特点,即：非组合性和固定性。一些权威的定义,往往举 kick the bucket 为例子。该例既具有结构上的稳定性,也有语义上的非组合性,这只是成语的典型例子,是"原型"(prototype)。笔者认为,成语是一个相对模糊的范畴(fuzzy category),既有类似 kick the bucket 之类的原型,即最典型例子(prototypical example)或称最好的例子,也有其边缘成分。成语这个范畴是有不同层次的。因此,成语的语义特征,结构特征等都是相对的。最后本文介绍了成语的认知理据。概念隐喻被证实是理解部分成语意义的理据。

本书在词组层面共有两章内容,本章是关于成语的,第 11 章将从思维意象的形象表现来研究惯用搭配。

第十一章

惯用搭配的形象表现

11.1 引 言

第 10 章介绍了成语的意义及研究情况。第 11 章将扩展到惯用搭配。惯用搭配是介于成语和自由搭配之间的一种词汇的组合关系。对惯用搭配的研究有逐渐形成一个单独领域的趋势,称为惯用语学(phraseology)。根据 Cowie(1998:1)所述,最近 20 多年来,惯用语学研究呈现出稳步增长的趋势,无论是在理论方面还是在应用实践方面,都受到了越来越多的重视,以至于 Cowie(1998:2)认为惯用语学研究已被接受成为语言学内的一个学术分支(academic discipline)。近些年来,认知语言学的兴起又给我们提供了研究惯用搭配(phraseological unit)的新视角。本章正是基于认知语言学的理论基础,对惯用搭配所产生的思维意象进行研究,通过展现英汉两种语言中惯用搭配思维意象的形象表现,来挖掘惯用搭配形象表现的创造力以及语言功能。本章共分六部分,除引言外,第二部分为理论背景,介绍惯用搭配的含义及特点。第三部分回顾了国内外在惯用语研究上取得的成果和存在的不足。第四部分阐述了来自认知语言学及心理学的解释。第五部分主要在 Naciscione(2005)研究的基础上,用英汉两种语料说明惯用搭配形象表现的创造力和语言功能;第六部分为结论。笔者选取惯用搭配作为本书词组层面两章内容中的一章,旨在引起国内学者对惯用语学研究的重视,以推动惯用语学在国内的发展。

11.2 理论背景：惯用搭配的含义及特点

首先，本章需要对惯用搭配进行界定并对其含义进行说明，主要是因为惯用语学研究中术语比较混乱，这一点在 Cowie（1998：5—7）列出的术语表格中可见一斑。惯用搭配的英文说法就有许多，例如 phraseological unit（Chernuisheva 1964，Gläser 1988），set combination（Zgusta 1971），phraseme 或是 set phrase（Mel'cuk 1988），word combination（Cowie 1988，Howarth 1996）等不同术语，再加上不同的次范畴，不同的术语名称竟达 22 个之多。在汉语中，虽然类似的术语名称相对较少，主要有惯用语（王德春 1996a 等）、习语（陈道明 1998 等）、熟语（安娜、刘海涛、侯敏 2002 等）、套语（左红珊 2005 等）等，但是各个术语包含范围仍然有所不同，并且同一术语的范围也存在差异。例如，对于该领域内最频繁、最广泛使用的术语"惯用语"，大多数学者都同意惯用语必须具有比喻性和基本固定性，但在其他方面则难以达成一致。王德春（1996a）认为汉语的惯用语以三字格动宾结构为主，以口语为主，以贬义为主；佘贤君等（2001）只提到了三字格；李行健（2002）只提到了口语色彩；王君明和陈永明（1998）等则没有指出任何限制。王泽鹏（1998）、周荐（1998）等专门对"惯用语"的语义进行了论述，但最后仍无法进行统一。针对这种现象，笔者认为，术语名称和所指范围问题本是见仁见智的问题，也是模糊范畴的必然结果，但为了明确研究对象，本章有必要进行界定。

因此，本章将研究对象定义为惯用搭配，并采用 Naciscione（2001:56）中的定义，即"A phraseological unit is a stable, cohesive combination of words with a fully or partially figurative meaning"（惯用搭配是稳定的、具有结合力的、带有部分或全部比喻义的词语组合）。该定义只强调基本稳定性、可结合性，以及比喻性，这三点也是本文所说的惯用搭配的主要特点。基本稳定性及比喻性不言自明，可结合性主要指惯用搭配可以进行临时化用（instantial use），强调结构的灵活性以及由此带来的语篇功能。这一点在王德春（1996a）中也有所强调，而 Naciscione（2001）则专门对惯用搭配的临时化用在语篇中的功能做了探讨。除此之外,该定义不对字数、句法结构、文体色彩、感情色彩等进行限定。这意味着本文研究的"惯用搭配(phraseological unit)"在英语中可能包括部分所谓的 idiom(成语),collocation(固定搭配),dead metaphor(死喻),cliché(陈词滥调,用滥了的套语)等,在汉语中可能包括其他研究中所称的惯用语以及部分成语、俗语、甚至一些原来未能引起注意的普通固定用语等。笔者认为"惯用搭配"这一术语及其定义包含范围比较广泛,并突出了与本研究相关的特点,摒除了与本研究无关的限制。

11.3 以往研究回顾:成果和不足

除辞典(如 Cowie and McCaig 1993)外,众多惯用语学方面的论文、专著以及其他研究项目说明,语言学界对惯用搭配的研究早已跨越了描述层面。国外,惯用语学研究不但在理论方法上有三大主要流派,而且已进入到了语言习得方面(Pawley and Syder 1983, Peters 1983)、语义诠释方面(Fillmore, Kay, and O'Conner 1988)、心理学研究方面(Gibbs 1980, 1986, Gibbs and Nayak 1989)等。国内,在惯用搭配字典的编撰(王德春 1996b)、惯用搭配与语言学习(陈士法 2001)、惯用搭配与翻译(辛献云 1994)、惯用搭配的心理机制(佘贤君 2001,王君明和陈永明 1998 等)等方面也有了一定深度的研究。此外,随着认知语言学的兴起,国内外也出现了一些认知语言学的层面上对惯用搭配的研究,如 Naciscione (2004, 2005),刘正光和周红民(2002)、陈道明(1998)等。

但是,在本文研究的议题上,即惯用搭配思维意象的形象表现上,国内外研究均较少。根据笔者在国家图书馆和中国期刊网的检索结果,国外仅见 Naciscione (2004, 2005),而国内只有辛献云(1994),陈士法(2001)分别从翻译、语言学习的角度探讨了惯用搭配的思维意象,尚未论及到思维意象的形象表现。Naciscione (2005:289) 认为,"Visual representation has a semantic and stylistic function: it enhances and interprets the image, and creates a new meaning."(形象表现具有语义及文体功能,它能够加强并诠释思维形象,创造新的意义。)也就是说,思维形象除了能在翻译(辛献云 1994;Naciscione 2003)、语言学习(陈士法 2001)、文本理解(Naciscione 2001,2002)中发挥作用外,其形象表现更是直接参与了语言意义的构建,它本身就应该成为语言学的研究对象。因此,本文将惯用搭配的形象表现作为研究对象,旨在探讨其创造力及语言功能。

11.4　来自认知语言学和心理学的解释

认知语言学的概念隐喻理论(参见第 8 章)对惯用搭配的认知研究至关重要。概念隐喻理论强调了概念隐喻的思维性、普遍性,并反对转换生成理论中惯用搭配不可分析的观点。虽然固定搭配的整体意义不能直接由字面含义得出,但是认知语言学家如 Lakoff 和 Johnson 等(Lakoff & Johnson 2003)认为大多数固定搭配都是可以分析的,其中概念隐喻或转喻等起到了连接字面意义和整体意义的桥梁作用。惯用搭配的可分析性肯定了字面含义的作用,从而使由字面含义而来的思维意象的形象表现成为可能;同时字面含义与整体含义之间的联系为形象表现赋予了深层含义,成就了形象表现的创造力。

心理学方面关于惯用搭配存储机制和通达机制的研究,无论是 Gibbs 和 Nayak(1989)的分界性假说还是 Cacciari 和 Tabossi(1988)、Cacciari 和 Glucksberg(1991)的节点假说都认为,惯用搭配不是整体存贮的,而是以单个组成成分或是所谓节点的形式,因此惯用搭配组成成分的字面含义在惯用搭配整体意义的构造中起着重要作用。余贤君、吴建民、张必隐(2001),余贤君(1997),王君明和陈永明(1998)等从汉语角度验证了惯用搭配整体意义的构建性以及字面意义的重要性。这些研究结果不仅支持了认知语言学的可分析观点,还解释了创造惯用搭配形象表现的心理机制。此外,惯用搭配通达机制的主要三种模型虽然在字面含义和整体含义的激活加工顺序上有所不同,但都肯定了在惯用搭配理解中,字面加工,也就是各个组成成分被激活和加工的可能性。同理,这也为由字面意义而来的形象表现提供了认知理据。

11.5 形象表现的创造力和语言功能

Naciscione(2005:289)认为:"形象表现具有文体和认知方面的研究意义,因为它能够在多模式语篇中为文本和形象带来创造性。"其中,多模式语篇指的是同时使用两种或两种以上的符号交流方式(Goodman 1996:69)。那么,形象表现的创造力到底来源于何处呢?简单来说,来自于从整体的隐喻意义到字面意义的转变,实际上是一种形象双关(visual pun),即由形象和文字相结合所产生的双关。鉴于我们平时使用惯用搭配时,通常使用的是其整体意义,字面意义即使在构建整体意义时得到激活,在整体意义形成后也便消失了。但字面意义的形象表现却使字面意义得到了强化和保持,从而在我们的头脑中形成两种意义同时存在、同时活跃的局面。Naciscione(2005)以惯用搭配"洗钱(money laundering)"为例对形象表现的创造力进行了说明。

图1　　　　　　　　图2　　　　　　　　图3

图1[①]展示的是"洗钱"的形象表现,该形象直接来自于"洗钱"的字面含义,也是对"洗钱"这一惯用搭配的创造性使用。看到这幅图时,即使没有任何标题或标注,读者可以自然而然地将该形象与惯用搭配"洗钱"联系起来。这是因为,惯用搭配这一相对稳定的语言单位在其中建立起了语义的、文体的连接。图2、图3是经常用于反洗钱会议或组织的标志。其中虽然对洗衣盆和钱币使用了较为抽象的符号,

---

① 图1、图2、图3出自 Naciscione(2005)的电子版。

但是整体看来,仍是惯用搭配的形象表现。这种对于惯用搭配的文字及非文字形式的结合使用,其效果远非一般的文字语篇所及。文字与形象表现的互相结合促使了形象双关的形成。

"洗钱"一例是对惯用搭配的直接应用,而 Naciscione(2005:290)展示的另一个例子"一线之间(by a thread)"则通过对惯用搭配的临时化用更加充分地展示了惯用搭配形象表现的语言功能。惯用搭配的临时化用可以突破句子的界限,贯穿全篇,使整个语篇统一于一个思维意象之下。

Naciscione(2005)在研究中使用的都是英语语料,笔者认为,既然惯用搭配普遍存在于各种语言中,惯用搭配形象表现的创造力和语言功能也应该普遍存在于各个语言中。因此,下面笔者将使用几个汉语例子继续探讨这一问题。

图 4 　　　　　　　　图 5

图 4[①]、图 5 都利用了对汉语中的惯用搭配"一点"的形象表现。图 4 中上方文字为"我们期待祖国的统一",下方文字为"少了这一点,就不是一个完整的中国。"如果只有文字,对于"一点"的理解应为名词省略的量词+名词结构,省略的名词可以是"领土、地方"等;或者将"一点"理解为代词结构,意义相当于"一小部分"等。但是在形象表现中,"一点"则表现为其字面含义,即"一个点"。这个"点"是个几何图形,是中国汉字笔画的一种。在该形象表现下,对于"少了这一点,就不是一个完整的中国"的理解,就可以是少了汉字笔画中的一点,"中国"这两个汉字便不完整。让这个惯用搭配更为复杂,也最终让其完

---

① 图 4、图 5 从 http://www.petea.cn/cgi-bin/topic.cgi?forum=16&topic=1816 下载。

成了形象双关的是,本图中点的几何外形描绘了台湾的版图。至此,该图达到了 Naciscione(2005:290)中所说的目的:

> Visual representation of an image is a special type of discourse, which exploits semantic, stylistic, social and psychological elements to reach an economic, political or social effect.(Naciscione 2005:290)

> 思维意象的形象表现是一种特殊的语篇,它利用语义的、文体的、社会的、心理的等方面因素来实现经济、政治或社会效应。

图 5 与图 4 有异曲同工之妙,只不过是将汉字"中国"换成了英文的"China"。

值得注意的是,以上两图中,形象双关之所以能形成,除了惯用搭配"一点"的整体意义和字面意义有所不同外,还在于对汉字"中国"以及英文单词"China"的形象表现。此中的机制与惯用搭配的形象表现相同,即以形象加强并维持了"中国"和"China"作为字符的含义,使其能够与"中国"和"China"表示国家这一概念的含义同时存在,同时活跃于我们的大脑中,从而形成形象双关。

此外,汉语中传统意义上的四字成语,也可以通过形象表现产生形象双关。虽然有学者(谷俊 2004,王吉辉 1998)专门对成语和所谓的惯用语在语体色彩、情态色彩、形象色彩、意义的双层性等方面进行了区分,但区分的尺度在本文对惯用搭配的定义中已不予考虑。事实上,含有比喻义的四字成语可以被包括到本文的惯用搭配中。下面本文仅举两个四字成语形象表现的例子。

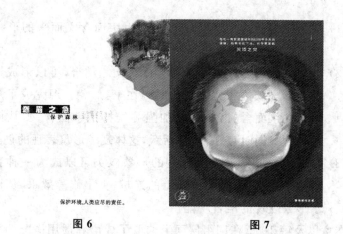

图6　　　　　　　　　图7

图6①、图7②都是宣传保护自然环境的例子,分别利用了成语"燃眉之急"和"灭顶之灾"的形象表现。显而易见,两幅图中的人头都代表地球,而森林则成为了眉毛和头发,图中主要表现了"燃眉"和"灭顶"的字面含义所产生的形象。该图片和文字说明不但表达了保护森林的含义,更是因为形象表现所带来的紧迫感和危机感而更具说服力,其修辞效果远远超过诸如"保护好森林,否则人类将遭受灭顶之灾"等纯文字说明。

最后强调一点,形象双关是人脑的产物,是人类认知能力的产物。要理解形象双关,我们需要隐喻、类比、联想等认知手段以及百科全书式的、对于世界的知识(encyclopaedic knowledge)。同时,要构造文字与形象表现的完美结合也是一种认知能力(cognitive skill),是人类创造力的体现。

11.6　结　语

综上,本文在相关认知语言学和心理学理论的基础上,阐述了惯用搭配所产生的思维意象的形象表现,重点探讨了其创造力和语言功能,最终我们可以得出几点结论:

---

①　图6从 http://www.apoints.com/graphics/sjxs/gyggxs/200510/7189.html 下载。
②　图7从 http://news.sina.com.cnbbs 200507211731212.html 下载。

(1) 惯用搭配的认知和心理机制使由字面含义而来的形象表现成为可能。

(2) 惯用搭配的形象表现与其整体含义相结合,可以形成形象双关。形象双关的具体产生原因在于:形象表现完成了从整体含义到字面含义的转换,加强并维持了字面含义,从而形成两种含义同时存在,同时活跃,这体现了形象表现的创造力。

(3) 惯用搭配形象表现所产生的形象双关可以成为一种特殊的语篇,它提供语义和语体上的连贯,突出修辞效果,从而体现了形象表现的语言功能。

本章以及第 10 章在词组层面上选取了成语和惯用搭配两个内容做了较为详细的讨论。从第 12 章开始,我们将从词组层面上升到句子层面,讨论句子语义学的内容。

句子语义学

第十二章

句子语义学的研究内容

12.1 引言

从本章开始,我们将进入句子语义学部分。全书共安排5章内容。本章是概述,考察了研究句子意义的不同角度,列出了主要研究议题和它们的学科所属,从而探讨什么是句子语义学的核心议题。首先,我们把句子当作表达一个思想的句法完整的表达式来考察句子的意义和句子之间的关系。这就有了蕴涵和预设,这是第13章的内容。其次,我们把句子再进一步切分,切分成两个主要的组成部分,从已知信息和新信息的角度来考察句子的意义,这是第14章的内容。之后,我们把句子当作若干个不同的组成部分来考察句子的意义。这就是题元角色,我们将在第15章谈到。第16章是语义学和句法学界面的一章,也是句子语义学的综合。

12.2 句子和句子语义学

Sentence: usually conceived, explicitly or implicitly, as the largest unit of grammar, or the largest unit over which a rule of grammar can operate. E. g. in the sentence *Come here*! The order of *come* and *here* is subject to rule; but no rule governs a similar relation between it as a whole and any other sentence that might precede or follow it in speech. (Matthews 1997: 337)

句子：句子被认为是最大的语法单位，或者是语法规则能操作的最大单位。比如，在句子 Come here! 中，come 和 here 的顺序是受规则制约的，但是没有任何规则支配 Come here! 这句话作为一个整体与可能出现在它前面或后面的其他句子的关系。

从以上定义，我们知道句子是最大的语法单位。从句子表达的内容看，句子是表达一个思想的表达式。从语言结构的角度看，句子又是最大的语言单位，可以分析成主语、谓语、宾语、表语、定语、状语、补语等构成成分。在系统语法中，句子是级阶（rank scale）层次中最上层的语法单位，它可以由一个或多个分句组成。而 J. Lyons 等语言学家认为句子是由语法规则组合成的一串词，并提出了句子与话语（utterance）的区别，句子属于语言，话语属于言语。

句子语义学是在句子层面对意义的研究。笔者认为句子语义学和词汇语义学都是语言学范畴中的语义学（linguistic semantics）的重要内容。但是，由于句子的结构远远比一个词的结构复杂得多，因此，句子可以从更多的角度进行研究。例如，在英文版的《语义学教程》（Li & Kuiper 1999：5）中，作者列出了如下 7 个研究句子的角度：语音、语法、逻辑、语用、功能、符号学、心理学。这 7 个学科角度只是在 Li & Kuiper（1999）书中各章节中谈到的。此外，句子还可以从哲学、认知、社会、文体和历史语言学等角度进行研究。

以往的语义学著作对句子语义学的内容谈及得并不多，这一事实不能说明句子语义学在语义学中处于次要地位。恰恰相反，由于语言学内的分支和语言学外的其他学科都可以研究句子，这些学科把对句子意义的研究逐渐丰富成为相对独立的学科。例如，在语言学内部，在语境中研究意义的学科发展成了语用学；在语言学之外，从逻辑角度研究意义的学科发展成为逻辑语义学，等等。下文从结构语言学的角度分析句子，我们首先把句子当成一个完整思想表达式来考察，提出研究的范围；之后把句子分割成两个组成部分来考察研究的角度，即已知信息和新信息；最后我们把句子分割成不同的组成部分来考察它们的意义。首先我们把句子当成一个整体，提出诸多的研究角度。

12.3 句子作为表达一个思想的句法完整的表达式

英文原版词典 *The Shorter Oxford English Dictionary*（SOED）把句子定义为"the grammatically complete expression of a single thought"。也就是说句子"是表达一个思想的句法完整的表达式"。当我们把句子当作表达一个思想的句法完整的表达式时，我们是把句子当做一个整体来对待的。这样一来，我们至少可以从如下（见表1）角度研究这个"表达一个思想的句法完整的表达式"：

表1 "句法完整的表达式"的研究角度

	考察句子的角度	研究的要点问题	学科所属
句子 例句：*I've just had my supper.*	句子是否标准	冗辞 tautology（源自希腊语，字面意思为"同样的表述"，指对相同的词语或句子的重复），在例句中，I 和 my 的同时存在可以被视为一种冗辞。	修辞学 语义学
	句子是句法完整的表达式	句子可能会有歧义（ambiguity）；句子可能合乎语法但没有任何意义（meaningless sentences），语言学家 Noam Chomsky 曾给出过一个经典例句（Lyons 2000：135）：*Colorless green ideas sleep furiously.*	语义学 句法学 修辞学
	句子在非语境中的意义	句子是最大的语法单位；例句 *I've just had my supper* 只表示它的字面意义；句子是否合乎语法（grammaticality）。	语义学 传统语法
	在语境中考察句子的意义	句子变成了话语（utterance）；结合具体的语境，考察句子的可接受性（acceptability），句子可能合乎语法且有意义，但不可接受（unacceptable sentences）；随着语境的变化，例句 *I've just had my supper* 可以表示无穷的话语意义。例如"谢谢您，我无法再吃了"；"我不能运动"（因为刚刚吃完）等等。	语用学

	和其他句子的意义关系(参见第13章)	1. 预设(presupposition):指说话人或写作者假定对方已经知道的信息(Richards et al. 2005:536)。例句 *I've just had my supper* 的预设可以是"现在是晚上"或"我有吃晚饭的地方"等。 2. 蕴涵(entailment):首先,我们从逻辑上列出"蕴涵"的判断标准:如果 p 为真,则 q 必为真;且如果 q 为假,则 p 必为假;那么,p 蕴涵 q。注意:如果 p 为假,q 可能为真也可能为假;如果 q 为真,p 可能为真也可能为假(Saeed 2003)。以 *I've just had my supper* 和 *I've just had a meal* 这两个句子为例,前一句话(我刚吃过晚饭)蕴涵后一句话(我刚吃过饭)。如果前一句话成立,那么后一句话必成立,因此,我们不可以既承认前一句话又否认后一句话(不能说"我刚吃过晚饭,但我没吃过饭")。 3. 衔接和连贯(cohesion and coherence):衔接是句法或语义层面上的一种连接,在功能语言学中,指前后对照的(cross-referencing)一些代词、冠词、副词等成分连接起句子中的不同部分或语篇中的各个句子,例如 *The man went to town. However, he did not stay long* 中的**加粗**的三个词。连贯是语篇组织的主要原则之一,涉及对语言使用者的背景知识、做出的推断以及持有的假设等内容的研究,特别是如何通过使用言语行为(speech act)实现连贯的交流(Crystal 2003:81)。	语用学 语言哲学 逻辑语义学 功能语言学 语篇分析

续表

在自然语言中寻找语义表达的元语言（参见9.10）	自然的语义元语言，即 natural semantic metalanguage(NSM)；语言学家们认为，所有的语言都具有相同的本质(an identifiable core)，这是认为 NSM 存在的理论基础；而基于这种元语言，我们可以自如地描述任何语言的意义或比较不同语言之间的区别，这是寻找NSM 的必要性；目前的理论认为，NSM 就存在于自然语言的相同本质中，而且可以被找出；该理论的进一步发展还需要跨语言的实证研究(Wierzbicka 1996)；比如可以从总体上对各种语言中普遍存在的句型及其句法结构进行研究。	语言哲学 逻辑语义学 语言类型学 语言普遍性
从认知角度考察句子的意义	句子可以从事件结构(event schema)的角度探讨。详见本书第 15 章	认知语义学

表 1 是把句子当成一个整体来对待的。我们列出了考察这个"整体"的主要角度。下面我们把句子用二分法进行切分，来考察它的意义。

12.4　作为已知信息和新信息两个组成部分的句子

上文是把句子当作表达一个思想的句法完整的表达式来考察句子的意义，并列出了一些研究的主要议题和分属的学科。如果我们把句子再进一步切分，切分成已知信息(given information)和新信息(new information)两个组成部分，我们得到主位 theme 和述位

rheme。这两个概念虽然多用于功能语言学(functional linguistics)，但是笔者认为，它们可以被用于从两分法的角度考察句子的意义，见表2。

表2 句子的意义是已知信息和新信息两部分的组合

句子	考察句子的角度：已知信息、新信息	研究的要点问题	学科所属
	主位 theme	语篇的衔接与连贯等问题；叙述问题	功能语言学；语篇分析
	述位 rheme		

通过表3中的例子，我们可以对主位、述位有一个更加具体的认识。

表3 主位、述位举例(Halliday 2000:38)

The duke	has given my aunt that teapot.
My aunt	has been given that teapot by the duke.
That teapot	the duke has given to my aunt.
主位	述位

这里只是简单介绍，不再过多地展开，如果读者对这方面的内容感兴趣，可以参阅本书第14章"信息结构"。从以上初步介绍我们可以得知，谁在句子的首位谁就是主位，也就是已知信息。

12.5 作为众多组成部分和参与角色的句子

除了把句子当成一个整体，或者把句子两分为已知信息和新信息来分析，我们还可以从句子的组成部分以及参与的角色入手来考察句子的意义。下文列出了七种不同的角度，分别是结构(sentence structure)、题元角色(thematic roles，也叫 theta-roles 或 θ-roles)、时态(tense)、体(aspect)、语态(voice)、情态(modality)、语气(mood)。下面分别做简单介绍。

(1) 结构(sentence structure)

按照句法学和传统语法的观点,句子包含主语、谓语、宾语、表语、定语、状语、补语等构成成分。类似的,还有句型(sentence pattern)这一概念,在语言教学中,句型被视为句子的基本语法模式,被用作造句的范例(Richards et al. 2005)。在英语中,有几类基本句型:名词+动词(如:I think),属于 SV 型;名词+动词+直接宾语(如:I see the dog),属于 SVO 型;名词+动词+间接宾语+直接宾语(如:I give the dog a bone),属于 SVOiOd 型,等等(Bussmann 1996)。关于句型,我们还要在第 16 章再次提到。

(2) 题元角色(thematic roles)

把句子中的成分当成参与者,按照角色分成以下九种基本的题元角色,如表 4 所示。详细内容参见第 15 章。各题元角色的中文译名可以参考温宾利(2002)以及吴一安(2000)。

表4 九种基本的题元角色(Saeed 2003:149—150)

题元角色	定义	举例(加粗部分为相应的题元角色)
AGENT 施事	the initiator of some action, capable of acting with volition 动作的发起者,能够按照自身的意志执行动作	**David** cooked the rashers. **The fox** jumped out of the ditch.
PATIENT 受事	the entity undergoing the effect of some action, often undergoing some change in state 受到动作影响的实体,该实体通常经历状态上的变化	Enda cut back **these bushes**. The sun melted **the ice**.
THEME 述题/主体	the entity which is moved by an action, or whose location is described 被动作移动的实体,或者位置被描述的实体	Roberto passed **the ball** wide. **The book** is in the library.

续表

EXPERIENCER 感受者/经验体	the entity which is aware of the action or state described by the predicate but which is not in control of the action or state 知道谓语所描述的动作或状态的实体,但并不受该动作或状态控制	**Kevin** felt ill. **Mary** saw the smoke. **Lorcan** heard the door shut.
BENEFICIARY 受益者/受益体	the entity for whose benefit the action was performed 因动作的实行而受益的实体	Robert filled in the form for **his grandmother**. They baked **me** a cake.
INSTRUMENT 工具	the means by which an action is performed or something comes about 动作执行或某事发生的方式	She cleaned the wound with **an antiseptic wipe**. They signed the treaty with **the same pen**.
LOCATION 方位/处所	the place in which something is situated or takes place 某物被放置或某事发生的地方	The monster was hiding **under the bed**. The band played **in a marquee**.
GOAL 目标	the entity towards which something moves, either literally or metaphorically 某物移向该实体,其移动可以是空间上的实际运动,也可以是隐喻的运动	Sheila handed her license **to the policeman**.(字面) Pat told the joke **to his friends**.(比喻)
SOURCE 来源	the entity from which something moves, either literally or metaphorically 某物从该实体处移来,其移动可以是空间上的实际运动,也可以是隐喻的运动	The plane came back **from Kinshasa**.(字面) We got the idea **from a French magazine**.(比喻)

我们可以试着分析一个句子:"Gina raised the car with a jack."那么在这个句子中,Gina 是施事(AGENT),the car 是述题/主体(THEME),a jack 是工具(INSTRUMENT)。有些读者可能会对这句中 the car 的题元角色提出置疑,认为其对应的是受事(PATIENT)。Saeed(2003:150)对此的解释是:"PATIENT is reserved for entities acted upon and changed by the verb's action while THEME describes an entity moved in literal or figurative space by the action of the verb, but constitutionally unchanged. (受事指的是那些被动词发出的动作作用并被改变的实体,而述题/主体描述的是被动词发出的动作以实际的或隐喻的方式在空间移动的实体,其本质并未改变。)"由此可见,受事和述题/主体的差别关键在于实体的状态是否改变。本段开头的例句中,the car 的本质状态并未改变,因此其对应的题元角色是述题/主体。题元角色的内容我们会在第 15 章详细讲解。

(3) 语态(voice)

表示一个动词和与它相关的名词短语之间的关系。两个句子可能语态不同但基本意义相同,那么在这种情况下,它们强调的内容是不同的(Richards et al. 2005)。例如:

例(1)
a. The boy broke the window.
  (男孩打碎了窗户玻璃。)
b. The window was broken by the boy.
  (窗户玻璃被男孩打碎了。)

其中,(1)a 使用的是主动语态(active voice),(1)b 使用的是被动语态(passive voice)。我们可以换个角度思考,(1)a 更适合于回答这样的问题:Did the boy break anything? 而(1)b 更适合于回答这样的问题:How did the window get broken?

此外,还有一种"无施事"被动语态("agentless" passive voice),如:

c. The window has been broken.

通常,说话者或写作者不清楚或不想说出原因,或者原因太明显而无需说出时使用这样的句型。

语态是一个语义学的概念,但还可以从多角度展开分析,例如语用学(pragmatics)、话语分析(discourse analysis)、符号学(semiotics)等。用何种语态,看似平常,但因为强调的内容各有侧重,因此句子所表达的意思也就有了微妙的差别。还是以上面的那组例句为例。如果想强调的是男孩做错了事,那么可以用(1)a;如果想玻璃损坏这一事实,那么可以用(1)b 或(1)c,其中,如果想掩盖男孩砸坏玻璃的行为,那么,(1)c 是最理想的表达方式。

我们也可以结合刚才提到的题元角色理论来分析语态。语态反映题元角色和语法关系之间的联系,从而为说话人在选用题元角色方面提供了灵活性(Saeed 2003:170—174)。通过采取主动语态或被动语态,说话人可以突出不同的题元角色。除了上述两种语态之外,有些语言中还有中间语态(middle voice)。中间语态的具体使用情况因语言而异,但核心的特征是强调动词的主语受到动词发出动作的影响。中间语态还可以细分为中性不及物类(neuters)、身体活动和情感类(bodily activity and emotions)、反身类(reflexives)以及自益类(autobenefactives)。

(4) 时态(tense)

时态带有指示性(deictic),通常以说话人的说话时间为参照点,也就是说,说话人通过确定所描述的动作、事件或状态与说话时间的时间关系来选择时态。

值得注意的是,并不是所有的语言都有时态,例如汉语就是一种没有时态的语言(tenseless language)。但说汉语的人一样可以区分过去、现在和将来。任何说汉语的人都明白"今天吃饭"和"明天吃饭"在时间上的区别,而在做判断时,他们借助的是词汇("今天"、"明天")而非语法。由此可见,时是一个语法范畴内的概念。

通常认为,英语有三种基本时态:过去时(past tense)、现在时(present tense)和将来时(future tense)。也有人认为英语只有两种时态:过去时和现在时,因为将来时动词词尾本身没有变化,是靠增加

will/shall 来表达的。时态的不同表现为动词词尾的屈折变化或一些特定助动词(auxiliary verbs)的使用。以动词 listen 为例,除了原型 listen,还有 listened,will listen 等多种形式。

除此之外,英语中还存在复杂时态(complex tenses),比如过去完成时(pluperfect 或 past perfect),表示过去的过去。在涉及这类复杂时态时,我们必须引入另一个概念:体(aspect)。

(5) 体(aspect)

"体"是一个和时态密切相关的概念。时态和体都可以帮助说话人把具体的对话情景和时间相联系,但它们各有侧重。与时态不同,体不带有指示性,也就是说,并不把说话人所描述的和言语行为从时间上固定的联系起来,而是为说话人提供不同的视角,以表示动作、事件或状态是已经完成,还是正在进行之中(Saeed 2003:124)。

在英语中,通常认为有三种基本的体:普通体(simple aspect)、进行体(progressive aspect)、完成体(perfect aspect)。其中,进行体($V+ing$)着眼于被描述事件内部的进展情况,而完成体关注的则是被描述事件和其他事件或言语行为之间的先后顺序。以三种基本的时态为横轴、以三种基本的体为纵轴,我们可以描述出英语中九种不同的时体形式(tense/aspect form),如表 5 所示。

表 5 时体形式(tense/aspect form)

时态 Tense 体 Aspect	过去时 past	现在时 present	将来时 future
普通体 simple	一般过去时 (past simple) I listened	一般现在时 (present simple) I listen	一般将来时 (future simple) I will listen
进行体 progressive	过去进行时 (past progressive) I was listening	现在进行时 (present progressive) I am listening	将来进行时 (future progressive) I will be listening
完成体 perfect	过去完成时 (past perfect) I had listened	现在完成时 (present perfect) I have listened	将来完成时 (future perfect) I will have listened

根据表5,我们可以看出,was listening 和 will be listening 相比,两者的体相同,但时态不同;而 was listening 和 listened 相比,两者的时态相同,但体不同,因此,I was listening 和 I listened 相比,前者忽略了这件事的开始、结束,只把它当做一个正在进行中的事件加以描述;相反,后者则把这件事看做一个整体进行叙述。

再比较下面一组句子(Dirven & Verspoor 2004:99):

例(2)

a. Chris bought a new car.
(克里斯买了辆新车。)

b. Chris has bought a new car.
(克里斯已经买了辆新车。)

c. Chris had just bought a new car, when he had an accident.
(克里斯刚买了辆新车就出了车祸。)

d. By the time he passes his driving test, Chris will have bought a new car.
(克里斯会在通过驾驶考试之前买辆新车。)

(2)a 使用的是过去时、普通体(即一般过去时),描述的是"购买新车"这一过去的行为,表示该事件已经结束、且和现在(也就是说话的这个时刻)没有什么联系;(2)b 使用的是现在时、完成体(即现在完成时),强调的是该事件和现在的联系,言下之意是"克雷斯现在有车了";而后面两个句子分别突出的是过去的或将来的两个事件之间的联系,在(2)c 中,购买新车先于事故发生,在(2)d 中,购买新车将在通过驾驶考试之前发生。

在构成密不可分的时体形式之后,时态和体还可以和情态(modality)、语气(mood)相互结合,表达更为复杂的意义。

(6) 情态(modality)

情态是一个语义范畴的概念,表达说话人对所说内容的态度(Bussmann 1996),也可以说是肯定或相信的程度(Saeed 2003:135)。情态的表现方式主要有以下三种:

表6 情态的三种表现方式及举例

情态的表现方式	举例	说明
使用表示情态的形容词或副词	It is certain that S It is probable that S It is likely that S It is possible that S	从第一个例句到最后一个例句,说话人对S的肯定程度,从强到弱递减
使用表示说话人相信程度即命题态度（propositional attitude）的动词	I know that S I believe that S I think that S I don't know that S I doubt that S I know that not S	从第一个例句到最后一个例句,说话人对S的态度从肯定为真,到不确定,再到肯定为假
使用情态动词（modal verbs,也被称为 modal auxiliaries）,如英语中的 will, would, may, might, shall, should, can, could, must 等	She has left by now. She must have left by now. She might have left by now. She could have left by now. She needn't have left by now. She couldn't have left by now.	同上,从第一个例句到最后一个例句,说话人对相关命题的态度从肯定为真,到不确定,再到肯定为假

情态可以分为道义情态（deontic modality）、认识情态（epistemic modality）等。道义情态表示说话人的意愿（volition），而认识情态则表示说话人的判断（judgement），如（Dirven & Verspoor 2004：98）：

例(3)

a. Chris, you may go now. 道义情态,表示允许（permission）
（克里斯,你现在可以走了。）

b. Chris, you must go now. 道义情态,表示义务、责任（obligation）
（克里斯,你现在必须走。）

c. Chris may be at the car dealer's. 认识情态,表示可能性（possibility）
（克里斯可能在汽车商那儿。）

d. Chris must be at the car dealer's. 认识情态,表示推断（inference）

(克里斯一定在汽车商那儿。)

从上述例句中我们也可以看出,may和must在表达情态方面的差别。前两个例句都表示说话人所希望发生的事,其中(3)a用的是may,而(3)b用的是must,那么显然后者的态度要比前者的强硬;后两个例句都表达了某种程度的可能性,其中(3)c用的是may,而(3)d用的是must,同样,后者的态度要比前者更确定。

(7) 语气(mood)

刚才我们提到,在英语中,可以通过不同方式来表现情态,比如使用副词或情态动词。而语气是情态通过语法形式实现的(Lyons 2000:331)。

英语中比较常见的有虚拟语气(subjunctive mood),表示假定、意愿、希望等,通常指非真实或假设的情况。此外,还有表示命令(commands)的祈使语气(imperative mood)、表示疑问(questions)的疑问语气(interrogative mood)或表示陈述(statements)的陈述语气(declarative mood)等。

语气体现句子的交际功能(communicative function),类似的内容,如果说话人选用不同的语气,那么表达的效果就会有所区别。以下面的一组句子为例(Dirven & Verspoor 2004:96):

例(4)
  a. Dylan is riding his motorbike to school today. (陈述语气)
   (达兰今天骑摩托车去学校。)
  b. Is Dylan riding his motorbike to school? (疑问语气)
   (达兰今天骑摩托车去学校吗?)
  c. Turn that engine off! (will you?) (祈使语气)
   (把那个引擎关掉!)(好吗?)

从这组句子中,我们还可以看出,在句子中,不同的语气可以通过词序上的差异来表现,特别是主语(subject)和助动词(auxiliary)的顺序。具体而言,表示陈述语气的句子通常使用最常见的SVO句型,主语首先出现,助动词紧随其后,如(4)a;而在表示疑问语气的句子中,主语和助动词交换位置,助动词位于主语之前,如(4)b;表示祈使语气的句子往往省略主语和助动词,也可能在句子后面使用一个附加问句(tag),如(4)c。

12.6 结　语

　　本部分内容概述了句子语义学的总体理论框架,并从三个不同的层面阐述了分析句子意义的方法,分别是:句子作为表达一个思想的句法完整的表达式、作为已知信息和新信息两个组成部分的句子以及作为众多组成部分和参与角色的句子。研究句子的意义,就像用不同的方式切蛋糕,可以一切为二,也可以分成多份;可以横切,可以竖切,也可以纵横交叉。在了解了句子语义学主要研究议题和它们的学科所属之后,感兴趣的读者可以继续阅读下面几章有关句子语义学内容,继而深入地研究下去,也可以尝试以句子语义学的诸多理论为"刀",自己去切一切句子这个"蛋糕"。在第13章我们首先把句子当成一个整体来考察蕴涵和预设的问题。

第十三章

句子之间的意义关系

13.1 引 言

本章是把句子当成一个整体来看待的,不做任何切分。词和词之间有各种各样的意义关系,我们称之为 sense relations,这在前面的第6、7、8章词汇语义学中已经谈到过。句子也一样,可以有各种意义关系。本章主要介绍句子之间的意义关系。首先简单介绍句子之间可能存在的意义关系类型,之后我们从真值的角度重点探讨蕴涵和预设。因为蕴涵和预设既是语义学(尤其是逻辑语义学)话题,也是语用学的内容。详细了解蕴涵和预设是进入其他相关研究领域的基础。本章主要结论是蕴涵和预设大都是由于词汇意义和句法原因造成的。本章例句及思想主要来自 Saeed (2003:86—115)。

13.2 句子之间的意义关系类型

本章把句子当成一个整体,探讨句子和句子之间的关系。Saeed (2003:87) 曾经列出如下6类句子之间的意义关系。

(1) 两个不同的句子可以表达相同的意义,我们说两个句子是同义(synonymous)关系。

例(1)

a. My brother is a bachelor.
 (我的兄弟是个单身汉。)
b. My brother has never married.

（我的兄弟从未结过婚。）

句子是表示命题的(proposition)，两个句子同义实际上是两个句子的命题相同。

(2) 下面的句子 a 蕴涵(entails)b。我们发现，如果句子 a 是真，b 必然真。反之则不然。

例(2)

a. The anarchist assassinated the emperor.
（无政府主义者刺杀了皇帝。）
b. The emperor is dead.
（皇帝死了。）

由于蕴涵是本章的重点，下文要详细探讨。这里只简单提及。

(3) 句子 a 和 b 反义(contradicts)。两者只能有一个和客观事实相符合。

例(3)

a. My brother Sebastian has just come from Rome.
（我的兄弟塞巴斯蒂安刚从罗马来。）
b. My brother Sebastian has never been to Rome.
（我的兄弟塞巴斯蒂安从未到过罗马。）

我们发现句子 a 和 b 谈论的是正好相反的事实。句子之间的反义往往是句子的否定造成的。

(4) 下面的句子中，a 预设 b，c 预设 d。换言之，b 是 a 的前提，d 是 c 的前提。

例(4)

a. The Mayor of Manchester is a woman.
（曼彻斯特的市长是个女的。）
b. There is a Mayor of Manchester.
（曼彻斯特有一位市长。）
c. I regret eating your sandwich.
（我后悔吃了你的三明治。）

d. I ate your sandwich.

   (我吃了你的三明治。)

预设是本章的另一个重点,下文要详细探讨。

(5) 冗辞(tautologies),句子 a 和 b 都必定是真。这样的句子往往含有它们的语用含义。冗辞的语用含义在相关文献中探讨得比较少。

例(5)

a. Ireland is Ireland.

   (爱尔兰就是爱尔兰。)

b. Rich people are rich.

   (富人是富有的。)

(6) a 和 b 必定是假,自相矛盾(contradictions)。

例(6)

a. *He is a murderer but he's never killed anyone.

   (*他是个谋杀者,但他从来没有杀过任何人。)

b. *Now is not now.

   (*现在不是现在。)

在特定语境中,这类句子有成立的可能。但是,仅仅从语义学角度看,这是自相矛盾的。

以上关系类型我们可以总结为以下 6 类:

同义关系:句子 A 和 B 同义,A 和 B 表达相同的意义。

蕴涵关系:句子 A 蕴涵 B,如果 A 成立,B 自动成立。

反义关系:句子 A 与 B 反义,A 和 B 不一致,意义相反。

预设关系:句子 A 预设 B,B 是 A 的部分背景。

冗辞:句子 A 的意义自动成立,但是信息是空的。这种现象是一个句子本身的特点,实际上不是句子之间的关系。也可以换一个角度,认为它是和标准的正常的句子相比而言是冗辞。

自相矛盾关系:句子 A 自相矛盾,自己和自己不一致,肯定和否定同样的内容。

在以上关系类型中,我们将重点探讨蕴涵和预设两类。

13.3 蕴　涵

蕴涵指的是句子命题(proposition)之间的关系。不同的句子,只要表达的命题不变,它所蕴涵的内容就不变。看例句(7)和(8)。

例(7)

a. The anarchist assassinated the emperor.

（无政府主义者暗杀了皇帝。）

b. The emperor died.

（皇帝死了。）

例(8)

a. The emperor was assassinated by the anarchist.

（皇帝被无政府主义者暗杀了。）

b. The emperor died.

（皇帝死了。）

在(7)和(8)中,只要句子 a 是真,那么 b 也必然是真。因此我们可以说 a 蕴涵 b。但是我们发现(7)和(8)中的句子 a 的结构并不同,表达的命题却相同。蕴涵的定义如下。

  Entailment: Relation between propositions one of which necessarily follows from the other: e. g. 'Mary is running' entails, among other things, 'Mary is not standing still'. (Matthews 1997:115)

  蕴涵:是指两个命题之间存在的如下关系:一个为真时,另一个必然随之为真。例如"玛丽在跑"蕴涵"玛丽没有站着不动"。

我们可以用真值来定义蕴涵:当句子 p 的真值能保证 q 的真值,并且 q 是假也能保证 p 为假的时候,我们说 p 蕴涵 q。我们可以经过如下三个步骤来观察:

步骤1：如果 p (The anarchist assassinated the emperor)为真，q (The emperor died) 是否自动为真？是！

步骤2：如果 q (The emperor died)为假，p (The anarchist assassinated the emperor)是否为假？是！

步骤3：我们可以断定 p 蕴涵 q。但是，如果 p 为假，q 也可能假，也可能真。

以上蕴涵关系可以用下面的真值表示。

p		q
T	→	T
F	→	T or F
F	←	F
T or F	←	T

图1 蕴涵关系

如果我们深究造成蕴涵的原因，我们发现词汇和句法结构都可以造成蕴涵。

例(9)

a. I bought a dog today.
（今天我买了一只狗。）

b. I bought an animal today.
（今天我买了一只动物。）

c. Tom gave Mary a red rose.
（汤姆送给玛丽一支红玫瑰。）

d. Tom gave Mary a red flower.
（汤姆送给玛丽一支红色的花。）

e. Bush has bought this house.
（布什买下了这座房子。）

f. This house has been bought by Bush.
（这座房子被布什买下了。）

上面的例子中，(9)a 蕴涵(9)b,(9)c 蕴涵(9)d,(9)e 蕴涵(9)f。

我们把(9)a,(9)b,(9)c,(9)d 四个句子做一下处理,把相同部分删除,得出如下(9')中的结构。

例(9')

a. .... a dog ....
b. .... an animal ....
c. .... a rose.
d. .... a flower.

我们惊奇地发现,两组具有蕴涵关系的句子之间的差异只在个别的词,并且两组词之间是上下义关系。句子(9)a 之所以蕴涵(9)b,(9)c 蕴涵(9)d,是因为 A dog is an animal; A rose is a flower。因此我们得知,前两组的蕴涵关系是下义词导致的;最后一组(9)e、(9)f 是句子结构导致的。其实(9)e 和(9)f 互相蕴涵,是同义关系。有蕴涵关系的两个句子所描述的事情往往是同时发生,只不过描写的角度不一样。预设则不同。词汇之间的上下义关系是导致句子蕴涵关系的主要原因之一。下义词蕴涵上义词,这种关系是单向的,见图1。句子 Tom bought a tulip 蕴涵 Tom bought a flower。Tom bought a flower 无法蕴涵 Tom bought a tulip。除此之外,蕴涵关系可以由句子结构导致,限于篇幅,在此不详述。

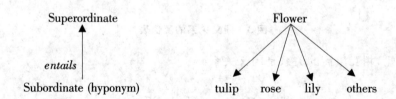

图 2 上下义词之间的蕴涵关系

上面蕴涵关系的单向性从范畴的角度也很好理解,因为次范畴属于上层范畴。次范畴的成员必定属于上层范畴,反之不然。因为上层范畴包括许多范畴成员,无法确定具体指的是哪一个。因此,Tom gave Mary a red flower,我们无法确定到底是什么"花"。根据 Tom gave Mary a red rose,我们立刻确定 Tom 给了 Mary 一种"花"。我们再来看相互蕴涵的意义关系。

例(10)
a. The emperor was assassinated by the anarchist.
（皇帝被无政府主义者暗杀了。）
b. The anarchist assassinated the emperor.
（无政府主义者暗杀了皇帝。）
c. Bush has bought this house.
（布什买下了这座房子。）
d. This house has been bought by Bush.
（这座房子被布什买下了。）

我们发现 a 和 b 互相蕴涵，c 和 d 互相蕴涵。两句之间的真值关系可以用图 3 表示。

图 3　同义关系的真值表

因此，相互蕴涵的关系是同义关系。

13.4　预　设

如果我们说蕴涵是句子命题之间的语义关系，那么我们可以说预设是句子之间的语用关系。语义关系存在于同一个时间层面，是共时关系。预设是语用关系，二者有前后的时间关系，属于历时关系。看如下定义：

Presupposition: Relation between propositions by which *a*

presupposes *b* if, for *a* to have a truth-value, *b* must be true. (Matthews 1997:294)

预设:是指两个命题之间存在的如下关系:当 *a* 有真值时, *b* 必然为真,那么 *a* 预设 *b*。

例(11)

a. I don't regret leaving London.
（我不后悔离开伦敦。）

b. I do regret leaving London.
（我确实后悔离开了伦敦。）

c. I left London.
（我离开了伦敦。）

在上面的句子中,(11)a 和(11)b 都预设(11)c。其原因笔者认为预设是已经发生了的,是谈话的先决条件。已经发生了的是不能改变的事实。因此,我们也可以认为,预设谈的是命题之间的历时关系,在事件发生上有先后顺序;蕴涵谈的是共时关系,是同时发生的,是一个事件发生的同时产生的结果或伴随的情况。

预设在上世纪 70 年代是语义学中的热门话题(Saeed 2003:101)。关于预设的专著有很多,例如,Kempson(1975),Wilson (1975),Boer and Lycan (1976),Gazdar (1979),Oh and Dinneen (1979),等等。有影响的论文包括 Fodor (1979),Wilson and Sperber (1979)等等。预设同样也是语用学的话题,如果我们一定要区分语义学和语用学的话,预设则处于二者交界。我们也可以用真值关系来表示预设(见图4)。

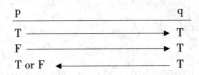

图4 预设关系真值表

引起预设的因素可以是句式方面的,也可以是词汇上的。这些引发预设的因素,我们称为预设诱发因素(presupposition trigger)。很多事实性的动词(factive verbs)可以引发预设。例如,regret,realize,blame 等。

例(12)

a. She **realized** she missed the chance.

(她**意识到**她错失了机会。)

b. She **thought** she missed the chance.

(她**认为**她错失了机会。)

c. She **missed** the chance.

(她**错失**了机会。)

因此,例(12)中,只有句子(12)a 预设(12)c。除了词汇原因之外,句法原因也可以导致预设。例(13)中的(13)a(英语中属于 Cleft construction,分裂句)和(13)b(英语中属于 pseudo-cleft,假分裂句)都预设(13)c。

例(13)

a. It was his behavior with frogs that disgusted me.

(他对青蛙的所作所为让我感到恶心。)

b. What disgusted me was his behavior with frogs.

(让我感到恶心的是他对青蛙的所作所为。)

c. Something disgusted me.

(有些事让我感到恶心。)

预设和蕴涵有区别也有相同之处。先看下面的例(14)。

例(14)

A. It stopped raining.

(雨停了。)

A. (p) = the proposition that it was raining before (which is presupposed by A)

命题 P:之前在下雨(A 预设了该命题)

B. There was a time (after the reference time of A) during which no drops of water were falling from the sky.

(曾有一段时间(在 A 中所指时间之后),在这段时间中没有雨滴从天空中落下。)

Negation

否定

C. It didn't stop raining.

(雨没有停。)

句子 C 是 A 的否定。如果 C 为真,我们仍然能得出 A.(p)为真。因此我们可以说,句子的否定形式仍然使预设存在。但是,如果 C 为真,我们无法知道 B 是否为真。因此,我们说句子的否定形式使蕴涵消失。以上关系可以用以下图形表示(参阅 Portner 2005:179)。

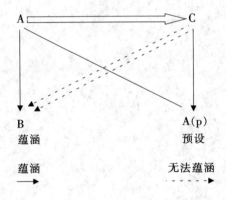

因此蕴涵和预设的区别之一就是能否经得住句子的否定。因为句子一旦是否定的,它否定的是句子的意义,因此蕴涵就被否定了,蕴涵就不存在了。但是否定却不能影响预设,因为预设是语用意义的一部分。该语用意义存在于句子意义之外。

13.5 结　语

本章介绍了句子之间的各种意义关系,重点探讨了蕴涵和预设。蕴涵主要涉及句子的字面意义。预设涉及句子的话语意义,因此既是语义学的研究内容,也是语用学的话题。预设是比较复杂的问题。导致蕴涵的主要原因是词汇的上下义关系,下义词蕴涵上义词。否定整个句子，它的蕴涵随之消失。预设是句子的意义和它的背景知识之间的关系，属于语用意义。否定整个句子，预设的内容仍然存在。因此，有些语义学专著把用否定来区分蕴涵和预设的方法称为 negation test（例如 Leech 1981：279）。"The negation test shows, as we see, that entailment is 'vulnerable to negation', whereas presupposition is not"(Leech 1981：279)。导致预设的因素主要是特定的词汇和特定的句法结构。另外，对于蕴涵的分类，学者也存在不同的观点（例如：郭聿楷、何玉英 2002：194），鉴于本书的"概论"性质，我们对这一问题不进行深入探讨。本章是把句子看作一个整体来考察的，在第 14 章，我们将把句子分成两个部分从新旧信息的角度进行研究。

第十四章

信息结构

14.1 引 言

在前一章,第13章,我们把句子当成一个整体,不做任何切分研究了蕴涵和预设。如果我们把一个句子切分成两个部分,我们能得到什么?本章引入功能语言学中信息结构以及主位和述位结构等概念,结合句子语义学的相关理论进行分析。首先,我们介绍信息结构、以及已知信息/新信息这一组概念,接着重点介绍信息结构在语言层面上的表现形式,并结合实例分析英语中的信息结构。其次,我们介绍主位结构、以及主位/述位这一组概念,具体分析主位/述位在小句中的划分情况,同时介绍简单主位、多重主位的概念。再接下来,我们考察信息结构和主位结构的联系和区别。最后,我们结合语篇意义探讨信息结构/主位结构理论的具体应用。

14.2 信息结构:概述

在日常生活中,当我们在和他人交流时,无论是以书面的还是口头的形式,我们都会试着让自己的表达更为清晰易懂(特殊情况除外,比如有时候我们会故意让别人听不明白)。那么,我们所传达的信息是如何被组织起来的呢?这就涉及信息结构(information structure)的问题(Bloor & Bloor 2001:65)。

Saeed(2003:196)认为,说话人会对听话人头脑中的相关信息情况进行估算,然后根据这些估算,把他们的言语"包装"(package)。而信息结构所探讨的问题就是:说话人是如何通过语言结构来进行这些估算的,或者说,对相关信息的估算是如何被语法化的(grammaticalized)。对信息最基本的分类是:一、说话人认为听话人已经知道的信息;二、说话人试图表达的附加的或新的信息。由此,我们把信息分为两类,即已知信息(given information)和新信息(new information)。

Longman Dictionary of Language Teaching and Applied Linguistics 对信息结构的定义是:

> the use of WORD ORDER, INTONATION, STRESS and other devices to indicate how the message expressed by a sentence is to be understood. (Richards et al. 2005:332)
>
> 运用词序、语调、重音及其他方式表明句子所表达的信息该如何进行理解。

可以看出,上述定义侧重信息结构的具体表现形式,这也正是下一节中我们将要介绍的内容。

14.3 信息结构的表现形式:语言标记

在英语中,有多种不同的方式表现信息结构,也就是实现已知信息和新信息的语法化,比如使用定冠词/不定冠词、代词、语调、句法结构等,表1中所列的就是这四种常见的方式。(Saeed 2003:196—202)

表1 信息结构的语言标记

语言标记(linguistic markers)	举例
用定冠词(如 the)标记已知信息; 用不定冠词(如 a 或 an)标记新信息	*I'm going to **the** party.*(已知信息) *I'm going to **a** party.*(新信息)
用代词来指称,表示已知信息	*The party begins at eleven and **it**'ll go on for hours.*
语调(重读①部分为新信息)	以同一句话为例,重读的部分不同,已知信息和新信息的分布也随之改变(重读部分用大写字母表示): (1) *HENRY cleaned the kitchen.* 已知信息:*Someone cleaned the kitchen.* 新信息:*It was Henry.* (2) *Henry cleaned THE KITCHEN.* 已知信息:*Henry cleaned something.* 新信息:*It was the kitchen.* (3) *Henry CLEANED the kitchen.* 已知信息:*Henry did something to the kitchen.* 新信息:*He cleaned it.*
句法结构(不同的句式强调的内容不同,而被强调的部分就是新信息)	仍以"*Henry cleaned the kitchen.*"一句为例,在不同的句式中, 已知信息和新信息也会有所变化(划线部分表示新信息): *It was Henry who cleaned the kitchen.* *It was the kitchen that Henry cleaned.* *What Henry cleaned was the kitchen.*

---

① 关于重读,在语音学中更准确的术语是"主要重音"(primary stress);通常把重音分为三个等级,除第一等级"主要重音"外,还有第二等级"次要重音"(second stress)和第三等级"非重读"(unstressed)(参阅 Roach 2000:87)。

信息结构的语言标记如果使用不当,会造成话语的不连贯并导致理解困难。以下面的两段话为例,内容是一段美国的广播节目,描述了欢迎宇航员凯旋的仪式,其中 a 是正常的版本,而 b 是经过修改后的版本,被换上了若干不恰当的信息结构标记(参阅 Brown & Yale 2000:128;Saeed 2003:202):

a. "The sun's shining, it's a perfect day. Here come the astronauts. They're just passing the Great Hall; perhaps the President will come out to greet them. No, it's the admiral who's taking the ceremony..."

b. "It's the sun that's shining, the day that's perfect. The astronauts come here. The Great Hall they're just passing; he'll come out to greet them the President. No, it's the ceremony that the admiral's taking..."

读者可以仔细阅读比较,体会 a 和 b 两段话的区别。

14.4　英语中的信息结构

下面笔者将结合五个具体的例子(源引自 Bloor & Bloor 2001:67—71),考察英语中的信息结构。

例 1: **What is an Operating System**?

(1) An operating system runs a computer. (2) It controls how the parts of a computer interact and organizes information in and out of the computer. (3) Without an operating system, a computer cannot be used effectively. (4) Some operating systems are DOS, CP/M, OS/2 and UNIX.

分析:这段文字节选自一本电脑使用手册。手册的作者从提出一个问题开始下笔:"What is an Operating System?"提出问题,往往是为了获得信息。这个开头颇为合理,因为该手册的读者在开始阅读时,头脑里所想的就是这个问题。接下来,在第 1 句中,已经在标题中被提到的 an operating system 成为已知信息,而该句的其余部分(对 an operating system 的解释)为新信息。

按照这个思路,我们可以列出例 1 中各句的已知信息:(1) An operating system;(2) It;(3) Without an operating system, a computer;(4) Some operating systems。我们发现,在这段话中,所有句子的已知信息都位于句首,而新信息则在已知信息之后出现。

在句子中,已知信息一般先于新信息,但也有例外,大致有以下这三种情况:

第一种情况是,新信息先于已知信息出现。如:

Q:Who cleaned the kitchen?
A:Henry (cleaned the kitchen).

显而易见,在第二个句子(答句)中,Henry 作为新信息出现在句首,而其余部分(cleaned the kitchen)则为已知信息,可以省略。

说到省略(ellipsis),我们引出第二种情况,即通过省略,舍去已知信息、只保留新信息。以例 1 中的第 2 句话为例,这句话包括两个从句,a 和 b:

a. It controls how the parts of a computer interact.
b. organizes information in and out of the computer.

在从句 b 中,因为主语"it"(指代 an operating system)被省略,因此该从句中所有的信息都是新信息。

第三种情况是,句子中可能并不存在已知信息,比如例 2。

例 2:It is a truth universally acknowledged, that a single man in possession of a good fortune must be in want of a wife.

分析:这是简·奥斯丁(Jane Austen)的小说《傲慢与偏见》(*Pride and Prejudice*)的开头。在这句话中,it 不携带任何信息,而其余部分则全部为新信息。还有很多类似的例子,比如表达自己的观点 I really like Sydney 或者拒绝别人的邀请 I'm sorry I can't possibly come 等,这些句子的所有成分都是新信息。

在英语中，无论书面语、还是口头语，无论是否为正式文体，省略已知信息，或呈现的内容主要为新信息的现象很常见，比如下面的三个例子：

例 3：**Cheetah** or 'hunting leopard', the large spotted cat of Africa and Southern Asia, the swiftest four-footed animal alive.

分析：这是辞典上一个词条的定义。辞典的编纂者去掉了所有不必要的已知信息（除了 Cheetah 之外，其余部分都是新信息），使定义简洁明了。

例 4：A Shopping List
　　　toothpaste　soap　rice　eggs　fish　flour

分析：这是一张购物单。上面简简单单列出了几个单词，其实是对诸如（*We need*）*toothpaste*；(I want) eggs 这类句子的省略。很少有人会花工夫把这些单词扩充成完整的句子列在购物单上；当然，更主要的是没有这个必要。

例 5：
110, Heath St,
Hampstead,
7 December, 1923

Dear Bynner,

　　Here I am—London—gloom—yellow air—bad cold—bed—old house—Morris wallpaper—visitors—English voices—tea in old cups—poor D. H. L. perfectly miserable, as if he were in his tomb.

　　You don't need his advice, so take it: Never come to England any more.

　　In a fortnight I intend to go back to Paris, then to Spain—and in the early spring I hope to be back on the western continent.

　　I wish I was in Santa Fe at this moment. As it is, for my sins, and Frieda's, I am in London. I only hope Mexico will stop revolting.

De profundis,

D. H. L.

分析:这是小说家劳伦斯(David Herbert Lawrence,缩写为 D. H. L.)所写的一封信。我们看到,其中第 1 段的结构很奇怪,用短横线隔开一串单词和词组,而不是若干个完整的句子。但这封信本身并不难懂,包括第 1 段在内。我们可以试着概括一下各段的大意:第 1 段:抱怨在伦敦的生活糟糕;第 2 段:建议读信的人不要来伦敦;第 3 段:告之未来的旅行计划;第 4 段:重复写信的人在伦敦并希望回到美洲大陆。作者这种反常规的写作风格,并没有给我们阅读带来任何障碍,即使我们不是当事人,即使距离这封信完成的时间已有多年,也一样能明白作者的意思。

14.5　主位结构:概述

Halliday(2000:37)对主位结构(thematic structure)、主位(theme)、述位(rheme)的定义分别如下:

"Of the various structures which, when mapped on to each other, make up a clause, we will consider first the one which gives the clause its character as a message. This is known as THEMATIC structure." (Halliday 2000:37)

在各种各样的互相映射时能够形成小句的结构中,我们首先考虑的是能够赋予小句信息特征的结构,这便是主位结构。

"The Theme is the element which serves as the point of departure of the message; it is that with which the clause is concerned." (Halliday 2000:37)

主位是充当信息出发点的元素;小句就是关于主位的。

"The remainder of the message, the part in which the Theme is developed, is called the Rheme." (Halliday 2000:37)

信息的其他部分,即主位展开的部分,称为述位。

由此可见,主位是语言使用者组织信息的出发点,也就是小句(clause)的开始点。一个主位结构由主位和述位构成。小句按这个主位展开,被展开的部分叫做述位,也就是说,主位一旦确定,剩下的成分便是述位。

接下来,我们把主位分成简单主位(simple theme)和多重主位(multiple theme)两大类,首先从简单主位(simple theme)入手,分析小句中主位/述位的划分情况。

14.6 简单主位

我们把小句分为陈述句和非陈述句两大类,结合具体的实例,考察主位/述位的划分情况。(Thompson 2000:119—125)

表 2 陈述句中的主位(Theme in Declarative Clauses)

充当主位的句子成分	例句	
	主位	述位
主语 subject	You	probably haven't heard of the SOU before.
	The Queen	yesterday opened her heart to the nation.
复杂主语 "heavy" subject	The languages that the Eskimo people speak around the top of the world, in places as far as Siberia, Alaska, Canada, and Greenland,	differ quite a lot in details of vocabulary.
附加语 adjunct	Last night	a man was helping police inquire.
	In our classical collection	you will find many well-loved masterpieces.
补语 complement	All the rest	we'll do for you.
	Friends like that	I can do without
地点状语 circumstantial attributive	Next door	is the Liverpool Museum.
	There①	's the tin-opener.

---

① 对存在句中"there"的成分划分,是一个存在争议的问题,认为它是副词、代词、主语或其他成分的说法都有(参阅王宗炎 2003:225—227,223)。在此提出这个问题,供读者思考。

表3 非陈述句中的主位(Theme in Non-Declarative Clauses)

句型	例句	
	主位	述位
特殊疑问句 WH-questions	What	happened to her?
	Which platform	does it leave from?
	How	did you come to employ him?
	What use	is a second?
	How often	are you supposed to take them?
一般疑问句/是非句 yes/no questions	Have you	finished your meal, sir?
	Did he	tell you where I was?
	Hasn't he	changed his name?
祈使句 imperative clauses	Leave	the lamp here.
	Don't cry	about it.
	Do have	some cheese.
	Let's	go for a walk, shall we?
感叹句 exclamative clauses	What a nice plant	you've got?
	How absolutely lovely	she looks tonight!
省略句 elliptical clauses (括号中的成分省略)	Who	(would you most like to meet)?
	(I)	'd most like to meet) Your real father.
	Why ever	(will you) not (come)?
	(That)	's an) Amazing discovery!
	(Are you)	Not sure what a special delivery is?

14.7 多重主位

简单地说,充当主位的成分应该是及物性系统中的一个成分(如参与者,过程或环境成分);当我们碰到诸如 and he is right 这样的小句时,就要把 and he 一起当成主位,因为 and 不是及物性系统中的成分,不能单独充当主位。这类主位就叫多重主位(multiple theme)。可根据它们在句中的意义和功能把它们分为语篇主位(textual theme)、人际主位(interpersonal theme)和经验主位(experiential theme)。语篇主位用于语篇的衔接(与上一句的连接),人际主位用于表示说话人的态度,而经验主位则是及物性系统中的参与者(载体)。下面是一些具体的例子(Thompson 2000:134—138)。

表4 连接词或表连接/情态的附加语充当主位/述位

	主位	述位
主位中带有连接词(conjunction)	But by the morning	the snow had all melted.
	But it was never easy	to find a restaurant that was open.
	But if she missed those in Hyde Park in 1838,	she made up for it in the following year.
主位中带有表示连接或情态的附加语(conjunctive and modal adjunct)	Then we	haven't met before, have we?
	However, when ice crystals form,	they will have definite positions.
	Please may I	leave the table?
述位中带有表示连接或情态的附加语(conjunctive and modal adjunct)	The little station,	however, had not changed at all.
	In North America,	for example, there is a grade system for measuring reading.
	Then	they would certainly have to send you home.
	It	doesn't last, naturally.

表5 多重主位中成分出现倒装
(Alternative Ordering of Elements in Multiple Themes)

Unfortunately,	however,	the "Un-artist"	proliferated within the art institutions as well.
Not surprisingly,	then,	its operations	were viewed with admiration.
人际主位	语篇主位	经验主位	述位
主位			

表6 一般疑问词或祈使语气词做多重主位
(Yes/No Interrogatives and Imperatives as Multiple Themes)

	had	she	missed her Mum?
	Mrs Lovatt, would	you	say this is untrue?
Well,	do	have	one of these éclairs.
	please don't	make	me out as some kind of hysterical idiot.
语篇主位	人际主位	经验主位	
主位			述位

14.8 信息结构与主位结构

  信息结构和主位结构是常常被相提并论的两个概念,它们有时甚至被等同起来、混为一谈。但严格地说,信息结构和主位结构是两个平行的、相关的句子结构分析系统,它们之间有联系也有区别。

  我们看到,在很多情况下,已知信息和主位重合,新信息和述位重合,但也有例外。也就是说,主位未必一定是已知信息,述位也未必一定是新信息。以两个祈使句 Have some bread and butter 和 Please don't touch the cucumber sandwiches 为例,我们列出了它们各自的主位结构(主位/述位)以及信息结构(已知信息/新信息),供读者进行对照比较(Bloor & Bloor 2001:79),见表7和表8。

表7 主位/述位结构

(You)	Have	some bread and butter
	主位	述位
已知信息		新信息

表8 信息结构

(You)	Please	don't	touch the cucumber sandwiches
	(多重)主位		述位
已知信息			新信息

具体来说,如表 9 所示,信息结构和主位结构的区别体现在以下几个方面(胡壮麟等 2005:176—178):

表 9 信息结构与主位结构的区别

	信息结构	主位结构
包含成分	已知信息/新信息	主位/述位
与小句(clause)的关系	信息单位(information unit)的规模不受小句结构和其他语法等级关系(如词素、单词、词组)的限制	与小句结构有密切的联系,主位/述位作为小句的组成部分
表现形式	有使用定冠词/不定冠词、代词、语调、句法结构等多种形式	表现形式为小句中各个成分的线性排列次序
出现次序	已知信息一般先于新信息,但有时候,新信息也可以在已知信息之前出现 Q: *Who cleaned the kitchen?* A: *Henry (cleaned the kitchen).*	主位总是先于述位出现,而述位先于主位出现的模式不存在;这是主位/述位的定义本身所决定的
能否省略	已知信息在必要时可以省略,而新信息不能省略	主位省略、述位省略都是可能的,如下面两个例子(括号中内容省略): *Hope to hear from you soon.* 　(Theme)　　　Rheme Q: *Who cleaned the kitchen?* A: *Henry (cleaned the kitchen).* 　　Theme　　(Rheme)
衡量角度	以听话人为标准(hearer-oriented),已知信息是听话人从语言活动的上文或语境中已经知道的内容,新信息是听话人还不知道的内容	以说话人为标准(speaker-oriented),主位是说话人说话的起点、谈论的题目,述位是说话人围绕起点、题目所要讲述的内容
与言语活动上文的关系	与言语活动上文的关系密切,离开上文,很难区分已知信息和新信息	局限于小句内部,因此如何划分主位/述位与上文的关系并不密切

14.9 信息结构/主位结构和语篇意义

功能语言学认为,语言有三种功能,分别表达三种不同的意义。三种功能分别是描述功能(representational function)、人际功能(interpersonal function)、语篇功能(textual function)。因此语言有三种意义,经验意义(experiential meanings)、人际意义(interpersonal meanings)、语篇意义(textual meaning)(Li & Kuiper 1999:248—249)。而信息结构和主位结构描述的就是语篇意义,即如何把各种意义组织成为线性的(linear)、连贯的(coherent)的整体。

以下面两段话为例,其中斜体部分为语篇主位(textual theme)(Li & Kuiper 1999:278—279)。

The day I was lost

(1) I went over to my friend's house (2) *and* I said (3) 'We'll go for a walk'. (4) *And* we went far away (5) *and* I said (6) 'I don't know our way home'. (7) *And* we kept on walking (8) *and* we were hungry. (9) *And* we saw a village (10) *and* we went (11) to talk to them (12) *and* we said (13) 'We are hungry'. (14) *And* they gave us some food (15) *and* we thanked them (16) *and* we went walking off. (17) *And* then we stopped (18) *and* sat down. (19) *And* then we saw a giant (20) *and* I screamed (21) 'Cooee'.

分析:这是一段叙述性的文字,其中主要的语篇主位是 *and* 和 *then*。在其他类型的文字中,语篇主位通常也是这类连接词。

Ian's Text

A good parallel in terms of qualitative research is the written survey method, which poses questions *and* has a selection of answers from which to choose. *Although* problems can obviously arise *when* the respondent can not identify an adequate response from the selection, face-to-face informants will be able to respond in a way that is appropriate for them. *However*, it is the depth-interview methodology that has been most criticised for its lack of reliability and validity.

  分析:这是一段讨论性的文字。在这类文字中,通常使用 if, although,unless,because,in order to 等连接词引出独立的小句,以增强论点。其他的连接词,比如 therefore, nevertheless, in addition, finally,in conclusion 等如果用在句首,那么它们也可能充当主位,通过它们进一步展开讨论。

14.10 结 语

  本部分主要介绍了信息结构、主位结构的核心理论,考察了它们之间的联系和区别,并结合语篇意义探讨了它们的具体应用。信息结构以及主位结构的理论为我们提供了一种观察角度和分析方法,而且它们带有很强的应用性和实践性,无论是句子,还是语篇;无论是书面语,还是口头语,都可以成为这些理论研究的对象。

  他山之石,可以攻玉。正如本章前言部分所指出的,信息结构以及主位结构原本属于功能语言学的范畴,在本部分的讨论中,笔者把它们纳入句子语义学的框架之下。其实,我们还可以尝试把这些理论应用于语言学内的其他分支学科中,比如用于二语习得和语言教学,指导语言学习者的阅读、写作;再比如用于语音学,帮助我们对语调有更好的把握。我们还可以把视野放得更宽,考虑语言学之外的其他学科,比如翻译、文学批评、广告分析等。此外,本部分中所分析的都是英语的例子,读者还可以结合汉语语料,做进一步的探讨。跨学科、跨语言的学习和研究,有助于我们对相关知识融会贯通。

第十五章

题元角色

15.1 引言

　　在第13章我们把句子当成一个整体,没有切分,考察了蕴涵和预设。在第14章我们把句子切分成两个主要组成部分,研究了信息结构。在本章,我们要把句子做进一步切分,提出题元角色(thematic roles)的概念。题元角色是关于句子参与者的语义角色的(认知语言学文献称为semantic roles),是Chomsky在管约论(Government and Binding Theory)中使用的术语。题元角色在英文中也可以称为theta roles,或书写为θ-roles。其中theta(θ)来源于thematic,而thematic派生于theme。Theme是J. S. Gruber在20世纪60年代开始使用的术语。Theme本身作为一个题元角色,是在20世纪70年代由Chomsky及其阵营的人开始使用的(参见Matthews 1997中的theme,theta roles,theta theory等词条的解释)。本章介绍题元角色的主要分类和它们的主要定义,题元角色与传统语法中句子成分的联系。本章主要参考了Saeed(2003:148—174)。

15.2 传统的句子成分在意义分析上的不足

先看例子(1)中的句子。

例(1)

a.	David	cooked the rashers.
	（戴维	做了煎咸肉。）
b.	The fox	jumped out of the ditch.
	（那只狐狸	从沟里跳了出来。）
c.	Kevin	felt ill.
	（凯文	生病了。）
d.	Mary	saw the smoke.
	（玛丽	看见了烟。）
e.	The book	is in the library.
	（那本书	在图书馆里。）
	主语	

按照传统语法,我们可以把上面的句子分成若干个句子成分。我们只需要观察这些句子的主语部分,就可以看出一些问题。从句子成分的角度看,这些主语是毫无区别的,地位是等同的。但是行为者的"意志"却有很大区别。只有 a, b 两句的主语是行为的执行者。c 句不可能是一种主动的行为,因为没有人喜欢得病。d 句也可能是不自觉的行为,"抬头看到烟"。e 句的主语和以上四句都不一样,The book 只是一个物体,它没有任何意志。由于传统语法强调句子结构,它们在分析句子意义上显示出不足。语义学家们提出了另一套分析方法,这就是题元角色。Saeed(2003:148—164)共区分出如下九类题元角色:施事(AGENT)、受事(PATIENT)、主体(THEME)、经验体(EXPERIENCER)、受益体(BENEFICIARY)、工具(INSTRUMENT)、处所(LOCATION)、目标(GOAL)和来源(SOURCE)。这些角色我们在第 12 章曾经提到过,

下面详细分析这些题元角色的含义。

15.3 题元角色

以下是一些主要的题元角色的定义和例句。

AGENT: The initiator of some action, capable of acting with volition.

施事:动作的发出者,有能力按照自己的意志行动,见例(2)。

例(2)

a.	Mary	opened the window.
	(玛丽	打开了窗户。)
b.	Tom	drove a black car.
	(汤姆	曾经开过一辆黑色的小轿车。)
c.	David	cooked the rashers.
	(戴维	做了煎咸肉。)
d.	The fox	jumped out of the ditch.
	(那只狐狸	从沟里跳了出来。)
e.	The ants	climbed all over the dinner table.
	(蚂蚁	爬满了餐桌。)
	施事	

在(2)a 到(2)e 五个句子中,传统语法中的主语都能按照自己的意志行动。它们是动作的发出者,行为的执行者,即实施者。我们在题元角色中称为施事。施事和主语不总是一一对应的关系。

PATIENT: The entity undergoing the effect of some action, often undergoing some change in state.

受事:承受某行为影响的个体,该个体经常经历状态的变化,见例(3)。

例(3)

a. Mr. Green mowed **the grass.**

(格林先生修剪了**草坪**。)

b. Enda cut back **these bushes.**

(恩达修剪了**灌木丛**。)

c. The sun melted **the ice.**

(太阳融化了**冰**。)

句子a,b,c中的黑体部分是行为的直接对象,是承受行为影响的,是传统语法中的宾语,在题元角色的分析中,叫做受事。需要注意的是,受事和宾语也不是一一对应的。

THEME：The entity which is moved by an action, or whose location is described.

主体：被行为所移动的个体,或被描述其位置的个体,见例(4)。

例(4)

a. The father took **the crying boy** away.

(男孩的父亲把**哭着的男孩**带走了。)

b. Roberto passed **the ball** wide.

(罗伯特把**球**传偏了。)

c. **The book** is in the library.

(**那本书**在图书馆里。)

以上句子中,the crying boy,the ball,The book,分别是该句子的主体。我们发现,它们有的是宾语,有的是主语。

EXPERIENCER：the entity which is aware of the action or state described by the predicate but which is not in control of the action or state.

经验体：个体意识到谓语所描述的行为或状态,但是该个体无法控制该行为或状态,见例(5)。

例(5)

a. **Kevin** felt ill.

(**凯文**生病了。)

b. **Mary** saw the smoke.

(**玛丽**看见了烟。)

c. **Loran** heard the door shut.

(**劳兰**听见门关上了。)

Kevin, Mary, Lorcan 是各自句子中行为的体验者。他们被称为经验体。在以上例子中,他们是句子的主语。

BENEFICIARY: the entity for whose benefit the action was performed.

受益体:行为使该个体受益,见例(6)。

例(6)

a. Robert filled in the form for **his grandmother**.

(罗伯特替**他祖母**填写了表格。)

b. They baked **me** a cake.

(他们给**我**烤了个蛋糕。)

c. The painter drew **the lady** a picture.

(画家为**那位夫人**画了一幅像。)

以上例子中 his grandmother, me, the lady, 是各自句子中的受益体。他们所属的句子成分不同。**his grandmother** 是介词的宾语, me 和 the lady 是直接宾语。

INSTRUMENT: the means by which an action is performed or something comes about.

工具:实施某行为的工具,或某事情发生的方式,见例(7)。

例(7)

a. She cleaned the wound **with an antiseptic wipe.**

(她**用消毒巾**清理了伤口。)

b. They signed the treaty **with the same pen.**

(他们**用同一只笔**签定了合约。)

c. Elizabeth tasted the soup **with a silver spoon.**

(伊莉莎白**用一把银勺子**尝了尝汤。)

以上句子中的题元角色是句子中的介词短语,句子成分是状语。

LOCATION：the place in which something is situated or takes place.

处所：某事物发生或存在的地点，见例(8)。

例(8)

a. Those monkeys are playing **in the trees.**

（那些猴子正在树上玩耍。）

b. The monster was hiding **under the bed.**

（那个怪物躲在床下面。）

c. The band played **in a marquee.**

（那支乐队在大幕帐后面演出。）

in the trees，under the bed，in a marquee 是句子中行为发生的地点。它们充当的句子成分是地点状语。

GOAL：the entity towards which something moves, either literally as in (9)a or metaphorically as in (9)b.

目标：某事物运动所朝向的个体，可以是(9)a 中的实际运动，也可以是(9)b 中的隐喻性运动，见例(9)。

例(9)

a. Sheila handed her licence **to the policeman.**

（希拉将驾照**交给了警察**。）

b. Pat told the joke **to his friends.**

（帕特**向他的朋友们**讲了这个笑话。）

c. He is running **towards the sea.**

（他正在**向大海**跑去。）

to the policeman，to his friends，towards the sea 是各自句子中行为的目标，是目的状语。

SOURCE：the entity from which something moves, either literally as in (10)a or metaphorically as in (10)b.

来源：某事物运动所移开的个体，可以是(10)a 中的实际运动，也可以是(10)b 中的隐喻性运动，见例(10)。

例(10)

a. The plane came back **from Paris.**
（飞机从巴黎返航。）

b. We got the idea **from a French magazine.**
（我们从一本法国杂志上得到了这个主意。）

c. The dew was blown **off the flowers.**
（露珠被从花朵上吹落。）

以上句子中，from Paris，from a French magazine，off the flowers，是某个体离开的地方。在以上句子中是介词短语，做状语。

题元角色和传统语法中的句子成分有联系，也有区别。下面我们先看一下如何鉴别题元角色。

15.4 题元角色的鉴别方法

下面的一些表达可以放在句子后，用来鉴别施事（AGENT），它们是 deliberately，on purpose，in order to 等。如果加上这些表达后，句子仍然能接受，句子的主语往往是施事（AGENT），见例(11)。

例(11)

a. John cooked that fish.
（约翰烧了那条鱼。）

b. John cooked that fish deliberately.
（约翰有意地烧了那条鱼。）

c. Mary saw the cat.
（玛丽看见了那只猫。）

d. *Mary saw the cat deliberately.
（*玛丽有意地看见了那只猫。）

e. The boy kicked the ball off.
（那个男孩将球踢开了。）

f. The boy kicked the ball off on purpose.
（那个男孩故意将球踢开了。）

g. Mary has caught a cold.

(玛丽感冒了。)

h. *Mary has caught a cold on purpose.

(*玛丽故意感冒了。)

因此,以上例子中只有 c 和 g 的主语不是施事(AGENT),其他都是。

鉴别受事(PATIENT),我们可以看句子是否可以放入"What X did to Y was..."句式中。如果可以,那么 Y 往往是受事。

例(12)

a. Enda cut back **these bushes**.

(恩达修剪了**灌木丛**。)

b. What Enda did to **these bushes** was to cut them back.

(恩达对那些**灌木丛**施加的行为是,他修剪了它们。)

c. Mr. Green mowed **the grass**.

(格林先生修剪了**草坪**。)

d. What Mr. Green did to **the grass** was to mow it.

(格林先生对那块草坪施加的行为是,他修剪了它。)

以上句子中的 these bushes 和 the grass 都是受事。

在实际操作中,对题元角色的鉴别并不是那么简单。更多细节可以参阅 Saeed(2003),Jackendoff(1972;1990),Chomsky(1988),Haegeman(1994)等等。

15.5 题元角色和句子成分的关系

题元角色强调的是句子的参与成分在句子中的意义角色,传统语法中的句子成分强调句子的组成部分在句子结构中的作用。那么这两套分析方法有无对应关系呢?其实以上分析很多都是不言自明的。例如,工具(INSTRUMENT)、处所(LOCATION)、目标(GOAL)、来源(SOURCE)等大多都由介词短语充当状语。比较复杂的是主语,因为几个题元角色都可以做主语,请看例(13)。

例(13)

a. **This cottage** sleeps five adults.

（**这个小屋**能睡五个成年人。）

b. **The table** seats eights.

（**这张桌子**能坐八个人。）

在 a,b 两句中,This cottage,The table 是题元角色中的位置(LOCATION),在句子中充当了主语。因此我们说:LOCATION=subject。

例(14)

a. **The thief** stole the wallet.

（**小偷**偷走了皮夹子。）

b. **Fred** jumped out of the plane.

（**弗莱德**跳出了飞机。）

在(14)a、(14)b 两句中,The thief,Fred 是动作的发出者,行为的执行者,他们有意志控制自己的行为,是施事,因此我们说:AGENT=subject。

例(15)

a. **The bowl** cracked.

（**那个碗**碎了。）

b. **Una** died.

（**乌娜**死了。）

The bowl 和 Una 实际是行为的承受者,是受事(PATIENT),在上面的句子中也充当了主语。我们可以得出结论:PATIENT=subject。但是 The bowl 和 Una 并不是典型的受事,因为句子中没有行为,没有另一个参与者。

例(16)

a. **She** received a demand for unpaid tax.

（**她**收到了一张票据,要她把未付的税款付清。）

b. **The building** suffered a direct hit.

（那栋楼遭受了直接的打击。）

我们认为：RECIPIENT（笔者认为前文提到的 BENEFICIARY 是 RECIPIENT 的一种）= subject。

例(17)

a. **Joan** fell off the yacht.

（琼从游艇上摔了下来。）

b. **The arrow** flew through the air.

（箭从空中飞过。）

Joan 和 The arrow 是主体，因此，THEME = subject

例(18)

a. **The key** opened the lock.

（这把钥匙打开了那道锁。）

b. **The scalpel** made a very clean cut.

（这把手术刀留下的切口很干净。）

The key 虽然处于传统语法中主语的位置，但是 The key 自己不能开锁，是施事把 The key 当成工具来完成开锁行为的。因此，我们可以把句子 a 转换成 Tom opened the lock **with the key**。句子中，with the key 的题元角色是工具（INSTRUMENT）。句子 b 中的 The scalpel 也是工具。因此，INSTRUMENT = subject。

学者对于哪些题元角色可以充当主语进行了排序，他们认为这个顺序结构具有普遍意义，称为主语普遍层次结构（universal subject hierarchy）：AGENT ＞ RECIPIENT/BENEFICIARY ＞ THEME/PATIENT ＞ INSTRUMENT ＞ LOCATION（Saeed 2003：155；Fillmore 1968；Givón1984）。（笔者认为 EXPERIENCER 也是可以充当主语的，可以放在与 RECIPIENT/BENEFICIARY 相并列的位置）学者们认为这个结构在跨语言中具有普遍意义。其他题元角色相对比较简单。读者可以试着自己分析其余的题元角色和句子成分的对应关系。

15.6 题元角色的主要问题和解决方法

在实际操作中如何定义题元角色会遇到边界不清的问题。例如，受事：承受某行为影响的个体，该个体经常经历状态的变化。由于个体承受的状态变化有较大差异，我们很难断定它们是否仍然属于受事，见例(19)。

例(19)

a. John touched **the lamp** with his toe.

（约翰用脚趾碰了碰**那盏灯**。）

b. The captain rubbed **the cricket ball** with dirt.

（上尉用泥土擦了**板球**。）

c. Henry squeezed **the rubber duck** in his hands.

（亨利压了压手中的**橡皮鸭子**。）

d. Alison smashed **the ice cube** with her knee.

（艾丽森用膝盖压碎了**冰制的立方体**。）

e. The sun melted **the ice**.

（太阳融化了**冰**。）

从句子 a 到 e，受事受到的影响各不相同。a 句中的受事 the lamp 没有经历多大变化，相比之下，e 句中的 the ice 已经消失。他们是否都是受事？另一个问题是怎样更具体定义或描述题元角色的特点？Dowty 认为题元角色不是界限清楚的范畴，而是属于原型范畴。他认为至少有两个原型，原型施事（Proto-Agent）和原型受事（Proto-Patient）。每一个原型施事和原型受事都含有一系列的蕴涵(entailment)。也就是说，题元角色是由一系列的蕴涵关系组成的。Dowty 提出了原型施事和原型受事的一系列特点。

Properties of the Agent Proto-Role（典型施事的特征）(Dowty 1991:572;Saeed 2003:160)：

a. volitional involvement in the event or state

（对事件或状态的有意参与）

b. sentience (and /or perception)
   (感觉(和/或感知))

c. causing an event or change of state in another participant
   (导致事件的发生或另一参与者的状态变化)

d. movement (relative to the position of another participant)
   (运动(相对于另一参与者的位置))

Properties of the Patient Proto-Role（典型受事的特征）(Dowty 1991:572; Saeed 2003:160):

a. undergoes change of state
   (经历了状态变化)

b. incremental theme
   (渐进型受事)

c. causally affected by another participant
   (受到另一参与者行为结果的影响)

d. stationary relative to movement of another participant
   (相对于另一参与者的运动来说是静止的)

incremental theme 是 Dowty (1991) 提出的题元角色 Theme 的一种。Dowty (1991) 的 Theme 有的相当于本文的 PATIENT。incremental theme 主要出现在一些表示进展和完成 (achievements and accomplishment) 的动词后，例如，mow the <u>lawn</u>, eat <u>an egg</u>, build <u>a house</u>, demolish <u>a building</u>。这些动词所表示的行为和相关的 THEME/PATIENT 的状态之间的关系是逐步渐进直至完成。）

在句子 John cleaned the house 中，John 包括以上所有四类蕴涵：意志 (volition)，感知能力 (sentience)，因果关系 (causation)，运动 (movement)。在句子 **John** fainted and dropped the vase 中 John 就没有意志 (volition) 的参与。在句子 **The storm** destroyed the house 中，施事既没有意志也没有感知能力。这种描述题元角色的方法允许题元角色定义的灵活性。其他题元角色大都可以是以上两类的边缘成员，看例 (20)。

例(20)

a. **Maggie** pruned **the roses**.
（**玛吉**修剪了**玫瑰丛**。）

b. **Joan** felt the heat as the aircraft door opened.
（当航天器的门打开时，**琼**感到了一阵热浪。）

c. **The knife** cut through the bag.
（**刀**割透了口袋。）

d. Roberto watched **the game**.
（罗伯特观看了**比赛**。）

在(20)a 中，Maggie 包括上文提到的所有四项蕴涵关系：意志，感知能力，因果关系，运动。因此，Maggie 是典型的 AGENT。(20)b 中的 Joan 属于 EXPERIENCER，可以认为是 AGENT 的边缘成分，具有感知能力，但是不涉及主观意志和因果关系。(20)c 句中的 The knife 属于 INSTRUMENT，它仅仅蕴涵因果关系和运动，不涉及意志和感知。

在(20)a 句中，the roses 属于典型的 PATIENT，蕴涵着上文列出的典型受事的所有四个特点。(20)d 句中的 the game 既没有经历状态的变化，又没有受因果关系的影响。因此，the game 属于边缘的 PATIENT。

15.7 结　语

本章介绍了题元角色的相关问题。那么，语言学家们为什么要划分题元角色？

首先，我们可以用题元角色描述动词的意义。"动词的意义体系包括动词对其谓价(argument)数目的要求，英语中有的动词只需一个谓价与之相配，叫做一价动词，有的要求带两个或三个谓价，叫二价和三价动词。生成语法把动词要求的题元角色形式化，用题元栅(thematic role grid, theta grid)来描述。如例(21)。

例(21)

put V:⟨**AGENT**,**THEME**,**LOCATION**⟩

John(AGENT) put the book (THEME) on the shelf (LOCATION).

题元栅在一定程度上反映了题元角色与语法范畴、语法结构的对应关系,具有预测性(吴一安,Saeed 2000:F31,导读)。题元栅使我们把动词按照意义进行分类成为可能。我们也能够预测动词的谓价变化。

其次,我们可以用题元角色来描述参与者角色和语法关系之间的联系,来有效探索句法和语义界面的很多问题。因此,它是连接语义和语法的桥梁。第16章将深入探讨句法和语义界面的问题。

第十六章

事件图式、题元角色、基本句型以及句子意义的实现

16.1 引 言

本章是全书句子语义学中的最后一章,也是内容综合的一章,从本章开始我们将走出句子语义学,从全新的认知的角度从分析一个事件的结构开始,剖析人的认知特点和事件图式的关系,事件图式和题元参与角色的关系,事件图式和基本句型的关系,以及句子意义如何实现等问题。我们从本章内容可以看出语义问题和句法问题密不可分。

我们描写一个事件(event)的时候,使用句子。但是我们往往不是把所有相关人员、事物以及所有细节等要素都同时一五一十地讲述出来,这不可能做到,也没有这个必要。很多时候,我们是把此刻最显著的要素挑选出来。本章就是从描写事件图式(event schema)开始,转到典型的句子图式(sentence schema),以及这些句子图式怎样和题元角色发生联系,从而形成基本句型。这些都是从抽象的层面讨论句子的,本章最后谈到了实现句子意义的几个因素。这些因素包括语气、情态、时态和体。本章的理论基础是 Langacker(1987,1991,1999)的认知语法理论。

16.2 事件图式(event schema)

Dirven 和 Verspoor 在谈到如何形成语言中的结构规则(structuring principles)时,有以下这段话:

> At a more general level, we transpose our egocentric orientation onto the human being as such. Our psychological proximity to fellow humans leads to an anthropocentric perspective (from Greek anthropos 'man'). Our anthropocentric perspective of the world follows from the fact that we are foremost interested in humans like ourselves: their action, their thoughts, their experiences, their possessions, their movements, etc. We, as human beings, always occupy a privileged position in the description of events. If a human being is involved in the event, he or she tends to be named first, as the subject of the sentence. (Dirven & Verspoor 1998:6)

在更普遍的层面上,我们会把以自我为中心的这种趋向反映到对人类本身的认识上来。我们人类在心理上觉得和同类更亲近,这一特点导致了我们以人类为中心来观察世界(anthropocentric 来自希腊语的 anthropos,意思为 man)。这在现实中表现为我们对和自己一样的同类最感兴趣,包括他们的行为、思想、经历、所拥有的东西以及运动等。作为人类,我们在事件的描述中永远处于优势地位。如果事件中有人的参与,他/她通常首先被提及,并且充当句子的主语。

上面这段话,主要说明了由于人类本身在认识世界、谈及客观事物的时候,总是以自身为中心,我们对自己同类的活动比对其他任何事物都更感兴趣。由于人类的这种认知特点,我们在描述中就会逐渐形成一些描述事件的固定角度,并形成固定的模式,我们称为事件图式(event schema)。例如下面的场景:在学校里,老师刚刚离开了教室,两个淘气的孩子(Kim,Bruce)打得不可开交。Kim 手拿垒球棒过去要打 Bruce，结果没有打中，却打碎了窗户的玻璃。老师回到教室后，同学们可以从不同角度汇报事件经过。

例(1)
a. Kim is the one who did it.
（这件事是金姆干的。）
b. The window broke.
（窗户玻璃碎了。）
c. Kim broke the window.
（金姆打碎了窗户玻璃。）
d. Kim felt very angry and tried to hit Bruce.
（金姆很生气，想要打布鲁斯。）
e. Kim had a baseball bat in his hand.
（金姆手里拿着一个垒球棒。）
f. The baseball bat went through the window.
（垒球棒穿过了窗户。）
g. Bruce had given Kim a nasty picture of himself.
（布鲁斯在金姆面前呈现出一副恶意的形象。）

(Dirven & Verspoor 2004:82)

以上例子中，每一个句子都能从不同的角度引发(evoke)整个事件的结构框架。Dirven 和 Verspoor 认为："A conceptual schema of an event, i.e. **an event schema**, combines a type of action or state with its most salient participants, which may have different "roles" in the action or state." (Dirven & Verspoor 2004:82)（一个事件的概念图式，即事件图式，是把那些最显著的参与者和某种类型的行为或状态相结合，那些参与者在该行为或状态中充当不同的"角色"。）不同的题元角色在事件的结构中的活跃程度也不同。我们可以把一些最典型的动词用在一些疑问句中询问事件的状态。研究发现，这些典型的动词在不同的语言中具有普遍性。结果是我们可以用这些动词来表示事件图式。Dirven 和 Verspoor(2004)提出了七类重要的事件图式，见表1。下文将详细分析这七类重要的事件图式和题元角色的关系。

表1 七类重要的事件图式(Dirven & Verspoor 2004:83,有所修改)

事件图式	典型的疑问句
1. "*Being*" schema	Who or what is some entity (like)?
2. "*Happening*" schema	What is happening?
3. "*Doing*" schema	What is someone doing? What does he or she do?
4. "*Experiencing*" schema	What does someone feel, see, etc.?
5. "*Having*" schema	What does an entity have?
6. "*Moving*" schema	Where is an entity moving? Where does an entity move?
7. "*Transferring*" schema	To whom is an entity transferred?

16.3 事件图式(event schema)和题元角色

下面我们逐一分析事件图式的结构特点和题元角色的关系。

(1) "存在"图式(The "being" schema)

"存在"图式的主要功能就是把某特点或其他概念范畴与某个特定的个体相联系起来,该个体在整个关系中并不是处于主导角色。该个体的角色被描述为受事(**PATIENT**)。在"存在"图式中的受事有不同的"存在"方式。在例(2)中,(2)a 的受事和一个鉴定词(*Identifier*)相联系,在(2)b 中受事和某范畴成员相联系,在(2)c 中受事和某特点相联系,在(2)d 中,受事和某特定地点相联系,(2)e 中受事和表示存在的概念相联系。

例(2)

  a. This place on the map here is *the Sahara*.   (*Identifier*)
   (地图上的这块地方是撒哈拉。)   鉴定词
  b. The Sahara is *a desert*.   (*Class membership*)
   (撒哈拉是沙漠。)   范畴成员
  c. The Sahara is *dangerous (territory)*.   (*Attribution*)

（撒哈拉是危险的。）（地域）。 特点

d. This desert is *in Northern Africa*. (*Location*)
（这沙漠在北非。） 地点

e. *There is* a desert (*in Northern Africa*). (*Existential*)
（在北非）（有片沙漠。） 存在

这些语义关系可以用一个更普遍的词语来表示，即 Essive（来自拉丁语的动词 *esse* 意思是"to be"），可译为"存在体"。Essive，或者"存在体"，是任何通过"being"和受事相联系的题元角色。

（2）"发生"图式（The "happening" schema）

"存在"图式表示的是状态，"发生"图式强调正在进行的过程以及所涉及的角色。这些角色并不需要积极参与正在进行的过程，因此它们仍然是受事（PATIENT）。先看如下例子。

例（3）
 a. The weather is clearing up.
 （天要放晴了。）
 b. The stone is rolling down.
 （石头正向下滚来。）
 c. The kettle is boiling.
 （这壶水正在沸腾。）
 d. The boy is getting better.
 （男孩在好转。）

以上(3)a—(3)d 4 个句子中，从(3)a 的天气状况做受事，到(3)b、(3)c 的无生命物体做受事，再到(3)d 中的有生命体，甚至人类做受事，这些个体对正在发生的过程没有任何能量的投入，他们都是被动地经历这个过程。因此，例(3)中的受事要比"存在"图式中的受事更典型。例(3)中的句子都可以用来回答"What is happening to an entity?"这样的问题。它们都属于"发生"图式。

(3) "行为"图式(The "doing" schema)

在上文谈到的"发生"图式的例子中,一般来讲,不适合问"What is X doing?"或"What does X do?"这样的问题。在"行为"图式中,其中一个个体被看作是能量的来源,导致某行为的发生。因此,"行为"图式常常和人类联系在一起,由人类充当施事(AGENT)。这一点也是和"发生"图式相互区别的地方。施事产生的能量常常传递给另一个个体,该个体为受事。"行为"图式中的能量传递可以有两个极端,请看例子(4)。

例(4)

  a. John got up early.   (*No object possible*)
   (约翰起得很早。)   没有可能的宾语
  b. He painted all morning.   (*Object not relevant*)
   (他一上午都在涂来画去。)   宾语不相关
  c. He painted the dining-room. (*Object affected*)
   (他给餐厅刷了一层油漆。)   宾语受到影响
  d. He also painted a picture.   (*Object affected*)
   (他还画了一幅画。)   宾语受到影响
  e. Later he destroyed the picture. (*Object affected*)
   (后来他毁了那幅画。)   宾语受到影响

(4)a中没有能量的传递。(4)b中有能量传递,但是句子强调的是行为自身及时间,并且句子没有宾语。(4)c中的宾语已经存在,且受到施事产生的能量的影响。(4)d施事产生了另一个新的个体。(4)e中的施事把能量传递给另一个个体。以上句子中的主语都是施事,是动作的发出者。

(4) "体验"图式(The "experiencing" schema)

人类生活在客观世界中会有各种各样的经验(或称"体验"),包括身体的、社会的、文化的等等。绝大多数概念的范畴化都是基于这样的经验。"体验"图式中的"体验"使用的是比较狭义的含义,专门指心智的体验。例如 to see, to feel, to know, to think, to want 等等。

"体验"图式中的题元角色既不像"行为"图式那么主动,需要施事,也不像受事那么被动,它是感知的中心,这就是"经验体"。

例(5)
a. Little Bernice *sees* a snake.
（小伯尼斯看见一条蛇。）
b. He *knows* that it is a dangerous one.
（他知道它是危险的动物。）
c. Even so, he *wants* to pick it up.
（尽管如此,他还是想抓住它。）
d. He *thinks* that he can do so if he's quick.
（他认为如果他动作迅速的话就可以办到。）
e. When he does, he *feels* a sharp pain.
（当他这么做时,感到了一阵刺痛。）

"体验"图式中的第二个参与成分可以是一个具体的物体,如(5)a中的snake,或者是表示另外一个事件图式的从句如(5)b—(5)d,这些例句中的第二个参与成分都是受事。"体验"图式中的受事没有受到行为的影响,一般不能充当被动句子的主语。例如,A snake is seen by him。

(5) "拥有"图式(The "having" schema)

最典型的"拥有"图式的例子往往包括一个拥有者和拥有物。但是"拥有"图式也可以是一个受到影响的个体和影响源,整体和部分,以及亲属关系。

例(6)
a. Doreen has a nice penthouse.　　　(*Material possession*)
（多琳有个漂亮的小棚屋。）　　　　　物质上的拥有
b. Maureen often has brilliant ideas.　(*Mental possession*)
（马瑞恩常常有一些高超的想法。）　　精神上的拥有
c. John has very bad flu.　　　　　　(*Affected—affection*)
（约翰得了严重的流感。）　　　　　　受影响者—影响

d. This table has three legs. (Whole—part)
   （这张桌子有三条腿。） 整体—部分
e. She has one sister. (Kinship relation)
   （她有一个姐妹。） 亲属关系

在例子(6)中，(6)a是典型的"拥有"图式，有一个拥有者，拥有物。拥有物可以转移成为另外一个人的拥有物。从(6)b开始，其他句子逐渐变得越来越成为"拥有"图式的边缘成分。"拥有"图式中的两个参与成分之间没有能量的转移，因为第一个参与者并不是有意志的行为。这种"拥有"图式中的拥有者经历的是一种状态，因此它很像受事。在很多语言中，这种受事是以直接宾语的成分出现。(6)c可以改写成"A very bad flu has John"的形式。

(6) "移动"图式(The "moving" schema)

"移动"图式是"行为"图式(The "doing" schema)或"发生"图式(The "happening" schema)与"source—path—goal"图式的结合，用来表示过程或行为的开始(**Source**)，经历的途径(**Path**)，到达的终点(**Goal**)。请看例(7)。

例(7)
a. The apple fell from the tree into the grass.
   （苹果从树上掉到了草地里。）
   "*happening*" *schema*＋*Source*—*Goal*
   "发生"图式＋来源—目标
b. I climbed from my room up the ladder onto the roof.
   （我从屋子里顺着梯子爬上了屋顶。）
   "*doing*" *schema*＋*Source*—*Path*—*Goal*
   "行为"图式＋来源—路径—目标
c. It went on from ten all night long till two.
   （它持续了一整晚，从十点一直到两点。）
   "*happening*" *schema*＋*Start*—*Duration*—*End*
   "发生"图式＋起始点—期间—终止点

d. The police searched the house from noon till midnight.
   （警察从中午开始搜查这间房子，一直到午夜。）
   "doing" schema + Start — End
   "进行"图式＋起始点—终止点

e. The weather changed from cloudy to bright in one hour.
   （一个小时内，天气便从多云转晴了。）
   "happening" schema + Initial State — Resultant State
   "发生"图式＋起始状态—终止状态

f. She changed from an admirer into his adversary.
   （她从他的崇拜者变成了他的对手。）
   "happening" schema + Initial State — Resultant State
   "发生"图式＋起始状态—终止状态

"移动"图式可以被理解成字面意义或空间意义，如(7)a，(7)b；可以是时间概念，如(7)c，(7)d；也可以是抽象的比喻意义，如(7)e，(7)f。例(7)中的这些句子表明，一个具体的图式可以随着一些成分的变化，变成更抽象的图式。

在"移动"图式和"source—path—goal"图式中成分结合的句子中，"source—path—goal"图式中的成分都具有同样的显著特点，如例(8)。

例(8)
a. The apple fell from the tree. （SOURCE）
   （苹果从树上掉了下来。）来源
b. The apple fell down the roof. （PATH）
   （苹果顺着屋顶滚了下来。）路径
c. The apple fell into the grass. （GOAL）
   （苹果掉进了草地里。）目标

但是，当"行为"图式和"source—path—goal"图式中的任何成分相结合的时候，由于有人类的参与，我们对行为目标（GOAL）的兴趣远远大于行为的起点（SOURCE）。请看例(9)。

例(9)

    a. *I climbed up from my room.
       (*我从屋子里向上爬去。)

    b. I climbed up the ladder.
       (我顺着梯子向上爬去。)

    c. I climbed onto the roof.
       (我爬到了屋顶上。)

因此,在例(9)中,句子(9)b 和(9)c 更容易被接受,听起来更自然,相比之下(9)a 显得奇怪。

在有时间的句子中,我们发现同样的规律在起作用。"发生"图式可以和"source－path－goal"图式中的任何成分相结合。

例(10)

    a. It went on from ten (start).
       (它从十点开始。)(起始点)

    b. It went on till two (end point)
       (它一直持续到两点。)(终止点)

当"行为"图式和"source－path－goal"图式中的任何成分相结合的时候,也是由于有人类的参与,我们对行为终点的兴趣要大于行为的起点。如例(11)。

例(11)

    a. They searched from noon.
       (他们从中午开始搜查。)

    b. They searched from noon till midnight.
       (他们从中午一直搜查到午夜。)

    c. They searched till midnight.
       (他们一直搜查到午夜。)

在例(11)中,句子(11)b 和(11)c 都比(11)a 更自然。因此我们可以大致得出结论,对人类的行为而言,目的(或目标)比开始更重要,目标和开始比途径更重要。这一原则被称为 goal-over-source 原则,即"目的重于起点"的原则。这一原则同样适用于抽象的语境。因此,在我们阅读晴雨计的时候,句子(12)a 和(12)b 都比(12)c 更自然。

例(12)
   a. The weather has changed to bright.
     (天开始放晴了。)
   b. The weather has got brighter.
     (天气越来越晴朗了。)
   c. *The weather has changed from cloudy.
     (*天气由多云开始变化。)

(7)"转移"图式(The "transferring" schema)

"转移"图式是"拥有"图式、"发生"图式、"行为"图式和"移动"图式的组合。"转移"图式表示一种状态向另一种状态的转变,也可以说一个参与者把拥有物传递给另一个参与者。请看例(13)。

例(13)
   a. Tom gave Mary a birthday cake.
     (汤姆送给玛丽一个生日蛋糕。)
   b. Tom gave a birthday cake to Mary.
     (汤姆交给玛丽一个生日蛋糕。)
   c. Tom gave the door a coat of paint.
     (汤姆给门刷了一层油漆。)
   d. *Tome gave a coat of paint to the door.
     (*汤姆**交给**了门一层油漆。)

在(13)a 和(13)b 中,Tom 拥有 birthday cake,他给了 Mary。其结果是 Mary 现在拥有 birthday cake。句子(13)a 和(13)b 都属于"转移"图式,但是它们的意义有微妙差异。(13)a 中没有介词 to,导致第二个参与者成为第三个个体(birthday cake)的真正拥有者,即接受者(receiver)。(13)b 中 Mary 不一定是 birthday cake 的新的所有者。Tom 可能由于东西太多,让 Mary 临时拿一会,因为 to Mary 只是一个目标(GOAL)。(13)c 使用了(13)a 同样的结构,因为"paint"将变成"door"的一部分,"door"不是"paint"的临时拥有者,因此句子(13)d是不成立的。

综上所述,我们可以得出题元角色和句子图式的对应关系,见表2。

表2 事件图式中的"角色"构成

	Participants		
	First	Second	Third
1. "Being" schema	Patient	Essive	
2. "Happening" schema	Patient	(Patient)	
3. "Doing" schema	Agent	(Patient)	
4. "Experiencing" schema	Experiencer	Patient	
5. "Having" schema	Possessor	Patient	
6. "Moving" schema	(Agent)	Patient	Goal
7. "Transferring" schema	Agent	Receiver	Patient

16.4 事件图式和基本句型的关系

事件图式和英语的基本句型之间有良好的对应关系。英语中有6类基本句子形式。下面简单介绍它们同上文谈到的事件图式的对应关系。

对于表3,我们进一步做如下解读。Essive(存在体)角色只能出现在系词型(She is my best friend)和及物型中(I consider her my best friend)。"行为"图式和"发生"图式都可以出现在及物型和非及物型中。这取决于个体之间有无能量转移。例如,The tennis racket hit the window 属于"行为"图式,有能量转移,是及物型。The boy is walking 属于"发生"图式,无能量转移,是非及物型。"体验"图式和"拥有"图式都需要两个个体的参与,因此,绝大多数情况下使用及物型句型。"移动"图式和"转移"图式需要 SOURCE－PATH－GOAL,因此需要补语型或及物补语型来完成。

表3 基本句型和事件图式的对应关系

基本句型	句型特点	事件图式
句型Ⅰ：S-Vcop-C Tom is a nice person.	Copulative pattern 系词型	"存在"图式
句型Ⅱ：S-V She smiled.	Intransitive pattern 非及物型	"行为"图式 "发生"图式
句型Ⅲ：S-V-O Our professor invited all of us.	Transitive pattern 及物型	"存在"图式；"行为"图式 "发生"图式；"拥有"图式 "体验"图式
句型Ⅳ：S-V-Oi-Od Tom gave Mary a red rose.	Ditransitive pattern 双宾及物型	"移动"图式 "转移"图式
句型Ⅴ：S-V-C That flat belongs to her mother.	Complement pattern 补语型	"移动"图式 "转移"图式
句型Ⅵ：S-V-O-C We took the bus back home.	Transitive complement pattern 及物补语型	"移动"图式 "转移"图式

（S=subject，主语；V=verb，动词；Vcop=copular verb，系词词；O=object，宾语；Oi=indirect object，间接宾语；Od=direct object，直接宾语；C=complement，补足语）

本部分最终结论：我们认为这些事件图式和基本句型有良好的对应关系。事件图式是形成这些基本句型的认知基础，而事件图式本身的形成，正如前文所述，是由我们自身的认知特点决定的。

16.5 结　语

上文我们谈到的事件图式和基本句型，它们都是相对抽象的"骨架"，是"灵魂"，是"精髓"，是高度抽象的图式。仅有这些"骨架"是没有办法表达具体意义的。使用这些图式来表达不同时间、地点、不同文化人群的经历，换句话说，使这些图式具体化用来表达具体的事件，我们需要其他因素的参与。把事件与说话者的经历相结合我们叫做

grounding(背景设置)。"Relating an event to the speaker's experience of the world is technically called **grounding.**"(Dirven & Verspoor 2004:91)(把事件和说话人的客观经历相联系可以专门称为**背景设置**)。

图式的背景设置需要很多手段,最主要的包括:语气、情态、时态、体等。由于第 12 章已经有相关介绍,这里不详谈。Dirven 和 Verspoor(2004)认为句子的意义从整体看应该是一个层层包裹的"洋葱"结构,称为"sentence onion",如图1。

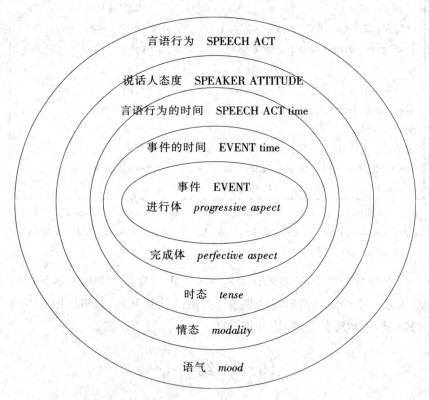

图 1 洋葱式的句子(The sentence onion, Dirven & Verspoor 2004: 96)

从图1可以看出,整个洋葱以"事件"为核心,外面环绕着多种不同的基本要素,句子的最外层代表言语行为,体现句子的交际功能,具体表现为句子的语气;里面一层是说话人对所描述事件的态度,也就是情态；第三层描述言语行为发生的时间，涉及时态；接下来的一层体现的是被描述的事件和其他事件或言语行为在时间上的联系，通过完成体来表现；最里面一层有关被描述事件自身的进展情况，通过进行体来表现。时态、体、情态、语气等相互结合，产生了更为复杂而丰富的语言现象，也为我们提供了更为宽阔的视角，可以从文体学、语用学等不同角度进行分析。(Bussmann 1996)

图1中的核心是事件。为了表达、描述某事件，或者说为了在具体语境中实现图式的意义，我们需要外围的各个层的因素，对这些层中的各种因素的详细解释，一两本书是不够的。限于篇幅我们不再展开。

认知语义学

第十七章

原型理论

17.1 引　言

从本章开始,我们进入认知语义学的专题。我们用三章内容分别探讨原型理论、意象图式理论和隐喻意义的体验基础。本章介绍的原型理论(Prototype Theory)是认知语义学中的一个重要理论。我们从讨论范畴划分的重要性开始,随后追溯原型理论的提出过程。文章的核心部分是对原型理论的介绍,笔者分别阐述原型理论和基本层次范畴理论的主要内容。范畴的划分是语言研究的重点,原型理论是范畴理论的一个重点,也是认知语义学的一个基石性的理论。

17.2　范畴划分的重要性

所有活的动物,即使是最低等的,都具有范畴化的能力,如区分可吃物和不可吃物,辨别有益物或有害物,判断某一生物是同类或是异类。动物如果没有这种最基本的范畴区分能力,它们将不能生存和物种延续。人类无疑是最高等的具有范畴化能力的动物。面对这样纷繁复杂的物质世界和精神世界,人类生存和认识的首要任务就是给不同的事物进行分类。这个分类的过程就是范畴化的过程。Lakoff 曾经说过:"There is nothing more basic than categorization to our thought, perception, action and speech."(Lakoff 1987:5)("对我们的思维、感知、行动和言语来说,再没有什么东西比范畴划分更基本的了"。)如果没有划分范畴的能力,人类根本不能有效地在自然界和社会生活中活动。大部分时候我们是"自动"对周围的物质实体进行范畴划分，当我们把某个东西看作是一类东西的时候，我们就已经在进行范畴化了。例如，我们说"这是一本书"。我们只有在碰上难以归类的问题时才会意识到我们是在划分范畴，如，坚果是不是一种水果？

  范畴划分是语言学中一个基本的也是不容忽视的问题。首先，范畴化过程常常涉及事物的名称。实际上，我们通常认为一个词的意义就是一个范畴的名称。知道 tree 这个词意味着知道什么物体可以被算作"tree"。笼统地讲，词汇语义学的研究就是对范畴化的研究。当我们说出或理解一小段话时，我们运用的范畴至少有几十种，涉及概念范畴、语音范畴、词汇范畴、时态范畴和从句范畴等。其次，语言自身就是范畴化的对象。我们对词性的分类、对语法成分的划分也是范畴化的过程。

  既然范畴划分对人类的思维和认识如此重要，想要充分认识人类的思维，就必须了解有关范畴划分的理论。原型理论是认知语言学关于范畴的理论，是对经典范畴理论的反拨，在语言学、心理学和哲学领域影响深远。下面我们首先追寻原型理论的提出过程。

17.3 原型理论的提出

  在上世纪中期前的两千多年里，经典范畴理论被认为是关于范畴划分的真理。从亚里士多德到维特根斯坦的后期著作，范畴都被认为是根据其成员的共同特征划分的，范畴是具有一系列相同特征的事物的集合。一个事物要么符合这些特征属于这个范畴，要么不符合这些特征被排除在范畴之外。范畴的边缘是清晰的，范畴内部各个成员之间的地位是相等的。经典的范畴理论曾普遍存在于哲学、心理学、语言学、人类学等领域并对上述学科的研究做出了一定的贡献。由于它的应用，客观事物不再被当作一个的整体，而被视为是可以分解的集合。然而人类学家和心理学家所做的开创性研究逐渐推翻了这种以客观主义为基础的二元划分方法。

  最早发现经典范畴理论漏洞的是维特根斯坦(1953)，在《哲学研究》这本书里，他提出了"家族相似性"(Family Resemblance)理论。维特根斯坦指出 Spiegal（游戏）这个范畴不支持经典范畴理论，因为不是所有的游戏都具有共同的特性（attributes）。一些游戏仅仅为了娱乐，有的具有竞争性，涉及技巧，还有的完全要靠运气。尽管没有一个或几个特征是所有游戏共有的，但是"游戏"范畴的所有成员由家族相似性联系起来。Rosch 和 Mervis 把"家族相似性"定义为：

> A set of items of the form AB, BC, CD, DE. That is, each item has at least one, and probably several, elements in common with one or more other items, but no, or few, elements are common to all items. (Rosch & Mervis 1975: 575)
>
> 一组形式为 AB，BC，CD，DE 的项，每一项都同一个或几个其他项拥有至少一个也许几个相同的要素，但是没有或几乎没有要素是所有项共有的。

维特根斯坦之后，在 20 世纪 60—70 年代，一个非常短的时间里，人们对范畴的认识发生了巨大的变化。首先美国的人类学家柏林和凯（Berlin & Kay 1969）对颜色范畴进行了研究，发现在人类的语言中存在基本色彩词语，我们对颜色的划分是以焦点色（focal colors）为基础的。此后，心理学家罗施（E. Rosch）以大量实验性的研究结果（Rosch 1973；Rosch & Mervis 1975；Rosch, et al. 1976；Rosch 1977；Rosch 1978）对传统理论提出全面的挑战。她扩展了柏林和凯对色彩的研究，发现焦点色比非焦点色在感知中更为突显，更容易被儿童习得，在短时记忆中能被更准确识别，也更有利于长期记忆。因为"焦点"（focal）这个词有中心位置的含义，在研究中罗施使用了"原型"（prototype）这一术语替换了柏林和凯使用的"焦点"（focus）。罗施还对鸟、水果、交通工具、蔬菜等十个范畴进行了实验研究，并在总结其他学者范畴研究成果的基础上，发展了原型和基本层次范畴理论，简称为原型理论。

17.4 原型理论（Prototype Theory）

(1) 原型的定义

最初，在认知心理学中，"原型"被解释为"一个范畴中最具代表性的一个或者几个成员"，"认知的参照点"。随着原型理论在认知语言学中的发展，"原型"这个概念的理解经历了一个由具体到抽象的过程，Taylor 对"原型"的定义可以反映这个过程：

> There are several ways in which to understand the term 'prototype'. We might apply the term to specific instances of a category. Thus, one could refer to a specific artefact as the prototype of CUP. This is the prototype-as-exemplar view. Alternatively, the prototype can be understood as a specific kind of entity. This is the prototype-as-subcategory approach. Thus, one could refer to a certain kind of cup, that is, cups which exhibit a certain set of attributes, as the prototype. On this approach, we could say, not that a particular entity is the prototype, but that it instantiates, or exemplifies, the prototype. We can image an even more abstract notion of prototype, which captures the conceptual 'center' of a category, but which might not be associated with any specific instance, or subcategory. This is the prototype-as-abstraction approach. (Taylor 2003: 63—64)

> 对术语"原型"的理解有几种方式。我们可以把它解释成一个范畴的几个特例。例如，一个特定的人造物品可以被认为是"杯子"范畴的原型。这是原型的范例观。我们也可以选择把"原型"理解为实体的一个特殊种类，这是原型的下位范畴观。例如，我们可以把某一种类的杯子，即能够显示某些特性的杯子作为"杯子"范畴的原型。依据这种观点，我们可以说，某个特定的实体并不是原型，而是原型的一个范例。我们可以把原型想象为一

个更抽象的概念,即原型是一个范畴的概念中心,它可能不同于任何一个特定的实例或下位范畴。这是原型的抽象观。

(2) 原型理论的基本内容

综合 Rosch(1978),Lakoff(1987),Taylor(2003),以及 Ungerer 和 Schmid(1996)的论述,原型理论的基本内容可以概括为如下:

范畴内部的各个成员依据它们具有这个范畴所有特性的多寡,具有不同的典型性(prototypicality)。原型是范畴内最典型的成员,其他成员有的典型性显著,有的具有非典型性、处于范畴的边缘位置。例如,Rosch 的试验结果表明在"鸟"这个范畴中,知更鸟是最典型的成员,因为它具有这个范畴的所有特性。麻雀、鸽子、金丝雀等属于典型性较高的成员,它们和知更鸟共有的特性相对较多。而鸵鸟、企鹅、蝙蝠则处于"鸟"的范畴的边缘位置,它们和知更鸟共有的特性非常少。

范畴内部的各个成员由"家族相似性"联系在一起。"家族相似性"意味着在一个集合中,所有成员都由一个相互交叉的相似性网络联结在一起。同样,在"鸟"的范畴中,成员具有的特性包括:有羽毛、生蛋、有喙、会飞、短尾、体形小、重量轻、红色胸脯等等。知更鸟无疑具备所有的特性,但是鸵鸟和企鹅就不具有会飞、体形小、红胸脯等特征,它们和范畴中别的成员共有其他一些特征。

范畴的边界是模糊的,相邻范畴互相重叠互相渗透。让我们以色彩这个范畴为例,在众多的色彩中,中心色彩,比如典型的红色,黄色,黑色容易被识别,但是如果我们让人们指出紫红是属于红色范畴还是紫色范畴,可能人们就不容易做出判断或者不同人的答案各异,原因在于各个颜色范畴的边缘并不清晰,紫红正处于红色和紫色交叉的边缘位置。

综上所述,原型理论的基本观点主要有以下四条:
(1) 范畴是凭借典型特征,而不是什么必要和充分的条件所建立起来的"完形"概念。
(2) 范畴成员有典型和非典型之分,彼此之间有隶属程度差异。
(3) 范畴成员之间存在相似性和共性特征,可以构成一个连续体。
(4) 范畴的边界是模糊的(fuzzy)。

原型理论自提出以后向着两个主要的方向发展,一方面是形式心理词典学(formal psycholexicology),研究者试图为人的概念记忆及运作设计一些形式模型。另一方面,自上世纪80年代初,原型理论在语言学中获得了成功发展,其优势主要体现在对多义性(polysemy)现象的研究方面。Pulman(1983)讨论了 kill,look,speak,walk 等动词的多义性;Fillmore(1982b)考察了 climb 范畴,其研究结果后来被 Taylor(2003)引用和发展;Dirven 和 Taylor(1988)用 Rosch 的研究方法研究了形容词 tall 的多义性。

17.5 基本层次范畴理论

探讨原型理论离不开阐释基本层次范畴理论(theory of basic-level categories),因为原型效应在基本层次范畴上最能得到体现。对基本层次范畴的研究,可以追溯到 Brown 的经典论文《要怎样称呼一个事物?》("How shall a thing be called?" 1958)。Brown 认为一个事物可能有很多名称:草坪上的这条狗不仅仅是一条狗,而且是一个攻击者,一只四足动物,一个生物(Brown 1958:14)。但是在一个范畴等级体系中,在对某物的所有称呼中,一个特定的称呼在范畴划分的特定层次上"具有优势地位"。当我们看见草坪上的狗时,我们第一时间给予它的称呼最有可能是"一条狗"而不会是"四足动物"或者是"猎犬"。Rosch(1973,1977,1978)在概括 Brown 的观察结果和 Berlin 等(1964,1974)对范畴层次的研究成果的基础上,发展了"基本层次效应(basic-level effect)"理论。

图1能够部分展现范畴的层次。图式显示 CHAIR 这个范畴被包括在上位范畴 FURNITURE 中,而 FURNITURE 又被包括在更高一级的范畴 ARTEFACT 中。KITCHEN CHAIR 是 CHAIR 范畴的一个下位范畴。这个图式可以向上下两端延伸,向上层次的范畴名称可能更加抽象,甚至名称本身只能生造(coin)。范畴层次的最下层将是具体实体的集合。从横向看,TABLE,CHAIR 和 BED 都是 FURNITURE 范畴的实例,处于同一个层次。

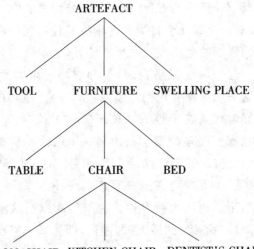

图 1 名词范畴层次举例(Taylor 2003:49)

同名词范畴一样,动词范畴也有这样的层次,只是划分起来要相对复杂的多。图 2 展现动词范畴的层级。

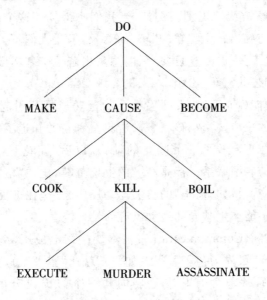

图 2 动词范畴的层次举例(Taylor 2003:49)

按经典范畴理论的解释,每一个范畴都具有它上位范畴的所有特性,同时具有一个或几个自身的区别性特性。同一层次上的所有范畴都具有它们紧邻的上位范畴的所有特性,但又因为各自具有的特性而互不相同。这一论述似乎合理,但却忽略了范畴层次的两个基本特征:第一,这一论断没有说明原型效应,即一个范畴的一些下位成员可能能够更好地代表这个范畴,"椅子"比"书架"更适合代表"家具"范畴;第二,经典范畴理论没有指出哪一个层次在所有范畴层次中可能具有特殊的地位。但是认知语言学认为,有一个范畴层次在认知上,比其他范畴层次具有更高的显著度(salience),人们通常在这个层次上进行概念化活动和称呼事物。这个层次就是基本层次。人类认识事物是一个从中心接近"层级"的过程,即从基本层次范畴向上位范畴和下位范畴的扩展。

为什么基本层次范畴在人们的认知心理中有如此特殊的地位?综合 Rosch(1973,1977)和 Lakoff(1987)的论述,基本层次在认知上最基本、最重要,主要由四个因素决定:

第一,感知(Perception):基本层次范畴具有整体被感知的形状;单个意象能够被快速识别。例如,当我们听得"车"这个词,我们很容易在头脑中勾勒出一个完整的"车"的意象,但是人们不容易在头脑中反应出"交通工具"的完整意象,只能想象出若干个基本层次范畴成员的意象,比如公共汽车、出租车、飞机等。

第二,功能(Function):同层次上的范畴成员可引起人们行为上相同或类似的反应。当小孩第一次看见一种花并知道了它的名字,比如玫瑰,他的母亲做了一个闻花的动作,以后"闻花"这一动作就和"花"这个范畴有了联系。但是"花"的上位范畴,比如"植物"就不引起人的运动反应。再如"椅子"的相关运动反应是"坐在上面",但其上位范畴"家具"不能产生共同的运动反应。

第三,交际(Communication):基本层次词汇最短,交际使用中出现的频率最高,最先为孩子习得。如"狗"就比"猎犬"短,简单和常用。下位范畴词通常包含有基本范畴词和一个修饰成分的复合词,如 kitchen chair。上位范畴的词有时会有标记性,比如不可数,有时甚至出现上位范畴词缺失的情况,英语里 sheep(绵羊)和 goat(山羊)就没有紧邻的上位范畴词,而汉语里有"羊"这个词。上位范畴词的缺失,必然导致在交际中使用基本层次的词汇。

第四,知识结构(Knowledge Organization):范畴成员的大多数特征集中于这一层次,人类的知识在基本层次上组织起来。如果被问及"家具"的特征,多数人会不知从何说起,然后借用其基本层次范畴成员的特征来做表述。如果让人们描述牙医的椅子,可能也会有很多人表示茫然。然而,要介绍"椅子"这一事物,绝大部分人都能毫不费劲地描述它的形状、材质、功能等。

我们在上面的讨论中,已经涉及上位范畴和下位范畴,上位范畴也叫寄生范畴,它依赖基本范畴获得完型和大部分属性。下位范畴也有寄生性,下属范畴词语的产生一般晚于基本范畴词汇,它们大都由基本范畴词构成,多为复合结构。如果想了解更多有关上位范畴和下位范畴的信息,可以参考 Ungerer 和 Schmid(1996)著述的第 73—98 页。

17.6 结 语

以上两节就是原型和基本层次范畴理论的基本内容,最后需要指出的是原型和基本层次范畴并非固定不变的,而是随语境(context)的变化而变化,并依赖于人们头脑中的认知模型和文化模型。比如,Rosch 的试验中,受试是美国人,橙子(orange)成了"水果"范畴的原型,如果把她的受试换成中国人,可能结果会发生变化,原型可能是苹果,或者梨。笔者的一项研究也发现,先秦中国人心中"家畜"范畴的原型是马,猪是范畴中的非典型成员,而现代人心目中"家畜"的代表是猪和鸡。在基本层次范畴方面,生长在城市中的人会认为"树"是基本层次范畴,而生长在多林地区的人可能把"松树"、"杨树"、"柳树"等当做基本层次范畴。这些现象都很有趣,有兴趣的同学可以进行系统的对比研究,为认知语言学的理论提供跨文化的佐证。

第十八章

意象图式理论

18.1 引　言

　　意象图式是认知语义学广泛使用的一个概念。本文追寻意象图式理论的发展过程,评述了意象图式在认知语言学、心理语言学、认知发展等领域的研究状况。文章结论认为意象图式理论的研究表现为极大的不平衡性:首先,在一个具体的学科内部表现为理论与实证研究的不平衡性;其次,在学科之间表现为跨学科研究的不平衡性;再次,在不同语言中表现为跨语言和跨文化研究的不平衡性。笔者认为,改变以上的不平衡性,既是研究者的任务、是学科研究的需要,也为研究人员指明了方向。

　　意象图式是认知语义学中最重要的概念之一。根据统计资料(李福印 2004),它是认知语言学近年来关注的热门话题。本文全面追溯了意象图式理论的发展过程;辨析了意象图式(image schema)与意象(image)及图式(schema)的区别;介绍了意象图式的形成及本质和特点;评论了意象图式研究现状;指出了存在的问题。结论认为,意象图式理论的研究在国外英语文献中已经初显规模,但是该话题在国内学界还是相当冷清。意象图式作为人类共同的认知特点,对它的深入研究应该逐渐形成跨学科的研究态势。意象图式是人类共同的认知规律,我们应该从跨语言和跨文化的角度进行研究。

18.2 什么是意象图式

一般认为意象图式的概念最初是在概念隐喻理论中被提出来的(Lakoff and Johnson 1980)。后来,意象图式扩展到其它一些学科领域的研究中。Johnson用整本书探讨了意象图式的体验基础、以及意象图式在意义构建和推理中的作用(Johnson 1987)。Lakoff则用意象图式理论构建了自己的范畴理论(Lakoff 1987)。Gibbs(1994),Gibbs和Colston(1995)研究了意象图式理论在心理语言学中的作用。Mandler(1992)研究了意象图式与认知发展的关系。意象图式理论继续被扩展到对诗歌的研究(Lakoff and Turner 1989);文学批评(Turner 1987,1991);语法理论(Langacker 1987,1991);数学(Lakoff and Núñez 2000)以及语言的神经理论。

意象图式的定义有许多不同的表达,但是其核心是相同的。首先我们人类具有自己的身体,我们无时无处不处于各种各样的活动之中。我们举首投足,我们观察周围的环境,我们走路,我们吃东西等等。我们的身体始终处于和外部客观世界的接触和互动之中。意象图式就产生于这些看似无关的活动之中,并使这些看似无关联的活动相互连贯,给抽象的活动赋予具体结构。这样我们就可以用意象图式来理解这些活动,来进行推理,并把看似无关的活动相联系起来。以下是意象图式的三个定义。

(1) "An image schema is a recurring, dynamic pattern of our perceptual interactions and motor programs that gives coherence and structure to our experience."(Johnson 1987:xiv)

"意象图式是感知互动及感觉运动活动中的不断再现的动态结构,这种结构给我们的经验以连贯和结构。"

(2) "Image schemas can be generally be defined as dynamic analog representations of spatial relations and movements in space."(Gibbs and Colston 1995:349)

"意象图式一般可以定义为空间关系和空间中运动的动态模拟表征。"

(3) "Briefly, an image schema is a condensed redescription of perceptual experience for the purpose of mapping spatial structure onto conceptual structure." (Oakley 2004)

"简单说来,意象图式是为了把空间结构映射到概念结构而对感性经验进行的压缩性的再描写。"

请看例(1)。

例(1)

a. We go to office from home.
   (我们从家来到办公室。)
b. Look at a long train from the first car to the last.
   (看一列长长的火车,从第一节车厢到最后一节。)
c. A water drop rolls from the table onto the ground.
   (一滴水从桌面滚到地面上。)
d. To fly from Hong Kong to Sydney.
   (从香港飞到悉尼。)
e. The highway links Beijing and Shanghai.
   (高速公路连接北京和上海。)

这些例句表示的活动有动态的有静态的。这些看似无关的活动实际上有共同之处。它们都有一个始源,或称出发点,沿着一个路径到达终点。它们都遵循"始源—路径—终点"这样的模式。这就是一个路径图式(PATH SCHEMA)。我们用箭头表示,见图1。

图1 路径图式

再如:

例(2)

a. I take out a bottle of milk from the refrigerator.
   (我从冰箱里拿出一瓶牛奶。)
b. I pour the milk out of the bottle.
   (我从奶瓶里倒出牛奶。)
c. I pour the milk into a cup.
   (我把牛奶倒进茶杯。)
d. 我把钱装进口袋,走出银行,钻进轿车。

以上例句都和"容器"有关,我把钱装进了口袋这个"容器",走出了银行这个"容器",再度进入另一个"容器"轿车。经过无数次"容器"的经验,我们头脑中就会形成一个"容器"意象图式,用图2表示。

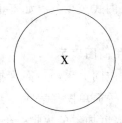

图 2 容器图式

通过以上两个例子,我们可以把意象图式的特点总结如下:意象图式是一种抽象结构;它来源于人体在外部空间世界中的活动,具有体验性;它是许多具有一些共同特点的活动的"骨架";它是头脑中抽象的、看不见摸不着的表征;它在人类的活动中是不断再现的;它被用来组织人类的经验,把"无关"的经验联系起来;它产生于人类的具体经验,但是由于人类可以把它映射到抽象概念中去,因此它可以被用来组织人类的抽象概念。

18.3　常见的意象图式和主要特点

常用的意象图式是有限的。Johnson（1987：126）共谈到如下二十多个意象图式（按照惯例都使用大写字母）：CONTAINER；BALANCE；COMPULSION；BLOCKAGE；COUNTERFORCE；RESTRAINT；REMOVAL；ENABLEMENT；ATTRACTION；MASS—COUNT；PATH；LINK；CENTER—PERIPHERY；CYCLE；NEAR—FAR；SCALE；PART—WHOLE；MERGING；SPLITTING；FULL—EMPTY；MATCHING；SUPERIMPOSITION；ITERATION；CONTACT；PROCESS；SURFACE；OBJECT；COLLECTION. Cienki（1997）认为 STRAIGHT versus NOT STRAIGHT 也是意象图式。既然意象图式是遵循相同的认知过程形成的，它们是否具有共同的特点？笔者以为意象图式至少具有如下重要特征。

（1）　意象图式可以用简图表示

因为意象图式是通过空间关系经过高度抽象而获得的，因此绝大多数意象图式可以用线条等简单图形表示。当然，图形本身并不是意象图式，它只不过是一种高度抽象的模拟。但是这种图形在解说时可以给人一种具体的感觉。例如，文献中常常用图1中的图形表示路径图式，用图2表示容器图式。

由于意象图式是从无数个事件中高度概括抽象而来的，因此，这样的图形也可以和许多语域相联系，从而和许多语言表达相关。根据双解码理论（Dual Coding Theory）（Paivio 1986）"a picture is worth a thousand words"（一张图画胜过千言万语）。这些表达意象图式的简图有助于记忆同该意象图式有关的语言表达。相关研究见 Li（2003）。

（2）　意象图式是语域的一种

语域（domain）是认知语言学中的一个重要概念。Langacker 把语域定义为"a domain is a cognitive context for characterizing a semantic unit or concept（Langacker 1987：147）"（语域是一种认知语

境,用它来表现语义单位特点或描写概念特征)。Langacker认为绝大多数(如果不是全部)概念都蕴涵其他概念。如果不是直接或间接提及其他概念,概念本身无法得到很好地定义。例如,我们定义"手指"的时候,必须要提及"手";我们定义"手"的时候,必须要提及"胳膊"。因此,"手"是"手指"的语域;"胳膊"是"手"的语域。最终,"空间"、"时间"和"运动"是"身体"的语域,因为"身体"在时间和空间中运动。

Langacker(1987,1991)进而区分了两种不同的语域。一种为位置性质的语域(locational domains),另一种为结构性质的语域(configurational domain)。例如,语域"周"(week)由"星期一、星期二、……星期日"等概念组成。这些概念前后位置是固定的。我们说"星期日是一周的第一天"等。因此,我们认为语域"周"是位置性质的语域。再如,语域"水果",就属于结构性质的。语域"水果"中的概念"苹果,香蕉,等等"可以有原型结构等。因此,"水果"是结构性质的语域。语域"时间"也是结构性质的,它包含概念 daytime, night, week, month, year 等。Clausner和Croft(1999)通过研究认为,决定语域属于结构性质的还是位置性质的,完全取决于语域内部的概念。Clausner和Croft(1999)在意象图式内找到了结构性质的概念以及位置性质的概念。因此,Clausner和Croft认为意象图式是一种语域,是语域的一个下层范畴(a subtype of domain)。因此,意象图式可以和语域一样用来组织概念。

(3) 意象图式的正负特征

Krzesowski(1993)认为几乎所有的意象图式都具有一种特征,即:在表达隐喻意义时呈现出肯定或否定的意义,称为"plus－minus" parameter。例如在意象图式 CENTER－PERIPHERY(中心边缘图式)中,"中心"CENTER 经常具有肯定意义,"边缘"PERIPHERY 具有否定意义。在生活经历中,保持"平衡"(BALANCE)就比失去平衡好。Krzeszowski(1993)谈了如下这些具有正负倾向的意象图式:

WHOLE－PART
CENTER－PERIPHERY

BALANCE versus IMBALANCE
LINK versus NO LINK

Cienki（1997）又添加了如下的例子：
ENABLEMENT/RESTRAINT REMOVAL—BLOCKAGE
FULL—EMPTY
NEAR—FAR
MERGING-SPLITTING
STRAIGHT versus NOT STRAIGHT

（4） 意象图式的静态与动态本质

意象图式可以呈现为静态与动态两种特性。几乎所有意象图式都具有这两种特点（Cienki 1997：6），因为绝大多数意象图式既表示一种状态又表示一种过程。例如，我们从 A 点向 B 点运动时，我们以一种动态的形式经历"路径"（PATH）意象图式。但是我们走过的从 A 点连接 B 点的道路是静态的"路径"（PATH）意象图式。意象图式"平衡"（BALANCE）也是一样，表示状态时是静态的（balance 作为名词），表示动作时是为了保持平衡（balance 作为动词），此时是动态的。

（5） 意象图式的转变

意象图式的转变（image schema transformations）指的是人们在利用意象图式进行概念化的过程中注意焦点的变化。当一个人的注意力集中在一个在草地上运动着的高尔夫球时，他利用的是动态的路径意象图式，一旦该球停止，他的注意力就会停在球上。因此，观察者遵循的是 Path-focus-to-end-focus。人们抽象推理的能力取决于把感知范畴映射到更高一层的概念范畴的能力。这就是对抽象事物概念化的过程。我们概念化的过程包含了意象图式的转变过程（Gibbs & Colston 1995：347—378；Johnson 1987：25—27；Turner 1991：177）。Lakoff（1987：443）曾提出过以下四种类型的意象图式的转变。

Path-focus-to-end-focus：想象移动物体走过的路径，之后注意力集中在物体停止的地方。

Mutiplex-to-Mass：想象有某地点有一群物体，它们逐渐开始向四周移动，直到每一个物体都成为单一的独立的物体。

Trajectory：在头脑中跟随一个不断移动的物体。

Superimposition：想象一个大的球体和一个小的管子。现在逐渐把管子变大直到球体能装进管子；再逐渐缩小直到能把管子装进球体。

我们日常生活中的无数经历大都遵循以上意象图式的转变。例如，当你看到一个水果摊时，决定过去买水果。从你原来的站立处到走到水果摊停下挑水果，遵循了 Path-focus-to-end-focus 的转变。你把挑选的水果从小贩的筐里拿出，遵循了 Multiplex-to-Mass 的转变。你首先挑选了一些樱桃，之后是苹果。苹果放在了樱桃的上面，这就是 Superimposition。后来，城管人员来了，小贩开始跑。你的视线追随着小贩逐渐跑向远方，这就是 Trajectory。

18.4 意象图式理论的发展轨迹

(1) 概念隐喻理论中的意象图式

概念隐喻理论是 Lakoff & Johnson (1980) 首先提出来的，在 Lakoff (1993) 中得到系统的阐述。我们曾在第 8 章对该理论做过详细介绍（参见 8.3）。概念隐喻理论的核心内容是"隐喻是跨概念域（cross-domain）的系统映射"。Lakoff 在讨论跨概念域的系统映射的时候提到了恒定原则。一般认为，此处是认知语言学中首次提到意象图式。

恒定原则："... the Invariance Principle: The image-schema structure of the source domain is projected onto the target domain in a way that is consistent with inherent target domain structure."(Lakoff 1993:245)

源域的意象图式结构以与目标域的内部结构相一致的方式投射到目标域。

也就是说，目标域中如果不存在和源域相一致的意象图式结构，源域的特点就不能映射到目标域中去。在概念隐喻 THEORIES ARE BUILDINGS 中（参见本书第 88 页），BUILDINGS 中的

buttress,foundation,shaky,collapsed 等词的意义之所以能映射到THEORIES 中去,是因为目标域 THEORIES 中的特点适合用这些词汇来描写。THEORIES 中的意象图式结构特点与 BUILDINGS 中的意象图式结构是相一致的。BUILDINGS 中 Door 及 Window 等就没有映射到 THEORIES 中去,因为这些特点和 THEORIES 的意象图式不一致。

(2) 意象图式与一词多义的研究

意象图式在一词多义的研究中用的最为普遍。尤其是对介词的研究(例如:Brugman 1988;Taylor 2003:112;Lakoff(1987)等,仅列举几例)。

Brugman(1988)的研究显示,介词 *OVER* 的意义可以用意象图式及意象图式的转变(transformations)来解释。Lindner(1983)分析了1700多例动词短语的意义,结论表明这些意义都可以归结为为数不多的意象图式。在 Lindner(1983)的分析中包含600例 verb+*out* (e.g., *take out*, *spread out*, *throw out*, *pick out*, *leave out*, *shout out*, *draw out*, *pass out*),以及1100多例 verb+*up* (e.g., *raise up*, *break up*, *give up*, *wake up*, *shake up*, *think up*)。一般认为面对数量这么大的一些表达式,我们无法系统描述它们的意义。但是结果表明,我们都可以用几个意象图式来描述它们的意义。例如,对于verb+out 结构,Lindner 找出三个最基本的意象图式(见图 3、4、5)。

例(3)

 a. John went out of the room.
  (约翰走出了房间。)
 b. Pump out the air.
  (把空气压出去。)
 c. Let out your anger.
  (把你的愤怒发出去。)
 d. Pick out the best theory.
  (选出最好的理论。)

e. Drown out the music.

(淹没音乐的声音。)

f. Harry weaseled out of the contract.

(哈里背弃和约。)

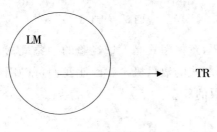

图 3　OUT 1

(LM = Landmark; TR = Trajector)

例 (4)

a. Pour out the beans.

(倒出豆子。)

b. Roll out the red carpet.

(铺开红地毯。)

c. Send out the troops.

(派出部队。)

d. Hand out the information.

(散播信息。)

e. Write out your ideas.

(把你的想法写出来。)

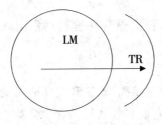

图 4　OUT 2

例(5)

The train started out for Chicago.

(火车向芝加哥开去。)

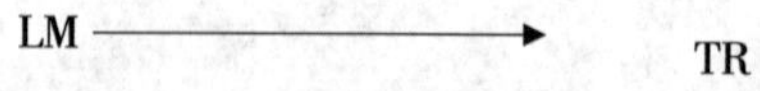

```
LM ——————————→
              TR
   图 5  OUT 3
```

以上分析表明,意象图式是大量经验的抽象概括。我们的经验可以无数,但是意象图式的数量极少。因此我们可以用有限的意象图式来组织和理解无限的经验。

(3) 意象图式在其他相关领域的研究

意象图式首先在认知语言学领域得到广泛研究。例如,上文谈到的概念隐喻理论和一词多义的研究都属于认知语言学领域。意象图式的研究逐步向语言学中的其他领域,以及语言学之外的领域扩展。例如,意象图式与语义的变化及语法化。Verspoor (1995)及 Smith (1999)等认为语义的变化保持了意象图式结构(semantic change preserved image schematic structure)。Freeman (2002)研究了如何使用意象图式结构进行文学作品分析。Gibbs 等人(1994)利用心理学实验探讨了意象图式的心理真实性问题。Mandler(1988,1992)研究了意象图式与认知发展的关系。Mandler 认为意象图式的形成最早可以追溯到胎儿在母体中的活动,意象图式在婴儿出生后开始掌握语言以前起到思维工具的作用。

18.5 结 语

通过上文的分析,我们很容易看到意象图式研究的一些问题,同时看到一些研究空缺。

(1) 学科内部的不平衡:理论和实证研究的不平衡

从对意象图式研究最多的认知语言学学科内部来看,明显表现出理论和实证研究的不平衡。很多理论都是一些合理的假设,但是怎样用实证方法研究意象图式是以什么方式存在的,如何在人们的一般认知活动中发生作用等都有待于深入研究。

意象图式理论也有前后不一的地方。例如,在上文的叙述中,我们知道意象图式是无数经验的高度概括,是一种思维表征(representation)。但是,在概念隐喻理论中(Lakoff 1993),目标域和源域却都具有意象图式。由此可见,任何概念域都有自己的意象图式,这一点同意象图式理论不相符。

(2) 跨学科研究的不平衡

从跨学科角度看,我们可以发现显著的不平衡。例如,意象图式理论虽然已经扩展到诸如认知发展、心理语言学、文学分析等学科领域;但是,都仅仅是某一点而已。都有较大空间往纵深发展。

(3) 跨语言和跨文化研究的不平衡

从跨语言跨文化的角度看,更是不平衡。本文讨论的研究都是基于英文文献,汉语中还没有见到对意象图式理论的相关研究。

第十九章

隐喻意义的体验性：实证研究[①]

19.1 引 言

"体验哲学"是认知语言学的哲学基础。它来源于认知语义学中对语言的"体验性"的研究。本文通过一项实证研究探讨了"体验性假说"。"体验性假说"是认知语言学的核心内容之一。该学说认为"人的身体的、认知的及社会的体验是形成概念系统及语言系统的基础"。本研究考察了该学说在汉语实际运用中的具体表现。被试为北京外国语大学英语学院 2002 级的 27 位研究生。本文以被试撰写的关于"思想"的短文为语料，分析了"思想"的各种隐喻模式，得出结论："思想"是具体的事物；"心"和"脑"都是思维器官及"思想"的容器，但是"心"更为典型；西方文化中的"心智是身体"的隐喻系统也存在于汉语中，但是它只是""思想"是具体的事物"隐喻系统的一种表现。研究结论支持"体验性假说"。

19.2 理论背景简介

根据统计数字（李福印 2004），"体验性"（embodiment）这一主题已经成为认知语言学研究的热点问题之一。"体验性假说"（Embodiment Hypothesis）是认知语言学的核心内容，因为认知语言

[①] 本章根据李福印（2005a）改编。

学认为语言是人类整体认知活动的产物,认知语言学强调人的身体在认知活动中的作用。认知语言学中的"体验性假说"的思想一般认为(如 Rohrer 2003)最早是在《我们赖以生存的隐喻》(Lakoff and Johnson 1980)一书中被提出来的。Lakoff 和 Johnson 至少在两处重点论述了该思想。第一处强调隐喻的基础是和身体相关的概念:

> Metaphors based on simple physical concepts—up-down, in-out, object, substance, etc. —which are as basic as anything in our conceptual system and without which we could not function in the world—could not reason or communicate—are not in themselves very rich. (Lakoff and Johnson 1980:61)
>
> 隐喻基于同身体相关的简单概念——上—下、里—外、事物、物质,等等——这些概念同我们的概念系统中的其他事物一样重要,没有这些概念我们在这个世界上无法有所作为——不能思考或交流。这些概念本身并不丰富。

Lakoff 和 Johnson(1980:112)第二次提到和体验性相关的内容是在讨论跨域映射的方向性问题。Lakoff 和 Johnson 认为隐喻映射是单向的,只能从具体的概念域向抽象的语域映射,不能反方向进行,而具体的语域则是同人体的直接经验相关的。

自 20 世纪 80 年代初期以来,有一些重要作品是对"体验性假说"的扩展、深化及实证。例如,Mark Johnson 在 *The Body in The Mind* (Johnson 1987)一书中论述了人是如何通过身体与外部客观世界的互动形成意象图式(image schema)以及意象图式如何参与意义的构建。Ron Langacker (1987) 的认知语法理论也是以空间关系为重要理据,强调身体在语言结构和概念结构形成中的作用。Lakoff 在 *Women, Fire and Dangerous Things* (Lakoff 1987:XV)一书中,把经验主义(experientialism) 作为"体验性假说"的核心。*Philosophy in the Flesh* (Lakoff and Johnson 1999)是对"体验性假说"的实证证据的总结及理论梳理。

在过去 20 多年出版的研究体验性的著作中,难以找到对"体验性"或"体验性假说"的确切定义。这有两个方面的原因:一是因为认知语言学界都把体验性当成了不言自明的概念,二是各学者讲的体验性都有各自的侧重和不同。Rohrer(2003)在给即将出版的 *The Handbook of Cognitive Linguistics* 写的一章 "Embodiment and Experientialism"中把"体验性假说"非常宽泛地定义为:

> The embodiment hypothesis is the claim that human physical, cognitive and social embodiment ground our conceptual and linguistic systems. (Rohrer 2003)

体验性假说认为人的身体的、认知的和社会的体验是形成概念系统及语言系统的基础。

"体验性假说"本身就是一个需要大量实证的学说。它需要大量的跨语言跨文化的验证。正因为如此,近年来许多研究集中在寻找抽象概念的"源语域"上,尤其是对诸如"思想"(thought,thinking)、"心智"(mind)之类抽象概念的研究上。研究者们希望找到这些抽象概念的体验根源。认知语言学国际刊物 *Cognitive Linguistics* 在 2003 年出版了专集"Special issue: Talking about thinking across languages"(*Cognitive Linguistics*,2003,V14,N2/3)。该专刊刊登了六篇论文,从不同的语言和文化角度研究"思想"和"心智"之类的抽象概念。

在英语中,经过对大量语料的研究,已经确立了"心智是身体"(THE MIND IS BODY)这一概念隐喻系统。在此之下有四个下属的概念隐喻。它们分别是:THINKING IS MOVING(思想是移动);THINKING IS PERCEIVING(思想是感知);THINKING IS OBJECT MANIPULATION(思想是操纵物体);ACQUIRING IDEAS IS EATING(获得思想是吃饭)(Lakoff and Johnson 1999:235—236; Sweetser 1990; etc)。上面提到的专刊上,有一篇是关于汉语的:"Chinese Metaphors of Thinking"(Yu 2003)。作者於宁认为汉语中也存在"心智是身体"及其四个下属概念隐喻,并详细探讨了其中的两个,即:THINKING IS MOVING(思想是移动);THINKING IS PERCEIVING(思想是感知)。

鉴于目前国内认知语言学界关于"体验性假说"的实证研究尚未全面展开,笔者尚未读到过从"体验性"的角度探讨汉语中和"思想"相关的一些抽象概念的隐喻模式的研究,而且於宁(2003)的语料主要来自《现代汉语词典》(商务印书馆,1996);因此本研究主要考察"思想"在汉语实际使用中的隐喻模式,以便探讨"体验性假说"在汉语中的适应程度。笔者认为考察使用中的语料比考察词典中的语料更重要,更有研究优势。原因有三:第一,因为认知语言学本来就是基于使用的研究(usage-based approach),强调人的经验在认知中的作用;第二,词典语料无法做量化研究,某词语可能在人们的使用中已经消失,仍可以存在于词典中;第三,也正是由于第二个原因,我们无法寻找某些表达的"原型"(prototype)。

19.3　研究方法

本研究的目的:研究"体验性假说"在汉语具体使用中的体现。
笔者通过回答如下四个具体的问题达到以上研究目的。
问题(1):在汉语的具体使用中,抽象概念"思想"的隐喻模式是什么?
问题(2):在汉语的具体使用中,是否存在西方文化中的"心智是身体"(THE MIND IS BODY)的概念隐喻系统?
问题(3):在汉语的具体使用中,思想的来源(或称"位置")是"心"(heart)还是"脑"?
问题(4):如果"心"和"脑"都是思想的来源,二者在使用中的分布如何,哪一个是主要的,即哪一个是"原型"(prototype)?

笔者之所以提出以上第三个问题,主要出于对既往研究的验证。因为在西方文化中,"心"被认为是"情感的源泉"(seat of emotions),"心智"(mind)是"思想的所在"(the locus of thoughts)。於宁(2003:141)的研究认为在汉语中,"心"既是"情感的源泉",又是"思想的所在"。在汉语的具体使用中情况如何,我至今没有读到过相关研究。

本研究的语料搜集工作是笔者 2003 年 9 月至 12 月期间在北京

外国语大学英语学院二年级研究生中进行的。该学期,笔者为英语学院开设了"认知语言学"课程。为了配合该课程中的"Embodiment"一讲的讲授,要求选课的学生用汉语写一篇描写自己对亲身经历过的某事件的想法,字数1500左右。当时给学生的要求是用英文写的,为了更真实反映语料搜集的过程,摘抄如下:

Describe your thought in as many details as possible in an event of X

Requirements:

(1) Write in Chinese, on a single-spaced, A4 sized paper, at least 1500 Chinese characters.

(2) While X could be any real exciting, happy, painful, etc., event.

(3) Describe in very detailed language in Chinese to show how you acquired that thought, how that thought developed, and how your thought influenced the result of the event.

(4) Do not quote from any encyclopedia, dictionary or any printed materials. Use the very language from your own mind.

(5) You can give this piece of writing a title of your own preference.

(6) This writing can be counted as one presentation for your Cognitive Linguistics course.

详细描述事件 X
要求:

(1) 汉语,单倍行距,A4纸,至少1500字。

(2) 事件 A 可以是任何激动人心的、幸福的、痛苦的真实经历。

(3) 用非常详细的语言描述,你怎样获得某想法、该想法怎样发展、怎样影响事件结果。

(4) 不要引用任何词典或百科全书,或任何印刷物,用自己的语言描述。
(5) 可以根据自己的意愿给短文起个名字。
(6) 本短文可以作为"认知语言学"课程的一次作业。

因为该短文可以算作学生的一次平时作业,我们称为 presentation,学生积极配合。共收到27篇短文,总共37592字。短文内容反映了北外文科学生的优势,个个才思泉涌,篇篇都含有许多描写"思想"的隐喻句子。

19.4 语料统计结果

笔者把27篇短文、37592字的语料逐句分析,凡是含有如下几种情况的都作为分析对象:描写"思想"的隐喻句子;描写情感的隐喻句子;含有"心"及"脑"的句子;含有同"思想"相关表达的句子(如"回想","我看……"等)。分析结果得到"附录一:描写"思想"及"感觉"的句子"。该附录共含有197个句子。根据这些句子的表达是否与"心""脑"相关,我们可以把197个句子分为三类。有些句子同时含有"心"和"脑",因此统计中三类例子的总和高于197,见表1。

表1 描写"思想"和"感觉"的句子的统计数字

	和"心"有关的表达	同"脑"有关的表达	其他表达
基本统计数字	142例	21例	38例

根据Lakoff(Lakoff and Johnson 1980;Lakoff 1993)的概念隐喻理论的框架,笔者详细分析了同"心"相关的词语表达,得表2。

表 2 "心"的概念隐喻

和"心"有关的表达（总 142 例）		
概念隐喻	举例	统计数字
心脏是感觉器官	**心里**不但没有觉得害怕；**心里**有一种忐忑不安的感觉；**心里**好痛	36
心脏是思维器官	静下**心**来复习考研；留**心**有关非典的报道；**心里**想尽力友好相处；**心里**很理性地进行分析；我**心里**一直在琢磨；突然**心**生办法	29
心脏是思想的容器	根本就没往**心里**去；散散**心**；**心里**的不满；**心里**总有这么个想法；吐一吐**心**中的郁闷	23
心脏是情感的源泉	**内心**深处最真实的情感；**心里**满是喜悦；释放我**内心**的欢乐；**心里**生发了一种强烈的愿望	21
心脏是体内可以上下移动的物体	我的**心**就要提到嗓子眼了；我的**心**缩紧了；我的**心**都快跳出来了；我感到**心**在收缩；我的**心**一点点向下沉，仿佛注满了铅；我很忐忑	17
身体是容器	**充满了信心**；怀着这个信念，我一直工作着	9
思想压力是重物对心脏的压力	**心理**上并没有太大压力；减轻了**心理**包袱；我的胸口压着一块大石头	3
心脏是思想	他们也是**一片好心**；不会到**推心置腹**的程度吧	2
心脏是筛子	**心里**过滤了一番	1
思想是心中的液体	我的**心**也荡漾了起来	1

同样根据 Lakoff(Lakoff and Johnson 1980；Lakoff 1993)的概念隐喻理论的框架，笔者详细分析了同"脑"相关的词语表达，得表 3。

表 3　"脑"的概念隐喻

和"脑"有关的表达（共 21 例）		
概念隐喻	举例	统计数字
大脑是思维器官	**兴奋的大脑**还来不及理出头绪；一个**想法**出其不意地在我的**脑海里冒了**出来；**脑子一片空白，不能思考**	8
大脑是思想的容器	脑子空空的准备入睡；它把我的大脑搅得一团糟；从脑海中褪去；这时会有很多东西飞进脑海里	5
大脑是旋转的机器	**大脑像飞速旋转的车轮**；大脑旋转得没那么厉害了；**大脑在惯性的作用下超负荷运转**	3
大脑是感觉器官	好像在脑子里的神经上重重地敲击；**大脑有些隐隐作痛了**	3
脑神经是思维器官	但是还能感到那根**恪尽职守的神经在工作**；那根细细小小的神经也不知还能撑多久	2

表 4　描写"思想"的其他表达

描写"思想"的其他表达（39 例）		
概念隐喻	举例	统计数字
思想是可以测量的物体	以下是非典期间的**一段回忆**；我都丝毫没有改变自己的想法；**一丝一毫都不敢想的**	4
思想是光	说过的话一遍又一遍地闪过；心里不觉**看到一丝光亮又淡了下去**；我从我那**辉煌的想象**中惊醒	4
思想是液体	让想法自己**流淌**着；一切**流淌**来的想法我都接受；**思维又凝滞了**	4
思想是物体	我总是会惊讶于自己的记忆，我怎么把一些东西一直放在某个地方不肯丢弃；**拿不定主意**	4

续表

思想是道路	我不得不再次试图理清思路	3
思想是烟雾	弥漫出来的旧日的情感;便有一些旧梦和往事从字里行间慢慢地浮上来	2
思想是一种力	这只手曾经教给我许多东西,对我年轻的人生产生过震动;同时这种波也在一圈一圈减弱,直至消失	2
思想是有生命的	各种各样乱七八糟的想法逐渐开始复苏;一个接着一个,就这样毫无征兆地冒了出来	2
思想是绳索	我的心里总有个疙瘩	1
思想是食物	我把这不满给咽了回去	1
思想是硬的物体	心里的芥蒂	1
思想是植物	想不出细节来	1
思想是动物	反而让记忆跑得更远	1
脑袋是思维器官	脑袋顿时大了;睡不着觉真是一件让人头疼的事	1
思想是珍宝	曾经失落的珍宝	1
思想是易碎的物体	幻想都破灭了	1
思想是坚硬的物体	"顽固不化"的思想	1
液体的思想可以转化为固体	凝滞的思维	1
思想是运动	思维才又开始运行	1
思想是移动的物体	先前的那种想法又席卷重来	1
感觉是可以测量的	虽然人们说高兴的事情是肤浅的,痛苦才是深刻的	1
思想是物体、是声音、是味道	我可以去欣赏,有手去触摸,有眼去看,有耳去听,有舌去尝,有心去爱或去恨,这是天使也会嫉妒的我作为人的种种美好吧。	1

19.5 结　语

　　根据上文的四个统计表格,可以得出如下结论。

结论[1]：在汉语的具体使用中,人们主要使用同"心"相关的词语来表达思想和感情。同"心"相关的词语的使用频率大致是同"脑"相关的词语的使用频率的七倍。(参考表1)

结论[2]："心"和"脑"在语言表达中都是思维器官,"心"的使用频率大致是"脑"的使用频率的三倍。(参考表2和表3,其中"脑神经是思维器官"(2例)归入"大脑是思维器官"(8例)中,共10例)

结论[3]："心"和"脑"同为"思想"的容器,"心"的使用频率大致是"脑"的五倍。(参考表2和表3)

结论[4]："思想"是具体的物体。它可以是"可测量的物体"、"光"、"液体"、"道路"、"烟雾"、"绳索"、"食物"、"声音"、"味道"、"动物"、"生命体"等等。总之,抽象的思想在语言表达中从未抽象过。因为"思想"是物体,所以它会对心理形成"压力"等等。(参考表4)

结论[5]："思想的过程"是运动。它可以是一种"力",可以是会跑的"动物"或"生命体"等等。(参考表4)

结论[6]：身体是容器(参考表2)。这是认知语言学中广泛讨论并已经形成共识的一个概念隐喻。

　　以上结论是语料的集中体现。有些例子尽管语料中并不多,从统计中还是可以得出以下结论：

结论[7]：思考过程是操纵物体的过程。例如："最后,我不得不甩甩头,努力将它们甩了出去。"

结论[8]：思想是感知。例如："在我看来……"

　　根据以上结论,我们回头看本研究的目的：研究"体验性假说"在汉语具体使用中的体现。我们首先回答先前提出的四个具体的问题。

　　问题(1)：在汉语的具体使用中,"思想"的隐喻模式是什么?

　　回答是显而易见的,根据结论[4],"思想"是具体的物体。思想就是我们在日常生活中用自己的身体上的不同的器官所看到的"光"、"烟雾"、"可测量的物体"、"绳索",所听见的"声音",所尝到的"味道",经常走的"道路",等等。总之,它们都是我们可以用自己的身体亲身经历的事物。

问题(2):在汉语的具体使用中,是否存在西方文化中的"心智是身体"(THE MIND IS A BODY)的概念隐喻系统。

回答这个问题,我们首先要看对它的四个下层隐喻的回答,即:THINKING IS MOVING(思想是移动);THINKING IS PERCEIVING(思想是感知);THINKING IS OBJECT MANIPULATION(思想是操纵物体);ACQUIRING IDEAS IS EATING(获得思想是吃饭)。根据结论[5]、[7]、[8],对这个问题的回答几乎是肯定的。因为本语料对前三个隐喻都有具体的例子。虽然没有具体的例子表明 ACQUIRING IDEAS IS EATING(获得思想是吃饭),但是我们确实有"思想是物体"的概念隐喻(结论[4])。另外,本语料库非常小,相信随着语料的增大,会有足够的例子支持以上四个隐喻,进而完全支持"心智是身体"(THE MIND IS A BODY)这一个概念隐喻系统。有一点必须指出,"心智是身体"得到语料的完全支持之后,它也只能是"思想"的隐喻模式(**"思想"是具体的物体**)的一部分,而不是全部。因为**"思想"是具体的物体**,包括**心智是身体**,身体只是具体的物体的一种。这一结论表明"心智是身体"的隐喻是对身体的作用的过分强调。心智不只是身体,它还是我们日常接触到的许许多多的具体的物体,具体的事件,具体的经历。过分强调"心智是身体"是对其他部分的掩盖。尽管如此,**"思想"是具体的物体**仍然支持体验性假说。

问题(3):在汉语的具体使用中,思想的来源(或称"位置")是"心"(heart)还是"脑"?

语料表明"心"和"脑"同为思想的来源及思想的"容器",只是"心"的使用频率远远高于"脑"的使用频率。这主要源于古人误认为心是思维器官。

问题(4):如果"心"和"脑"都是思想的来源,二者在使用中的分布如何,哪一个是主要的,即"原型"(prototype)?

在语言表达所反映出来的中国文化中,"心"和"脑"同为"思维器官"和"思想容器"。语料显示"心"在语言使用中是原型。

  最终结论:经过对汉语使用中的语料的分析,结论支持认知语言学中的"体验性假说",即"人的身体的、认知的及社会的体验是形成概念系统及语言系统的基础"。在语料支持体验性假说的同时,我们应该看到本研究的几点不足:(1)本研究的语料库非常小;(2)本研究没有严格界定隐喻与非隐喻的标准,确定隐喻句子只是靠笔者的内省;(3)在表2、3、4中,通过隐喻表达来确定概念隐喻时,遵循的是西方英语文献中的基本做法。事实上,某个隐喻表达和概念隐喻的关系不是绝对的一一对应的关系。例如,隐喻表达"反而让记忆跑得更远",就一定能得出"思想是动物",或者"思想是可以运动的实体"吗?会跑的东西有很多。

形式语义学

第二十章

形式语义学简介

20.1 引　言

　　鉴于形式语义学的发展及其越来越重要的地位,作为全书最后一章,本章将对形式语义学(formal semantics)做一简单介绍。形式语义学又称逻辑语义学(logical semantics)、真值条件语义学(truth-conditional semantics)或真值论语义学(truth-theoretic semantics)(蒋严、潘海华 1998:11),其主要特点是采取数学模型、现代逻辑等手段对自然语言的句法构造和真值条件语义进行研究。目前,形式语义学已成为一个庞大复杂的体系。徐烈炯教授在为蒋严和潘海华(1998)所写的序言中提到,美国和欧洲平均每隔一两年就出版一本形式语义学课本(蒋严、潘海华 1998:2),其中仅蒋严和潘海华(1998:487)中列出的主要英文教科书就有 Allwood et al. (1977),Bach (1989),Cann (1993),Chierchia & MaConnell-Ginet (1990),Dowty et al. (1981),Gamut (1991),Heim & Kratzer (1998),Larson & Segal (1995),McCawley (1993/1981),Partee et al. (1990)等,更别提其他成百上千的英文著作和论文。同时,在国内也出版了一些汉语的形式语义学专著和论文,上文提到的蒋严和潘海华(1998)就是一例。此外,还有方立(1993,1997,2000)、徐烈炯(1993)、邹崇理(1995)等著作或专门或单列篇章对形式语义学进行了介绍和研究。方立(1986)、刘新文(2005)、田润民(1996)、司富珍(2001)、吴炳章(2000)、吴道平(1985)、吴平(2002)、辛斌(1999)、张秋成(2003)、邹崇理(2000)等论文也从不同角度介绍或探讨了形式语义学的相关问题。

但总体说来,国内的形式语义学研究"远未形成气候"(司富珍 2001),形式语义学本身的抽象性、国人的思维特点、以及国内的课程设置都影响了形式语义学在中国的发展。因此,本文力图在有限的篇幅内,简明扼要地介绍形式语义学的相关内容,为没有逻辑学等基础的读者提供一个形式语义学的大致景观。本章共分五部分:除本引言外,第二部分为形式语义学的起源与发展;第三部分将主要介绍形式语义学如何对句子形式化,以及如何借助集合、谓词逻辑、命题逻辑对句子的真值条件语义进行基本研究;第四部分为形式语义学的贡献和不足;第五部分为结语。

20.2 形式语义学的起源、发展及核心内容

关于形式语义学的起源与发展,Partee(1996)及 Abbott(1999)都有较为详细的介绍,Kempson(1996)也有所提及,本章仅在此基础上做简单的总结。总体来说,虽然在 20 世纪 60 年代末、70 年代初的生成语义学范式下已有 Bach(1968),Fillmore(1968),Karttunen(1969),Lakoff(1968,1971,1972)等开始注意"逻辑形式(logical form)"的问题,但真正意义上的形式语义学却直至 Montague(1970a,1970b,1973,1974 等)才开始兴起。在 Montague 之前,Frege(1892),Tarski(1933),Carnap(1947),Quine(1953)等已经在哲学和逻辑学界掀起了模型论语义(model-theoretic semantics)的高潮。模型论虽然也使用逻辑手段来研究语言,但是大多数研究并不对自然语言表达之间的关系进行形式化,在自然语言表达的逻辑语义分析中也不采取形式化的手段。换句话说,形式化的语言(formal language)只是作为元语言(metalanguage)用来分析自然语言,而模型论语义学也只是应用于元语言。在这种背景下,Montague 在其论著中首次否认了自然语言(natural language)不可形式化的观点,他主张以描述形式语言的逻辑数理方法来描述和分析自然语言。但是,Montague 的论文"非常抽象浓缩,一般人(甚至是逻辑学家)很难读懂"(Abbott 1999:6)。所以,真正将这套理论引入语言学界并引起巨大反应的是 Partee(1973a,1973b,1975,1976)和 Thomason(1974)等。与此同

时，Lewis（1968，1969），Cresswell（1973），Keenan（1971a，b），Thomason和Stalnaker（1973）也作了类似的致力于连接语言学、逻辑学和哲学的研究。于是，从70年代中期开始，"蒙塔古语法（Montague Grammar）"以及其他形式语义学分支开始蓬勃发展。

时至今日，形式语义学已由当初的"蒙塔古语义学"扩展出许多流派，如话语表现理论（representation theory）、广义量词理论（generalized qualifier theory）、情境语义学（situation semantics）、类型—逻辑语法（type-logical grammar）、博弈论语义学（game-theoretical semantics）等等（邹崇理 2000：115）。其中，Partee（1996：33）认为博弈论语义学（如 Hintikka 和 Kulas 1985 等）、情境语义学（如 Barwise 和 Perry 1983；Cooper 1986，1987 等）以及话语表现理论（如 Kamp 和 Reyle 1993 等）已与最初的蒙塔古语法相去甚远。但是，无论哪种流派，万变不离其宗的仍是(1)自然语言与人工语言本质上相同的基本观点；(2)高度抽象的数理逻辑手段；(3)真值条件在语义中的核心地位（Abbot 1998：15—16）。为使读者对形式语义学的逻辑、数学手段有一个总体印象，下面简单介绍谓词逻辑和命题逻辑。

20.3　谓词逻辑和命题逻辑

谓词逻辑和命题逻辑的区别在于，后者主要研究句子之间的关系，而前者可以研究一个句子的内部因素。下面对两者的介绍主要基于李福印和Kuiper(1999：111—142)所选取的Allwood et al (1977)，McCawley（1981）中的部分内容，以及Cann（1993）等。我们遵循由简到繁的原则，先由简单句的形式化开始，然后是简单句的真值验证，最后到合成句的形式化以及合成句的真值语义推导。

首先，我们需要了解与此相关的几个基本概念原则，分别是：命题、集合与函项、真值的相符原则和真值条件、组合性原则。

命题(Proposition)：简单地说，命题是"what a sentence says about the world"(Allwood et al. 1977：21)(句子中关于客观世界的判断)。不同的语义学家对命题的定义有所不同，例如，Lyons(1977：141)认为"A proposition is what is expressed by a declarative sentence when the sentence is uttered to make a statement"(命题是当陈述句用于陈述事实时所表达的内容)"；Hurford 和 Heasley(1983：19) 认为"A proposition is that part of the meaning of a sentence that describes a state of affairs"(命题是句子用于描述事件状态的那部分含义)"。从上述定义我们可以看出,命题与句子不同,命题是客观的,它是句子中关于客观世界的、关于事实以及事件状态的那部分内容；同时,命题只有内容,没有语音、语法外形(蒋严、潘海华 1998：2)。有些语义学家(如 Cann 1993)使用"statement"一词指代命题,还有些语义学家(如 Allwood et al. 1977)虽然承认并强调命题与句子的差异,但认为,为了表述方便,可以假定句子和命题之间存在一一对应关系,不加区分地使用"命题"和"句子"(Allwood et al. 1977：21—22)。本文为简单起见,承袭 Allwood et al.(1977)的传统。

集合(set)与函项(function)：集合是抽象的概念,指的是一类事物的全体。集合中的个体称为该集合的元素。某元素或者属于某集合,或者不属于某集合,分别记为 $a \in B$ 或 $a \notin B$（其中小写斜体字母表示元素,大写斜体字母表示集合）。两个集合之间可以存在 A 属于 B($A \subseteq B$, B 包含 A 的所有元素),A 真属于 B($A \subset B$, B 包括 A 的所有元素,并至少包含一个不属于 A 的元素),A 等于 B($A = B$, A 与 B 包含的所有元素都相同)的关系。集合之间可以进行求交集($A \cap B$,所得集合包含 A 与 B 所有共有元素)、求并集($A \cup B$,所得集合包含 A 与 B 的所有元素)、求差集($A-B$,所得集合包含属于 A 但不属于 B 的元素)、求补集(CA 或 $A-$,所得集合包含全集 C 中所有不属于 A 的元素)的运算(Allwood et al. 1977：3—10)。

函项是逻辑学中的概念,它比数学中的函数更加广义,但两者在本质和基本运算方式上并无差异,所以我们可以参照函数来理解函项的相关概念,如常量、变量等。

真值的相符原则(The correspondence theory of truth) 和真值条件(Truth conditions)：宽泛地说,真值的相符原则是指"A statement in some language is true if, and only if, it correspondence to some state-of-affairs"(Cann 1993：15)(某种语言中的某命题为真,当且仅当它与某种事件状态相符)。该原则是形式语义学中判断句子真假的标

准,即如果一个句子描述的内容与客观世界相符,那么该句为真,反之为假。而句子的真值条件则进一步研究句子在什么情况下为真,使句子为真的真值条件就是句子的真值条件义,也是句子的核心意义。Allwood et al. (1977:72)表述道:"To know the meaning of an indicative sentence is to know that the world has to be like for that sentence to be true."(了解陈述句的意义就是了解若该句为真,世界应该的模样。)Cann(1993:15)将其表述为:"To know the core meaning of a sentence uttered as a statement is to understand the conditions under which it could be true."(了解句子用为命题的核心意义就是了解在什么情况下该句为真。)上述定义表明,当我们读到一个句子时,之所以能理解该句子的核心含义,是因为我们知道能使这个句子为真的条件,即,要使这个句子与某种事件状态相符,世界必须呈现的模样。也就是说,我们可能不知道该句子到底为真还是为假,但只要了解该句子为真的条件,就能理解句子的核心意义。如果我们用 P 表示某句真值条件的集合,用 S 表示句子,那么真值的相符原则可以简化为:S 为真,当且仅当 P。

组合性原则(The principle of compositionality):Frege(1892)首先提出了组合性原则,当时表述如下:"The meaning of an expression is a function of the meaning of its parts."(表达式的意义是其各组成部分意义的函项)(转引自 Cann 1993:3)。Cann(1993:4)将其扩充表达为"The meaning of an expression is a monotonic function of the meaning of its parts and the way they are put together"(表达式的意义是其各组成部分意义以及组合方式的单调函项)。组合性原则是形式语义学的重要原则之一,为意义的合成提供了理据,也是由单句真值推导合成句真值的基础。

20.4 简单句的形式化

了解上述概念和原则后,我们可以开始探讨谓词逻辑(Allwood et al. 1977:58—61)。首先请看下面一组句子:

例(1)

    a. Bruce is a moose.   （布鲁斯是头驼鹿。）

    b. The bear is asleep.   （这头熊睡着了。）

    c. King Canute surrendered.   （卡钮特国王投降了。）

    d. Olaf was a Viking.   （奥拉夫是北欧海盗。）

    e. The east is red.   （东方是红色的。）

上面的5个句子具有相同的逻辑形式，它们都是对某一个体的性质等做出论断，因此在形式语义学中它们都叫做述谓句(predication)。我们可以用小写斜体字母 $a, b, c, d, e...$ 表示上述句子中的论元(argument)[1]；大写斜体字母 $A, B, C, D, E...$ 表示谓词(predicate)。其中 $a, b, c, d, e...$ 即为个体常量(individual constant)，$A, B, C, D, E...$ 即为谓词常量(predicate constant)。现在我们要用谓词逻辑对上述的句子形式化。以第(1)a句为例，我们可以将Bruce记成 b，把"being a moose(是头驼鹿)"的性质记为 M，于是(1)a句便可以写成：

$M(b)$

在上句中，Bruce是一个特定的个体。接下来，如果我们用 x，一个可以指代任何个体的个体变量来替换Bruce，上面的表达式就变成了：

$M(x)$

如果再抽象一些，用 Φ，谓词变量来代替表示"being a moose(是头驼鹿)"的谓词常量 M，便可以得到：

$\Phi(x)$

显然，上述 $M(x), \Phi(x)$ 已经不再能表示述谓句。其中 $M(x)$ 叫做开语句[2]，而 $\Phi(x)$ 没有任何实际的意义，但是该表达形式可以用于逻

---

[1] 根据Allwood et al.(1997:60)，这里的论元指语法上的主语和宾语。

[2] 根据蒋严和潘海华(1998:33)，如果一个谓词的论元都是常量，则该逻辑式构成一个完整的命题；如果一个谓词与一个或几个变量论元相结合，就不是一个完整的命题，而成为开语句。

辑运算。

下面请看两个稍微复杂的句子：

例(2)
a. Thor stole the hammer. （索尔偷走了铁锤。）
b. Jack gave Jill the apple. （杰克给了吉尔一个苹果。）

可以看出，例(2)a 句包含两个论元，例(2)b 句包含三个论元，因此我们可分别将其形式化为 $P(t1, t2)$ 或是 $P(t1, t2, t3)$。依次类推，如果一个述谓句中包含 n 个论元，可以记为 $P(t1, t2, \ldots, tn)$。但是，逻辑学中的谓词没有必要与语法分析中的谓词相对应。如例(2)a 句中，我们就可以把"stole the hammer(偷走了铁锤)"看成是一个谓词，从而把句子形式化成 $P(t)$。

到现在为止，我们已经初步了解了如何对一个句子进行形式化，也就是将其写成逻辑命题表达式，但这仅仅是谓词逻辑中语义研究的开端。如果要深入下去，首先要明确该逻辑命题表达式怎样与客观世界相联系，这便涉及到了谓词逻辑命题的真值验证，下面我们将进行简单介绍。

20.5 谓词逻辑与简单句的语义

本节涉及到模型论语义学的内容，因篇幅有限，这里仅以两个简单的一元谓词[①]例子初步说明真值验证。首先，我们要引入一个概念——模型。通俗地说，模型是验证命题的环境，它由两部分组成：集合 D 和函项 F。集合 D 包含模型中的所有个体；而函项 F 主要起赋值的作用。对于常量，函项 F 可以赋给它集合 D 的一个元素；对于一元谓词，函项 F 可以赋给它集合 D 的一个子集（蒋严 潘海华 1998:35）。

现在，已知集合 D 和函项 F，定义如下：

$D:\{$Alfred, Bruce, Charles, Dennis, Erod, Frank, George,

[①] 根据 Allwood et al. (1977:60)，能结合一个论元的谓词称为一元谓词，如 is；能结合两个论元的谓词称为二元谓词，如 steal；依次类推直至 n 元谓词。

Harold}

$F(a)$ = Alfred　　　　$F(e)$ = Erod
$F(b)$ = Bruce　　　　$F(f)$ = Frank
$F(c)$ = Charles　　　$F(g)$ = George
$F(d)$ = Dennis　　　　$F(h)$ = Harold
$F(M)$ = {Alfred, Charles, Erod, George, Harold}
$F(C)$ = {Alfred, Charles, Erod, George, Harold, Bruce, Frank}

其中，M 和 C 为一元谓词，M 代表 "being a moose（是头驼鹿）"，C 代表 "being clever（是聪明的）"。

　　现在，我们在上面的模型中对例(3)中的 5 个句子进行验证。以(3)a 和(3)b 句为例。已知在模型中，b 被赋值为 Bruce，a 被赋值为 Alfred，M 代表 "being a moose（是头驼鹿）"，C 代表 "being clever（是聪明的）"。那么，$M(b)$ 表示的就是 "Bruce is a moose"；同理，$C(a)$ 表示 "Alfred is clever"。在赋给 M 的子集中，没有 Bruce 这个元素，因此 "Bruce is a moose"，即 $M(b)$ 为假；在赋给 C 的子集中，包含 Alfred 这个元素，因此 "Alfred is clever"，即 $C(a)$ 为真。依次类推，我们可以得出其余三个句子的真假。(Allwood et al. 1977：72—74)

例(3)
　　a. $M(b)$ "Bruce is a moose."（布鲁斯是头驼鹿。）假（F）
　　b. $C(a)$ "Alfred is clever."（阿尔弗莱德是聪明的。）真（T）
　　c. $C(g)$ "George is clever."（乔治是聪明的。）真（T）
　　d. $M(e)$ "Erod is a moose."（伊罗德是头驼鹿。）真（T）
　　e. $C(d)$ "Dennis is clever."（丹尼斯是聪明的。）真（T）
　　（T＝True，真；F＝False，假）

20.6 合成句①的形式化

在简单句形式化的基础上,合成句的形式化相对容易。我们需要做的只是了解简单句之间的关系,并使用恰当的逻辑符号把形式化的简单句连接起来。

概括来说,简单句之间存在 5 种关系,分别是否定(Negation ~),合取(Conjunction &),析取(Disjunction v),条件(Implication →),恒等(Equivalence ≡),自然语言(如英语)中的某些表达可以大致地与这些逻辑关系相对应。例如,否定:not, it is false that 等;合取:and 等;析取:or 等;条件:if...then 等;恒等:if and only if, exactly when 等。如果我们用 p, q 表示简单句,那么下面的合成句便可以表现成如下形式(Allwood et al. 1977:26—41):

例(4)

    a. Bill is a student and he studies the language.   p & q
       (比尔是大学生,并且他研究语言。)
    b. Bill broke the window or Jim did it.   p v q
       (比尔打破了窗户,或者是吉姆干的。)
    c. Bill did not break the window.   ~ p
       (比尔没有打破窗户。)

20.7 命题逻辑与合成句的语义

现在,我们已经完成了对简单句的形式化,对简单句的语义真值验证,对合成句的形式化,在此基础上,我们可以通过命题逻辑中的真值表来计算出合成句的真值。

5 种关系的真值合成关系如下:

---

① 此处的合成句与简单句相对,包括语法上的复合句和并列句。

否定:p 与 ~p 的真值总是相反,即两者的真值条件集合互为补集。

p	~p
t	f
f	t

合取:只有当两个简单句都为真时,合成句才为真,即合成句的真值条件集合为两个简单句真值条件集合的交集。

p	q	p & q
t	t	t
t	f	f
f	t	f
f	f	f

析取:其中一个简单句为真时,合成句就为真,即合成句的真值条件集合为两个简单句真值条件集合的并集。

p	q	p ∨ q
t	t	t
t	f	t
f	t	t
f	f	f

条件式:只有当前件(antecedent)为真,后件(consequent)为假时,合成句才为假。

p	q	p → q
t	t	t
t	f	f
f	t	t
f	f	t

恒等：只要两个简单句的真值一致，合成句就为真。

p	q	$p \equiv q$
t	t	t
t	f	f
f	t	f
f	f	t

我们可以依据上述真值表对合成句的真值进行推导，例如以下的真值计算(Allwood et al. 1977:48—49)：图中的 **t**，**f** 表示已经命题的真值，其中简单句的真值是通过 20.5 中介绍的真值验证得出的，合成句的真值是通过真值表计算得出的。**Disj** 等表示两个逻辑命题之间的关系。图中的 Level 表示逻辑计算的层次，其法则与代数中的四则运算法则相似，即从最内部的括号算起。

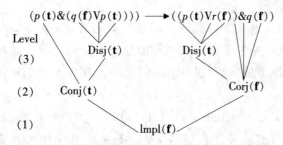

可以看出，合成句的真值是由简单句的真值以及它们之间的关系决定的，这正好说明了合成性原则的作用。

现在，我们已经从简单到复杂地了解了简单句的形式化，简单句的真值验证，合成句的形式化，合成句的真值计算。这些是形式语义学最为基本的问题，也仅是一个开始。如想深入掌握形式语义学复杂精细的体系，至少需要阅读几本相关著作。

20.8 形式语义学的贡献和不足

形式语义学使用数理模型、现代逻辑等手段研究语义,"不但对语义研究做出了巨大的贡献,而且成为语言学、哲学、数学、逻辑学、计算机科学和人工智能的交汇点"(蒋严、潘海华 1998:13)。但是,形式语义学也存在着一些不足。除了可在其范式内部讨论的一些不足外(详见 Partee 1996:25—27),近年来认知语言学的兴起更是对形式语义学的一些根本原则提出了质疑。

首先遭到质疑的是合成性原则。该原则在解释语言中的一些惯用搭配,如 *by and large* 时存在显著不足。与此相关的是,Lakoff 等(如 Lakoff & Johnson 1980)认为形式语义学没有重视语言中广泛存在的隐喻。形式语义学家如 Partee(1996:27)也承认隐喻确实是对于形式语义学的一个挑战。

其次,形式语义学研究中广泛借助集合理论,集合要求自身有清晰的界限,集合中的元素具有同等的地位等。但是语言范畴化过程中广泛存在的原型效应(参见 Taylor 2003)却非常不利于集合理论用于语言研究。

第三,Lakoff 和 Johnson(1980:159—184)对真值提出了质疑,从而影响了真值验证和真值语义论。形式语义学中的真值强调客观性,排除主观因素,但是 Lakoff 和 Johnson 却认为真值都是相对于人的认知系统的,相对于人类的理解,世界上不存在完全"客观"的真值。

归结起来,认知语言学对于形式语义学的批评主要在于后者没有给人以足够的重视,没有考虑到人的心智、人的体验等因素。Fauconnier(2002:3—15)在其著作的第一章"The age of form and the age of imagination(形式的时代与想象的时代)"认为,虽然系统的形式运算在本世纪取得了巨大的胜利,但归根结底仍是"阿喀琉斯的盔甲",真正的意义在于人类的心智系统。

20.9 结　语

综上所述,本章的目的在于给没有形式语义学相关基础的读者做一个简单介绍,为其提供一个大致的景观。为此,我们首先回顾了形式语义学的起源与发展,然后举例说明了形式语义学中基本的数学、逻辑运算,主要介绍了一些基本概念和原则,并解释了简单句、合成句的形式化以及真值条件语义获得的过程。最后,我们总结归纳了形式语义学的贡献与不足,即形式语义学在准确描述自然语言"主要部分"、连接相关学科的同时,未能对人的因素给予足够重视。

参考书目

Abbott, Barbara. 1999. A formal approach to meaning: formal semantics and its recent developments. 《外国语》第 1 期,2—20 页。

Allan, Keith. 1986. *Linguistic Meaning (Vol I & II)*. Routledge & Kegan Paul.

Allwood, Jens, Lars-Gunnar Anderson, and östen Dahl. 1977. *Logic in Linguistics*. Cambridge University Press.

Alyeshmerni, Mansoor, and Paul Taubr. 1975. *Working with Aspects of Language*. Harcourt Brace Jovanovich.

Bach, Emmon. 1968. Nouns and noun phrases. In E. Bach and R. T. Harms (eds.), *Universals in Linguistic Theory*. New York: Holt, Rinehart, and Winston. 91—124.

Bach, Emmon. 1989. *Informal Lectures on Formal Semantics*. The State University of New York Press.

Barwise, J., and Perry, J. 1983. *Situations and Attitudes*. Cambridge, MA: MIT Press.

Berlin, Brent, Dannis E. Breedlove, and Peter H. Raven. 1974. *Principle of Tzeltal Plant Classification*. New York: Academic.

Berlin, Brent, and Paul Kay. 1969. *Basic Color Terms: Their University and Evolution*. Berleley & Los Angeles: University of California Press.

Berlin, Brent, and A. Kimball Romney. 1964. Descriptive semantics of Tzeltal numeral classifiers. In A. K. Romney and R. D'Andrade, eds., *Transcultural Studies in Cognition*, pp. 79—98. Special publication of *The American Anthropologist* 66, no. 3, part 2.

Blasko, D. G. 1999. Only the tip of the iceberg: Who understands what about metaphor. *Journal of Pragmatics* 31, N12, 1675 — 1684.

Bloomfield, Leonard. 1933. *Language*. UK: George Allan & Unwen Ltd.

Bloor, Thomas, and Meriel Bloor. 2001. *The Functional Analysis of English: A Hallidayan Approach*. Beijing: Foreign Language Teaching and Research Press.

Boers, F., and Demecheleer, M. 2001. Measuring the impact of cross—cultural differences on learners' comprehension of imaginable idioms. *ELT Journal*, 55 (3), 255—262.

Boer, Steven E., and William G. Lycan. 1976. *The Myth of Semantic Presupposition*. Bloomington, IN: Indiana University Linguistics Club.

Bolinger, Dwight. 1975. *Aspects of Language*. Harcourt Brace Jovanovich.

Boroditsky, L. 2000. Metaphoric structuring: Understanding time through spatial metaphors. *Cognition*, 75, 1—28.

Bréal, Michel. 1883. The intellectual laws of language: A sketch in semantics. In Br al, Michel. 1991, *The Beginnings of Semantics: Essays, Lectures and Reviews* (edited and translated by George Wolf). Stanford, California: Stanford University Press.

Bréal, Michel. 1883. Les lois intellectuelles du langage;fragment de sémantique, *Annuaire de l'Association pour l'encouragement des etudes grecques*, 17, 132—142.

Bréal, Michel. 1991. *The Beginnings of Semantics: Essays, Lectures and Reviews* (edited and translated by George Wolf). Stanford, California: Stanford University Press.

Brown, Gillian, and George Yale. 2000. *Discourse Analysis*. Beijing: Foreign Language Teaching and Research Press.

Brown, Roger. 1958. How shall a thing be called? *Psychological Review* 65:14—21.

Brown, H. D. 1987. *Principles of Language Learning and Teaching*. Englewood Cliffs, N. J.: Prentice Hall Regents.

Brugman, Claudia. 1988. *The Story of Over: Polysemy, Semantics, and the Structure of the Lexicon*. New York: Garland Publishing.

Brugman, Claudia. 1990. What is Invariance Hypothesis? *Cognitive Linguistics* 1—2 (1990), 257—266.

Bussmann, Hadumod. 1996. *Routledge Dictionary of Language and Linguistics*. Translated and edited by Gregory Trauth and Kerstin Kazzazi. London and New York: Routledge.

Cacciari, C., and Tabossi, P. 1993. *Idioms: Processing, Structure, and Interpretation*. Hilldale: Lawrence Erlbaum Associates, Publishers.

Cacciari, C., and Glucksberg, S. 1991. Understanding idiomatic expressions, the contribution of word meanings. In G. Simpson (Ed.), *Understanding Word and Sentence*. Amsterdam: North Holland.

Cacciari, C., and Tabossi P. 1988. The comprehension of idioms. *Journal of Memory and Language* (27): 68—683.

Cann, Ronnie. 1993. *Formal Semantics*. Cambridge University Press.

Cappelen, Herman, and Ernie Lepore. 2005. *Insensitive Semantics*. Blackwell Publishing.

Carnap, R. 1947. *Meaning and Necessity*. University of Chicago Press.

Chernuisheva, I. I 1964. *Die Phraseologie der Gegenw rtigen Deutschen Sprache*, Mascow: Vuisshaya Schkola.

Chierchia, Gennaro, and Sally McConnell-Ginet. 1990. *Meaning and Grammar: An Introduction to Semantics*. MIT Press.

Chomsky, Noam. 1965. *Aspects of the Theory of Syntax*. Cambridge/Mass, MIT Press.

Chomsky, Noam. 1980. *Rules and Representations*. New York: Columbia University Press.

Chomsky, Noam. 1988. *Language and Problems of Knowledge. The Managua Lectures*. Cambridge, MA: MIT Press.

Cienki, Alan. 1997. Some properties and groupings of image schemas. In Verspoor, Marjolijn, Kee Dong Lee. And Eve Sweetser (eds), *Lexical and Syntactical Construction of Meaning*. Amsterdam-Philadelphia: Benjamins, 3—15.

Cienki, Alan. 1998. Straight: An image schema and its metaphorical extensions. *Cognitive Linguistics* 9—2 (1998), 107—149.

Clausner, Timothy, and William Croft. 1999. Domains and image schemas. *Cognitive Linguistics* 10—1(1999), 1—31.

Cohen, G. 2000. Hierarchical models in cognition: Do they have psychological reality? *European Journal of Cognitive Psychology* 12 (1), 1—36.

Cooper, R. 1986. Tense and discourse location in situation semantics. *Linguistics and Philosophy*, 9, 17—36.

Cooper, R. 1987. Preliminaries to the analysis of generalized quantifiers in situation semantics. In P. G rdenfors (ed.) *Generalized Quantifiers: Linguistic and Logical Approaches*. Dordrecht: Reidel.

Cowie, A. P. 1998. *Phraseology: Theory, Analysis, and Applications*, Clarendon Press.

Cowie and McCaig. 1993. *Oxford Dictionary of English Idioms*. Oxford University Press.

Cresswell, M. J. 1973. *Logics and Languages*. London: Methuen.

Cruse, D. A. 1986. *Lexical Semantics*. Cambridge: Cambridge University Press.

Crystal, David. 2003. *A Dictionary of Linguistics and Phonetics*

(5th Ed.). Oxford: Blackwell Publishing.

Cuyckens, Hubert, and Britta Zawada. 1997. *Polysemy in Cognitive Linguistics*. Amsterdam/Philadelphia: John benjamins Publishing Company.

Dews, S., and Winner, E. 1999. Obligatory processing of literal and nonliteral meanings in verbal irony. *Journal of Pragmatics* 31 (1999) N12, 1579—1600.

Dickinson, Peter. 1969. *The Old English Peep Show*. New York: Pantheon Books.

Dirven, René, and John Taylor. 1988. The conceptualization of vertical space in English: The case of *tall*. In Rudzka-Ostyn, 379—402.

Dirven, René, and Marjolijn Verspoor. 1998. *Cognitive Exploration of Language and Linguistics*. Amsterdam/Philadelphia: John Benjamins Publishing Company.

Dirven, Rene, and Marjolijn Verspoor. 2004. *Cognitive Exploration of Language and Linguistics (2nd edition)*. Amsterdam/Philadelphia: John Benjamins Publishing Company.

Dowty, David R. 1991. Thematic proto-roles and argument selection. *Language* 67: 574—619.

Dowty, David, Robert Wall, and Stanley Peters. 1981. *Introduction to Montague Semantics*. Dordrecht: Reidel.

Engstrøm, Anders. 1999. The contemporary theory of metaphor revisited. *Metaphor and Symbol*, 14(1), 53—61.

Fauconnier, Gills, and Mark Turner. 2002. *The Way We Think*. Basic Books.

Fillmore, Charles. 1968. The case for case. In E. Bach and R. T. Harms (eds) *Universals in Linguistic Theory*, 1—88. New York: Holt, Rinehart & Winston.

Fillmore, Charles. 1977. Scenes and frames semantics. *Linguistic Structure Processing* (Fundamental Studies in Computer Science,

5), ed. Antonio Zampolli, 55—81. Amsterdam: North-Holland.

Fillmore, Charles. 1982a. Frame semantics. *Linguistics in the Morning Calm*, ed. The Linguistic Society of Korea, pp. 111 — 137, Seoul: Hanshin.

Fillmore, Charles. 1982b. Towards a descriptive framework for spatial deixis. In Robert Jarvella and Wolfgang Klein (eds.) *Speech, Place, and Action: studies in deixis and related topics*. Chichester and New York: John Wiley and Sons, pp. 31—59.

Fillmore, Charles. 1985. Frames and the semantics of understanding. *Quaderni di Semantica* 7:49—58.

Fillmore, Charles, and Beryl T. Atkins. 1992. Toward a frame-based lexicon: The semantics of RISK and its neighbors. In Lehrer, Adrienne and Ava Feder Kitty (eds). *Frames, Field and Contrasts: New Essays in Semantics and Lexical Organization*. Hillsdale, NJ: Lawrence Erlbaum Association, pp. 75—102.

Fillmore, C. J., Kay, P., and O'Conner, M. C. 1988. Regularity and idiomaticity in grammatical constructions: The case of "Let Alone". *Language*, 64/3: 501—538.

Fodor, J. D. 1979. The King of France is false. In C. K. Oh and D. A. Dinneen (eds) *Syntax and Semantics* 11: *Presuppositon*. New York: Academic Press.

Fox, Chris, and Shalom Lappin. 2005. *Foundations of Intensional Semantics*. Blackwell Publishing.

Frawley, William. 1992. *Linguistic Semantics*. New Jersey: Lawrence Erlbaum Associates, Publishers.

Freeman, Margaret H. 2002. Momentary stays, exploding forces. *Journal of English Linguistics*, Vol. 30/No. 1.

Frege, G. 1892. 'Über Sinn und Bedeutung'. *Zeitschrift für Philosophie und Philosophische Kritik*, 100, 25—50. Translated as 'On sense and reference'. In P. T. Geach and M. Black (eds), *Translations from the Philosophical Writings of*

Gottlob Frege. Oxford: Blackwell. 1952. 56—78.

Gamut, L. T. F. 1991. *Logic, Language, and Meaning. Vol. 1. Introduction to Logic; Vol. 2. Intensional Logic and Logical Grammar*. The University of Chicago Press.

Gazdar, Gerald. 1979. *Pragmatics: Implicature, Presupposition, and Logical Form*. New York: Academic Press.

Gernsbacher, M. A., Robertson, R. R. W. 1999. The role of suppression in figurative language comprehension. *Journal of Pragmatics* 31(1999) N12, 1619—1630.

Gibbs, Raymond W. 1980. Spilling the beans on understanding and memory for idioms in contest. *Memory and Cognition*, (8): 149—156.

Gibbs, Raymond W. 1994. *The Poetics of Mind: Figurative Thought, Language and Understanding*. Cambridge: Cambridge University Press.

Gibbs, Raymond W. 1986. Skating on the thin ice: literal meaning and understanding idioms in conversation. *Memory and Cognition*, (9):17—30.

Gibbs, Raymond W, et al. 1994. Talking a stand on the meaning of stand: Bodily experience as motivation for polysemy. *Journal of Semantics* 11, 231—251.

Gibbs, Raymond W. 1992. What do idioms really mean? *Journal of Memory and Language* 31, 485—506.

Gibbs, Raymond W. 1996. Why many concepts are metaphorical. *Cognition* 61, 309—319.

Gibbs, Raymond W., and Herbert Colston. 1995. The cognitive psychological reality of image schemas and their transformations. *Cognitive Linguistics* 6—4, 347—378.

Gibbs, Raymond W., and O'Brien Jenniffer. 1990. Idioms and mental imagery: The metaphorical motivation for idiomatic meaning. *Cognition* (36): 35—68.

Gibbs, Raymond W., Josephine M. Bogdanovich. et al. 1997. Metaphor in idiom comprehension. *Journal of Memory and Language*, 37, 141—154.

Gibbs, Raymond W., and Nayak, N. P. 1989. Psycholinguistic studies on the syntactic behaviour of idioms. *Cognitive Psychology*, (21): 100—138.

Giora, R., and Fein, O. 1999. On understanding familiar and less familiar figurative language. *Journal of Pragmatics* 31 (1999) N12,1601—1618.

Givón, T. 1984. *Syntax: A Functional-Typological Introduction*, Vol. 1. Amsterdam: John Benjamins.

Gläser, R. 1988. The grading of idiomaticity as a presupposition for a taxonomy of idioms. In W. Hüllen and R. Schulze (eds.), *Understanding the Lexicon: Meaning, Sense and World Knowledge in Lexical Semantics*. Tübingen: Max Niemeyer, 264—279.

Glucksberg, Sam, and Matthew McGlone. 1999. When love is not a journey: What metaphors mean. *Journal of Pragmatics* 31, N12, 1541—1558.

Goddard, Cliff, and Anna Wierzbicka. 1994. *Semantic and Lexical Universals: Theory and Empirical Findings*. Amsterdam/Philadelphia: John Benjamins Publishing Company.

Goodman S. 1996. Visual English. In Goodman S. and D. Graddol (eds) *Redesigning English: New Texts, New Identities*. London & New York: Routledge, 38—72.

Grady, Joe, Sarah Taub, and Pamela Morgan. 1996. Primitive and compound metaphor. In Goldberg, Adele. *Conceptual Metaphor, Discourse and Language*. Stanford, CA: CSLI publications.

Haegeman, John. 1994. *Introduction to Government and Binding Theory*, second edition. Oxford: Blackwell.

Halliday, M. A. K. 2000. *An Introduction to Functional Grammar*

(2nd Ed.). Beijing: Foreign Language Teaching and Research Press.

Heim, Irene, and Angelika Kratzer. 1998. *Semantics in Generative Grammar*. Oxford: Blackwell.

Hintikka, K.J.J., and Kulas, J. 1985. *Anaphora and Definite Descriptions: Two Applications of Game Theoretical Semantics*. Dordrecht: Reidel.

Howarth, P. 1996. *Phraseology in English Academic Writing: Some Implications for Language Learning and Dictionary Making*, T bingen: Max Niemeyer.

Hurford, J.R., and B. Heasley. 1983. *Semantics: a Coursebook*. Cambridge University Press.

Jackendoff, R. 1972. *Semantic Interpretation in Generative Grammar*. Cambridge, MA: MIT Press.

Jackendoff, R. 1990. *Semantic Structure*. Cambridge, MA: MIT Press.

Johnson, C. 1999. Metaphor vs. conflation in the acquisition of polysemy: The case of SEE. In M. K. Hiraga, C. Sinha, and S. Wilcox, (Eds.). *Cultural, Typological and Psychological Issues in Cognitive Linguistics. Current Issues in Linguistic Theory*, vol. 152, pp. 155—169. Amsterdam: John Benjamins.

Johnson, M. 1987. *The Body in the Mind: The Bodily Basis of Meaning, Imagination, and Reason*. Chicago: University of Chicago Press.

Kamp, H., and U. Reyle. 1993. *From Discourse to Logic*. Dordrecht: Kluwer.

Karttunen, L. 1969. Pronouns and variables. In *Papers from the Fifth Regional Meeting of the Chicago Linguistic Society*. University of Chicago Linguistics Department. 108—115.

Katz, Jerrold J. and Paul Postal. 1963. Semantic Interpretation of Idioms and Sentence Containing Them. *Quarterly Progress Report* of the MIT Research Laboratory of Electronics 70, 275—282.

Katz, Jerrold J. 1973. Compositionality, idiomaticity, and lexical substitution. In Stephen R. Anderson and Paul Kiparsky, eds. *A Festschrift for Morris Halle*. New York: Holt, Rinehart, and Winston, 357—376.

Keenan, E. L. 1971a. Names, quantifiers, and a solution to the sloppy identity problem. *Papers in Linguistics*, 4.

Keenan, E. L. 1971b. Quantifier structures in English. *Foundations of Language*, 7, 225—284.

Kempson, Ruth M. 1975. *Presupposition and Delimitation of Semantics*. Cambridge: Cambridge University Press.

Kempson, Ruth M. 1996. Semantics, pragmatics, and natural-language interpretation. In Shalom Lappin (ed.), *The Handbook of Contemporary Semantic Theory*. Oxford: Blackwell Publishers. 562—598.

Keysar, B. 1995. Intuition of the transparency of idioms: can one keep a secret by spilling the beans?. *Journal of Memory and Language* 34, 89—109.

Keysar, Boaz, and Bridget Martin Bly. 1999. Swimming against the current: Do idioms reflect conceptual structure? *Journal of Pragmatics* 31, N12, 1559—1578.

Kövecses, Zoltan, and Szabo, P. 1996. Idioms: A view from cognitive semantics. *Applied Linguistics* 17(3), 326—355.

Kreuz, R. J., and Graesser, A. C. 1991. Aspects of idioms interpretation: Comment on Nayak and Gibbs. *Journal of Experimental Psychology: General*.

Kreuz, R. J., Kassler, M. A., Coppenrath, L., Allen, McLain. 1999. Tag questions and common ground effects in the perception of verbal irony. *Journal of Pragmatics* 31(1999) N12, 1685—1700.

Krzeszowski, Tomasz. 1993. The Axiological parameter in

preconceptual image schemata. In Geiger, R. A. and B. Rudzka-Ostyn (eds), *Conceptualisation and Mental Processing in Language*, 307—330. Berlin/NY: Mouton de Gruyter.

Lakoff, George. 1968. *Pronouns and Reference, Part Ⅰ and Part Ⅱ*. Bloomington: Indiana University Linguistics Club.

Lakoff, George. 1971. On generative semantics. In D. Steinberg and L. Jacobovits (eds.), *Semantics*. Cambridge University Press. 232—296.

Lakoff, George. 1972. Linguistics and natural logic. *Syntheses*, 22. Reprinted in Davidson, D. and G. F. Harman (eds.), *Semantics for Natural Language*. Dordrecht: Kluwer. 545—665.

Lakoff, George. 1986a. A figure of thought. *Metaphor and Symbolic Activity*, 1 (3), 215—225.

Lakoff, George. 1986b. The meanings of literal. *Metaphor and Symbolic Activity*, 1 (4), 291—296.

Lakoff, George. 1987. *Woman, Fire, and Dangerous Things: What Categories Reveal about the Mind*. Chicago and London: The University of Chicago Press.

Lakoff, George. 1990. The invariance hypothesis: Is abstract reason based on image schema? *Cognitive Linguistics* 1(1), 39—74.

Lakoff, George. 1993. The contemporary theory of metaphor. In Ortony 1993 *Metaphor and Thought*. Cambridge: Cambridge University Press.

Lakoff, George, and Mark Johnson. 2003 [1980]. *Metaphors We Live By*. The University of Chicago Press.

Lakoff, George, and Mark Johnson. 1999. *Philosophy in the Flesh*. New York: Basic Books.

Lakoff, George, and Rafael Núñez. 2000. *Where Mathematics Comes from: How the Embodied Mind Brings Mathematics into Being*. New York: Basic Books.

Lakoff, George, and Mark Turner. 1989. *More Than Cool Reason:*

A Field Guide to Poetic Metaphor. Chicago: University of Chicago Press.

Langacker, Ronald. 1987. *Foundations of Cognitive Linguistics*. Vol. 1. Stanford: Stanford University Press.

Langacker, Ronald. 1991. *Foundations of Cognitive Grammar*. Vol. 2. Stanford: Stanford University Press.

Langacker, Ronald. 1999. *Grammar and Conceptualization*. Mouton de Gruyter.

Larson, Richard, and Gabriel Segal. 1995. *Knowledge of Meaning: An Introduction to Semantics Theory*. MIT Press.

Leech, Geoffrey. 1981 [1974]. *Semantics*. Penguin Books.

Lehrer, Adrienne. 1974. *Semantic Fields and Lexical Structure*. Amsterdam: North-Holland.

Lehrer, Adrienne, and Eva Feder (eds). 1992. *Frames, Fields, and Contrasts: New Essays in Semantic and Lexical Organization*. Hillsdale, NJ: Lawrence Erlbaum.

Lewis, D. 1968. Counterpart theory and quantified modal logic. *Journal of Philosophy*, 65.

Lewis, D. 1969. *Convention: A Philosophical Study*. Cambridge, MA: Harvard University Press.

Li, Fuyin, and Kon Kuiper (Eds). 1999. *Semantics: A Course Book*. Shanghai: Shanghai Foreign Language Education Press.

Li, Thomas Fuyin. 2003. *The Acquisition of Metaphorical Expressions, Idioms, and Proverbs by Chinese Learners of English: A Conceptual Metaphor and Image Schema-Based Approach*. Ann Arbor, Michigan: UMI, ProQuest Information and Learning Company. XIV+366.

Lindner, Susan. 1983. *A Lexical-Semantic Analysis of English Verb-Particle Constructions with UP and OUT*. (Doctoral dissertation, university of California, San Diego.) Bloomington, IN: Indiana University Linguistics Club.

Locke, J. 1975. *Essays Concerning Human Understanding*. P. H. Nidditch, ed. , Oxford: Oxford University Press.

Lounsbury, F. G. 1956. A semantic analysis of Pawnee kinship usage. *Language* 32, 158—194.

Lyons, John. 1977. *Semantics*. Cambridge University Press.

Lyons, John. 1995. *Linguistic Semantics: An Introduction*. Cambridge: Cambridge University Press.

Lyons, John. 2000. *Linguistics Semantics: An Introduction*. Beijing: Foreign Language Teaching and Research Press.

Machonis, Peter A. 1985. Transformations of verb phrase idioms: passivization, particle movement, dative shift. *American Speech* 60, 291—308.

Magnus, Margaret. 1999. *The Gods of the Word? Archetypes in the Consonants*, Thomas Jefferson University Press, Kirksville, MO.

Magnus, Margaret. 2001. *What's in a Word? Evidence for Phonosemantics*, doctoral dissertation, University of Trondheim, Trondheim, Norway. (http://www. trismegistos. com/Dissertation/).

Mandler, Jean M. 1988. How to build a baby: on the development of an accessible representational system. *Cognitive Development* 3, 113—136.

Mandler, Jean M. 1992. How to build a baby II: Conceptual primitives. *Psychological Review* 99 (4), 587—604.

Matthews, P. H. 1997. *Oxford Concise Dictionary of Linguistics*. UK: Oxford University Press.

McCawley, James D. 1993/1981. *Everything that Linguists Have Always Wanted to Know about Logic But Were Ashamed to Ask*. The University of Chicago Press. 1st and 2nd Editons.

McNeill, D. 1992. *Hand and Mind: What Gestures Reveal about Thought*. Chicago: University of Chicago Press.

Mel'cuk, I. 1988. Semantic description of lexical units in an explanatory combinatorial dictionary: basic principles and heuristic criteria. *International Journal of Lexicography*, 1/3: 165—188.

Montague, R. 1970a. English as a formal language. In B. Visentini et al. (eds.), *Linguaggi nella Societā nella Tecnica*. Milan: Edizioni di Comunitā. 189 — 224. Reprinted in Montague 1974. 188—221.

Montague, R. 1970b. Universal grammar. *Theoria*, 36, 373—398. Reprinted in Montague 1974. 222—246.

Montague, R. 1973. The proper treatment of quantification in ordinary English. In K. J. J. Hintikka, J. M. E. Moravcsik and P. Suppes (eds.), *Approaches to Natural Language*. Dordrecht: Deidel. 221—242. Reprinted in Montague 1974. 247—270.

Montague, R. 1974. *Formal Philosophy: Selected Papers of Richard Montague*. Edited and with an Introduction by Richmond H. Thomason. Yale University Press.

Murphy, Gregory L. 1996. On metaphoric representation. *Cognition* 60, 173—204.

Murphy, Gregory L. 1997. Reasons to doubt the present evidence for metaphoric representation. *Cognition* 62, 99—108.

Naciscione, A. 2001. Phraseological units in literary discourse: Implications for teaching and learning. In J. McRae (ed.), *Reading Beyond Text: Processes and Skills*, 53—57.

Naciscione, A. 2002a. Cohesion in phraseology. In A. Braasch and C. Povlsen (eds.), *Proceedings of the Tenth EURALEX International Congress*, Copenhagen, Denmark, 534—540.

Naciscione, A. 2002b. Phraseological metaphor: Dead or alive?. In P. Frath and M. Rissanen (eds.), *Researches Anglaises et Nord-américaines*, Université Marc Bloch: Strasbourg, 23—30.

Naciscione, A. 2003. Translation of the phraseology: why kill the metaphor?'. In A. Veisbergs (ed.), *The Third Riga Symposium on Pragmatic Aspects of Translation: PROCEEDINGS*, 102—115.

Naciscione, A. 2004. The pattern of instantial stylistic use of phraseological units as a mental technique. In S. Mejri (ed.), *ESPACE EURO-MEDITERRANÉEN: une idiomaticité partagée*, 177—189.

Naciscione, A. 2005. Cognitive aspects of visual representation of phraseological image. In C. Cosme, C. Gouverneur, F. Meunier, M. Paquot (eds.), *PHRASEOLOGY* 2005: *The Many Faces of Phraseology*, Louvain-la-Neuve: Université catholique de Louvain, 289—292.

Narayanan, S. 1997. *Embodiment in Language Understanding: Sensory-motor Representations for Metaphoric Reasoning about Event Descriptions*. Unpublished doctoral dissertation, University of California, Berkeley.

Nayak, N. P., and Gibbs, R. W. 1990. Conceptual knowledge in the interpretation of idioms. *Journal of Experimental Psychology: General* 119(3), 315—330.

Nunberg, Geoffrey. 1994. Idioms. *Language* 70, 491—538.

Oakley, Todd. 2004. Image schema. In Dirk Geeraerts & Hubert Cuyckens, Eds. *Handbook of Cognitive Linguistics*. Oxford University Press.

Ogden, C. K., and I. A. Richards. 1923. *The Meaning of Meaning*. Harcourt Brace Jovanovich.

Oh, C.-K., and D. A. Dinneen (eds). 1979. *Syntax and Semantics* 11: *Presupposition*. New York: Academic Press.

Paivio, Allen. 1986. *Mental Representation: A Dual-Coding Approach*. Oxford University Press, New York.

Palmer, F. R. 1981. *Semantics* (2nd edition). London: Cambridge University Press.

Partee, Babara H. 1973a. Comments on Montague's paper. In K. J. J. Hintikka, J. M. E. Moravcsik and P. Suppes. (eds.), *Approaches to Natural Language*. Dordrecht: Deidel. 243—358.

Partee, Babara H. 1973b. Some tansformational extensions of Montague grammar. *Journal of Philosophical Logic*, 2, 509—534. Reprinted in B. H. Partee (ed.) 1976, 51—76.

Partee, Babara H. 1975. Montague grammar and transformational grammar. *Linguistic Inquiry*, 6, 203—300.

Partee, Babara H. (ed.) 1976. *Montague Grammar*. New York: Academic Press.

Partee, Babara H., Alice ter Meulen, and Robert E. Wall. 1990. *Mathematical Method in Linguistics*. Dordrecht: Kluwer.

Partee, Babara H. 1996. The development of formal semantics in linguistic theory. In Shalom Lappin (ed.), *The Handbook of Contemporary Semantic Theory*. Oxford: Blackwell Publishers. 11—38.

Pawley, A., and Syder, F. H. 1983. Two puzzles for linguistic theory: nativelike selection and nativelike frequency. In J. C. Richards and R. W. Schmidt (eds.), *Language and Communication*, London: Longman, 191—225.

Peters, A. 1983. *The Units of Language Acquisition*, Cambridge University Press.

Peterson, R. R., Burgess, C., Dell, G. S., and Eberhard, K. 2001. Dissociation between syntactic and semantic processing during idiom comprehension. *Journal of Experimental Psychology: Learning, Memory, and Cognition* 27(5), 1223—1237.

Portner, Paul H. 2005. *What Is Meaning*. Blackwell Publishing.

Pulman, S. G. 1983. *Word Meaning and Belief*. London: Croom Helm.

Quine, W. V. 1953. *From a Logical Point of View*. Harper and Row: New York.

Read, Allen Walker. 1948. An account of the word 'semantics'. *WORD*, 4, 78—97.

Richards, I. A. 1930. *The meaning of "The Meaning of Meaning"* 《清华学报》第六卷第一期《文哲专号》,11—16 页。

Richards, Jack C., et al. 2005. *Longman Dictionary of Language Teaching and Applied Linguistics*. Beijing: Foreign Language Teaching and Research Press.

Roach, Peter. 2000. *English Phonetics and Phonology: A Practical Course* (2nd Ed.). Beijing: Foreign Language Teaching and Research Press.

Roher, Tim. 1997. Conceptual blending on the information highway: how metaphorical inferences work. In Liebert, Wolf-Andreas, et al. *Discourse and Perspective in Cognitive Linguistics*. Amsterdam/Philadelphia: John Benjamins Publishing Company.

Rohrer, Tim. 2003. Embodiment and Experientialism. Draft prepared for *The Handbook of Cognitive Linguistics* (Forthcoming), (acquired through personal contact).

Rosch, Eleanor. 1973. Natural categories. *Cognitive Psychology* 4, 328—50.

Rosch, Eleanor, and Caroline Mervis. 1975. Family resemblances: studies in the internal structure of categories. *Cognitive Psychology* 7, pp. 573—605.

Rosch, Eleanor, Caroline Mervis, Wayne Gray, David Johnson, and Penny Boyes-Braem. 1976. Basic object in natural categories. *Cognitive Psychology* 8, pp. 382—439.

Rosch, Eleanor. 1977. Human categorization. In Neil Warren, ed., *Studies in Cross-cultural Psychology*, Vol., London, etc: Academic Press, 1—49.

Rosch, Eleannor. 1978. Principles of categorization. In Eleanor Rosch and Barbara B. Lloyd (eds), *Cognitive and Categorization*, N. Y.: Lawrence Erlbaum, pp. 27—48.

Russell, B. 1903. *The Principles of Mathematics*. Cambridge:

Cambridge University Press.

Russell, B. 1905. On denoting. *Mind*, 14, 479—493. Reprinted in Russell, Bertrand, Essays in Analysis, London: Allen and Unwin, 1973, 103—119.

Russell, B. 1948/1983. *Human Knowledge, Its Scope and Limits*. Beijing: Commercial Press.

Saeed, John I. 1997. *Semantics*. UK: Blackwell Publishing.

Saeed, John I. 2000. *Semantics*. Beijing: Foreign Language Teaching and Research Press.

Saeed, John I. 2003 (2nd edition). *Semantics*. UK: Blackwell Publishing.

Saussure, Ferdinard de. 1966. *Course in General Linguistics*. McGraw-Hill Book Company.

Shen, Y. 1999. Principles of metaphor interpretation and the notion of 'domain': A proposal for a hybrid model. *Journal of Pragmatics* 31(1999) N12, 1631—1654.

Sinclair, John. 1991. *Corpus Concordance Collocation*. Oxford: Oxford University Press.

Smith, Michael B. 1999. From instrument irrealis: Motivating some grammaticalized senses of the Russian instrumental. In Katarzyna Dziwirek, Herbert Coats, & Cynthia M. Vakareliyska, eds., *Annual Workshop on Formal Approaches to Slavic Linguistics, Volume 7: the Seattle meeting* 1998 413—433. Ann Arbor: Michigan Slavic Publications.

Steen, Gerald. 2002. Identifying metaphor in language: A cognitive approach. *Style* vol. 36 (3), 386—407.

Swadesh, Morris. 1972. What is glottochronology? In Morris Swadesh, *The Origin and Diversification of Languages*, 271—84, edited by Joel Sherzer. London: Routledge and Kegan Paul. (Article originally published in 1960).

Sweetser, E. 1990. *From Etymology to Pragmatics: Metaphorical* and Cultural Aspects of Semantic Structure. Cambridge, England: Cambridge University Press.

Tarski, A. 1933. The concept of truth in formalized languages. In Tarski. 1983. *Logic, Semantics, Metama thematics.* (trans. J. H. Woodger, 2nd ed., ed. J. Corcoran). Indianapolis: Hackett.

Taylor, John. 2003. *Linguistic Categorization* (3rd edition). Oxford: Oxford University Press.

Taub, S. 2001. *Language from the Body: Iconicity and Metaphor in American Sign Language.* Cambridge: Cambridge University Press.

Thomason, R., and Stalnaker, R. 1973. A semantic theory of adverbs. *Linguistic Inquiry*, 4, 195—220.

Thomason, R. 1974. Introduction to Montague, Richard (1974). *Formal Philosophy: Selected Papers of Richard Montague*, 1—69. New Haven: Yale University Press.

Thompson, Geoff. 2000. *Introducing Functional Grammar.* Beijing: Foreign Language Teaching and Research Press.

Tietz, Joan Ann. 2001. *A Thousand Years of* **Sweet**. Frankfurt am Main: Peter Lang.

Titone, D. A., and Connine, C. M. 1999. On the compositional and noncompositional nature of idiomatic expressions. *Journal of Pragmatics* 31(1999) N12, 1655—1674.

Tsuru, Shigeto. 1934. *Sound and Meaning.* ms. on file with Gordon W. Allport, Harvard U.

Turner, Mark. 1987. *Death is the Mother of Beauty: Mind, Metaphor, Criticism.* The University of Chicago Press.

Turner, Mark. 1991. *Reading Minds: The Study of English in the Age of Cognitive Science.* Princeton, NJ: Princeton University Press.

Ungerer, F., and Schmid, H. J. 1996. *An Introduction to Cognitive Linguistics.* London: Longman.

Verspoor, Marjolijn. 1995. Predicate adjuncts and subjectification. In marjolijn Verspoor, Kee Dong, & Eve Sweetser, eds., *Lexical and syntactical constructionds and the construction of meaning: proceedings of the bi-annual ICLA meeting in Albaquerque July 1995*, 433—449. Amsterdam: John Benjamins.

Vervaeke, John. 1997. Women, fire, and dangerous theories: A critique of Lakoff's theory of categorization. *Metaphor and Symbol*, 12 (1), 59—80.

Voronin, S. 1980. *Fundamentals of Phonosemantics*. Dissertation (In Russian: Osnovy fonosemantiki. Avtoref. dokl.).

Wallis, John. 1653. *Grammatica Linguae Anglicanae*. Oxford, Hamburg.

Wierzbicka, Anna. 1972. *Semantics Primitives*. Bindung: Krankl, Heppenheim.

Wierzbicka, Anna. 1996. *Semantics: Primes and Universals*. Oxford: Oxford University Press.

Wilson, D. 1975. *Presupposition and Non-Truth Conditional Semantics*. New York: Academic Press.

Wilson, D., and D. Sperber. 1979. Ordered entailments: an alternative to presuppositonal theories. In C.-K. Oh, and D. A. Dinneen (eds). *Syntax and Semantics 11: Presupposition*, 299—323. New York: Academic Press.

Wittgenstein, Ludwig. 1922. *Trectatus Logico-philosophicus*（逻辑哲学论）,London.

Wittgenstein, Ludwig. 1953. *Philosophical Investigations*. Oxford: Blackwell Publishing.

Wittgenstein, Ludwig. 2001. *Philosophical Investigations* (The German text, with a revised English Translation). Oxford: Blackwell Publishing.

Yu, Ning. 1998. *The Contemporary Theory of Metaphor: A Perspective from Chinese*. Amsterdam/Philadelphia: John

Benjamins Publishing Company.

Yu, Ning. 2003. Chinese metaphors of thinking. In *Cognitive Linguistics* 14(2/3), 141—165. Amsterdam/Philadelphia: John Benjamins Publishing Company.

Zgusta, L. 1971, *Manual of Lexicography*. The Hague: Mouton.

1994《现代汉语词典》,北京:商务印书馆。

安娜、刘海涛、侯敏,2002,语料库中熟语的标记问题,《中文信息学报》第 1 期,20—25 页。

陈道明,1998,从习语的可分析性看认知语言学的隐喻能力观,《外国语》第 6 期,20—26 页。

陈士法,2001,英语习语记忆模式初探,《外语教学》第 1 期,51—55 页。

邹智勇,2000,语义范畴的认知语言学诠释,《外语学刊》第 3 期,41—46 页。

范干良,1989,词族和词族中的空格及其作用,《汉语学习》第 2 期。

方立,1986,《蒙太古语义学导论》评介,《外语教学与研究》第 3 期,12—24 页。

方立,1993,《美国理论语言学研究》,北京语言学院出版社。

方立,1997,《数理语言学》,北京语言文化大学出版社。

方立,2000,《逻辑语义学》,北京语言文化大学出版社。

冯友兰,2004,《中国哲学简史》,北京:新世界出版社。

高远、李福印,2007,《乔治·莱考夫认知语言学十讲》,北京:外语教学与研究出版社。

谷俊,2004,惯用语和成语的色彩比较,《西南民族大学学报·人文社科版》第 7 期,430—431 页。

贺川生,2002,音义学:研究音义关系的一门学科,《外语教学与研究》第 1 期,22—30 页。

何三本、王玲玲,1995,《现代语义学》,台北:三民书局。

蒋严、潘海华,1998,《形式语义学引论》,中国社会科学出版社。

胡壮麟、朱永生、张德禄、李战子,2005,《系统功能语言学概论》,北京:北京大学出版社。

蓝纯,1999,从认知角度看汉语的空间隐喻,《外语教学与研究》第 4

期。

李福印,Kuiper, Kon,1999,《语义学教程》(英文),上海:上海外语教育出版社。

李福印,2004,当代国外认知语言学研究的热点,《外语研究》第 3 期,1—3 页。

李福印,2005a,思想的形状:关于"体验性"的实证研究,《外语教学与研究》第 1 期,44—49 页。

李福印,2005b,概念隐喻理论和存在的问题,《中国外语》第 4 期,21—28 页。

李素英,2001,英语成语特性的相对性,《福建外语》(增刊),43—45 页。

李行健,2002,惯用语的研究和规范问题,《语言文字应用》第 1 期,55—60 页。

2005,论可能世界的名字,《哲学研究》第 9 期,114—119 页。

林杏光、菲白,1987,《简明汉语义类词典》,北京:商务印书馆。

刘正光,2001,莱柯夫隐喻理论中的缺陷,《外语与外语教学》第 1 期,25—29 页。

刘正光、周红民,2002,惯用语理解的认知研究,《外语学刊》第 2 期,7—14 页。

贾彦德,1999,《汉语语义学》,北京:北京大学出版社。

佘贤君、吴建民、张必隐,2001,惯用语比喻意义的心理模型,《心理科学》第 3 期,第 368,362 页。

石安石,1993,《语义论》,商务印书馆。

司富珍,2001,评介《逻辑语义学》,《语言教学与研究》第 1 期,75—79 页。

束定芳,2000,《现代语义学》,上海:上海外语教育出版社。

田润民,1996,"命题 = 可能世界→真值条件的函项"命题的话题,《外语教学》第 3 期,8—11 页。

王德春,1996a,《新惯用语词典》序言,《辞书评论》,93—98 页。

王德春,1996b,《新惯用语词典》,上海辞书出版社。

王吉辉,1998,意义的双层性及其在成语、惯用语划分中的应用,《南开学报》第 4 期,71—75 页。

王君明、陈永明,1998,惯用语理解的心理语言学研究,《心理科学》第 1 期,62—66 页。

王希杰,1989,语言中的空符号,《语文月刊》第 2 期。

王寅,1993,《简明语义学辞典》,济南:山东人民出版社。

王寅,2001,《语义理论与语言教学》,上海:上海外语教育出版社。

王寅,2002,中西语义理论对比的再思考,《外语与外语教学》第 5 期,7—11 页。

王泽鹏,1998,近 20 年来汉语惯用语研究,《学术研究》第 11 期,84—87 页。

汪榕培(译),1995,成语的意义,《外语与外语教学》第 4 期。

王宗炎,2003,《语言问题求教集》,北京:外语教学与研究出版社。

温宾利,2002,《当代句法学导论》,北京:外语教学与研究出版社。

吴炳章,2000,完成体,进行时,及其形式化,《现代外语》第 4 期,402—409 页。

吴道平,1985,Everything that Linguists Have Always Wanted to Know about Logic But Were Ashamed to Ask.《外语教学与研究》第 4 期,63—65 页。

吴平,2002,计算语言学中语义表达的基本问题,《外语与外语教学》第 6 期,57—59 页。

伍谦光,1987,《语义学导论》,长沙:湖南教育出版社。

伍铁平,1999,《模糊语言学》,上海:上海外语教育出版社。

吴一安,2000,《语义学》(Semantics)导读(F16—F44)。北京:外语教学与研究出版社。

辛斌,1999,塔斯基的真理定义和语句真值的推导,《解放军外国语学院学报》第 4 期,13—16 页。

辛献云,1994,形象·联想·意义——习语翻译新探,《解放军外国语学院学报》第 5 期,86—92 页。

刑公畹,1978,语言的搭配问题是不是语法问题,《中国语文》。

徐烈炯,1995,《语义学》(修订本),语文出版社。

徐烈炯,1993,《当代国外语言学:学科综述》,河南人民出版社。

延俊荣,2000,汉语语音与语言意义象似性例举,《解放军外国语学院学报》第5期,51—54页。

袁家骅、赵世开、甘世福(译),2004,《语言论》(〔美〕布龙菲尔德著),北京:商务印书馆。

张秋成,2003,类型—逻辑语法———一种自然语言语义分析的重要工具,《中山大学学报(社会科学版)》增刊,57—66页。

张志公,1987,《简明汉语义类词典》(序)林杏光、菲白编,北京:商务印书馆。

张志毅、张庆云,2001,《词汇语义学》,北京:商务印书馆。

张绍杰,2004,《语言符号任意性研究》,上海外语教育出版社。

周荐,1998,惯用语新论,《语言教学与研究》第1期,128—139页。

周榕,2001,隐喻认知基础的心理现实性,《外语教学与教学》第2期,88—93页。

周榕,2002,隐喻表征性质研究,《外语教学与研究》第4期,271—277页。

邹崇理,1995,《逻辑、语言和蒙太格语法》,社会科学文献出版社。

邹崇理,2000,《形式语义学引论》述评,《当代语言学》第2期,115—120页。

左红珊,2005,《套语与词汇》评介,《现代外语》第1期,82—86页。

附录

描写"思想"及"感觉"的句子

（本部分是从 27 篇短文、共 37592 字的语料中整理出来的 197 个隐喻句子。句子中的英文是美国 Oklahoma 大学的於宁教授做的点评。这些句子的作者都是北京外国语大学 2003 年选修笔者开设的"认知语言学"课程的研究生。他们的名字如下：丁维冬、葛晓华、胡春梅、黄宁芳、李春晓、李芳、李燕云、刘华、刘艳、穆丹、秦彬彬、王红旭、王丽娟、王宁、肖月、徐凤、杨洪、伊小丽、郁震、张殿恩、张红、周雪花等等。再次致谢！）

1. 我读的是重点高中的重点班，可以想象在那样的学习环境下竞争有多么激烈，但我一直都是对自己**充满了信心**。
2. 突然有一天我发现，学院里的许多老师都在忙着"充电"，一些人考研离开了这里，另外一些人忙着攻读在职学位，我的**心也荡漾了起来**。
3. 好在我的英语还算出类拔萃，二外俄语方面一直没有放松，**心理上并没有太大压力**。
4. 还有我可爱的妹妹也帮了我不少忙，省了我不少的时间，使我在一天疲惫后能够**静下心来**复习考研。
5. 不过我当时并没有很大的压力，一是因为我一直都对自己**充满了自信**，二是我现在的工作非常稳定。
6. 由于是我第一次考研，所以也没什么经验可谈，只觉得只要**充满自信**，不要紧张，应该不会有太大的问题。
7. 丈夫工作很忙，但他几乎承担了所有的家务，妹妹也时常抽出时间陪我逛街，让我**散散心**。
8. 以下是非典期间的**一段回忆**。

9. 尽管如此,非典对我来说就好像当年听说有艾滋病时候的感觉一样:知道这种疾病很危险,而且可能致死,但觉得它离自己很遥远很遥远,根本就没**往心里去**。
10. 这时候我似乎有点紧张了,但主要是下意识的,我开始常常到学校的报栏去看报纸了,而且似乎有些**留心**有关非典的报道了。
11. 慢慢的,北京大街上甚至是校园里有人开始带口罩了,刚看到那些戴口罩的人,**心里不但没有觉得害怕**,反而觉得他们的样子很滑稽。
12. 家里人开始打电话询问我的情况了,从电话中可以听得出他们好像很紧张,很担心我。
13. 一天下午,不知怎么搞的,突然觉得**心里很不安**,总觉得自己应该去买点什么东西,但又想不清该买什么。
14. 那个晚上说不害怕是假的,但**心里总有这么个想法**,自己不会这么不走运得上非典的,不过要是真得了也没有办法,只是觉得自己活这么大,学业上也算是小有成绩,结果却被非典把小命给弄走了,挺冤的。
15. 再说,如果自己真的死于非典,不知道自己的爸爸妈妈会**伤心**成什么样子。
16. 这段时间,家里几乎每天都要给我打电话,尤其是我妈妈最**担心**,在电话里哭了好几次,那样子就好像我注定要得非典了一样。
17. 面对大家对我的**担心**,我反而慢慢地平静下来了。
18. 每天下午一大帮同学都要到操场去运动,大家玩得很**开心**,慢慢的很少有人提起非典了。
19. 我发现我不但已经不再害怕或是**担心**非典了,而且我已经开始喜欢这种封校的生活了。
20. 我的**心里有一种忐忑不安的感觉**,不知道怎么样来与她相处。
21. 不可否认,当时**我的心里并不太欢迎她**,把她当做"入侵者"(intruder)。
22. 虽然**心里想尽力友好相处**,大家既然住在一起不就是缘分吗?
23. **心里着急得像有一团火**,怎么都平不下去,有一种冲动说"请不要折腾了吧,不要打电话了!我要睡觉!"

24. **心里很理性地进行分析**自己睡不着的原因也许并不是因为这点声音,而是自己还没有睡意,但是还是特别的烦。
25. 因为自己很想睡觉却睡不着,**担心**下午没效率或头疼,这种没来由的烦躁使我很想发脾气。
26. 等实在睡不着起来的时候,她通常还在发短信或者收拾东西,**心里想:"你就不能在别的合适的时间干这件事吗?"**
27. 情况在继续,**我的心里总有个疙瘩。**
28. 每到中午或晚上熄灯后,就有一种莫名的**担心。**
29. **就担心**电话清脆的响声。
30. 每当那时我的神经就像上了弦的琴,崩得特别紧,哪怕一点点微小的声音都**好像在脑子里的神经上重重地敲击。**
31. 而那一次次的"不好意思啊"又一次次地让**我把这不满给咽了回去。**
32. **心里的不满和尽力保持友好的念头**始终处于交战的状态。
33. 又在**心里**总是怪自己太小题大做了,但一直的习惯又怎么可能一下子改掉呢?
34. 这个矛盾使我对她的行动特别地**关心**,中午一看到她穿着整齐地要出去时,就蛮紧张地问她,"你要出去吗?还回来吗?"
35. 如果她说一会儿就会来的话,**心里**不免有些疑问,"一会儿"是多久啊?
36. 次数多了,她也明白了一点,**就加了一点小心**,声音也并不那么大了,我们也不再那么苛求她了。
37. **心里的芥蒂**没了,遇到类似的事情也并不再那么钻牛角尖了。
38. 凌晨两点,睡不着觉真是一件让人头疼的事。
39. 睡觉前一直在想有什么经历可以写下来完成这次作业,应该是有,可是怎么也**想不出来细节。**
40. 也许没有处在合适的状态,刻意地想要记起一些事情来反而让记忆跑得更远。
41. 就这样脑子空空的准备入睡。试着翻个身换成最舒服的睡姿,告诉自己什么都不要**想**,睡吧。
42. 在漆黑的夜里面对自己原来并不是一件容易的事,那些白天做过的事、说过的话一遍又一遍地闪过,好像患了强迫症一样。

43. **大脑像飞速旋转的车轮**,脱离了身体不知要飞向哪里。

44. **那根细细小小的神经也不知还能撑多久**,眼看就要断了却还在负隅顽抗。

45. **它把我的大脑搅得一团糟**,让我怎能不相信旧时代哲学家的"人是机器"的论断,看来颇有道理。

46. 这根失去控制的神经现在把整部机器的运转都打乱了。**各种各样乱七八糟的想法逐渐开始复苏**,它们毫无关联,**一个接着一个,就这样毫无征兆地冒了出来。**

47. 也许这之间是有一些联系的,可**兴奋的大脑**还来不及理出头绪就要应付下一个变化了。

48. 这时若去看萨尔瓦多·达利的画,应该会好懂得多。被迫胡乱思想了很久,**大脑有些隐隐作痛了**。

49. 这一次,什么也不想了,刚才忙得起劲的那根神经好像也疲倦了,**大脑旋转的没那么厉害了**,好像一部年久失修的黑白电影放映机,电影放完了,只剩空白胶片在转,刺刺啦啦地发出白噪声,画面上偶尔有胶片划伤的斑驳痕迹。

50. 这样的等待竟是徒劳。迷迷糊糊的,很困,**但是还能感到那根恪尽职守的神经在工作**,噪声还在刺啦着,画面继续着单调的斑斑驳驳。很久很久,直到这噪声、这画面越来越微弱,越来越模糊……

51. 这样难得的失眠不知是不是身体在抗议,向主人证明它的存在,又或者是**大脑**在惯性的作用下超负荷运转了呢?

52. 我愿意说点高兴的事,虽然人们说**高兴的事情是肤浅的,痛苦才是深刻的**,我还是愿意一如既往地肤浅着。

53. 小时侯,一颗精致的糖果、一本画着可爱的小动物的小人书、一件新衣裳就可以让我**心里美滋滋的**,觉得自己像富翁一样富有。

54. 慢慢的到了懂事的年纪,知道了通过自己努力得到的成果更可喜时,就不再为这些小玩意**动心**了。

55. 记得上学时最**开心**的莫过于功课被老师表扬,觉得全班的同学都在羡慕自己,在佩服自己。

56. 每到这个时候,我都会猜测着别人的心理,想着会得到别人的赞许,觉得整个人好像就要飞起来,听到自己的名字从老师的嘴里念出来,**心跳就比平时快了一倍**,浑身热血沸腾,或者还决心做得更好呢。

57. 一看到他,我的**心就提到嗓子眼了**。

58. 虽然我极力**让自己摆正心态**,怀一颗平常心,但是当我问他:"多少分啊?肯定不好……"时,我的**心缩紧了**。

59. 生性保守的我不想太失望,选了最低的那个分数,**心里盼望**最好是猜错了。

60. 他说:"为什么不对自己有点**信心**猜个高分啊?是388。"

61. 我的**脑袋顿时大了**,耳根还微微的发热。

62. 我的**心都快跳出来了**,砰砰的声音像音乐中的重低音,让我的身体的每一部分都随着它一起跳动,被它震撼。

63. 我知道我的**心里满是喜悦**,像波涛般汹涌澎湃,像年三十的焰火热烈绚烂,像欢庆的锣鼓振人心魄。

64. 我一个劲地跳着,仿佛只有这样才能释放我**内心的欢乐**,和我对他的感激。

65. 现在想到当时的情景,我的**心里还是很安慰**,好像那是一盏清茶,淡淡的馨香,远远的,却沁入人的**心头**。

66. 到如今,那些曾经的胜利已经不如当时**激动人心**,温暖的还是那中间蕴藏的情意吧。

67. 恐惧,不仅仅是害怕与**担心**,感觉失意可能是多层面的。

68. 看着越来越黑的天,听着越来越响的雨,**心里有点躁动不安**,不想跟别人聊天,不想吃最喜欢的瓜果,心里只是揪得紧紧的,有担心?担心报道成真。

69. **心里好痛**,犹如吃了钡餐一样的难受。

70. 与此同时,**心里生发了一种强烈的愿望**。

71. 我在**心里一直默默地喊着**:爸爸妈妈快点过来,陪陪我吧!我好想见你们,不想被大水冲走……恐惧就是?——留恋!

72. 真是两难!但是转而又想:那么多的本科毕业生不是工作很顺利、**生活很开心**吗?

73. 两分钟之后，我又陷入了一团乱麻之中，**先前的那种想法又席卷重来，我不得不再次试图理清思路**，同时努力想按照老师的要求找题目。

74. 如果写这个题目有没有争议，如果写那个题目有没有价值，会符合老师的**思路**和要求吗？。

75. 又会是一天没有任何进展，**心里不觉看到一丝光亮又淡了下去**。原来的同事？不是有些人曾经做过项目吗？他们是如何寻找切入点的呢？我该问谁呢？一个个的名字在**心里列了出来**，但却发觉都不可能给我提供任何帮助。又**一扇窗户关上了**。

76. **心里过滤了一番**之后，意识到大家读的都是翻译专业。

77. **心里**的一番思量，的确加重了我的恐惧心理，但同时也给了我一种动力，因为我不可能停在原地。

78. 将最为糟糕的结果预测到了之后，倒是可以坦然地折腾一番，因为清楚最差也不过如此那般。所以减轻了**心理包袱**之后，我开始较为镇静地寄希望于下一步。

79. 在保持镇静的同时，我**心里一直在琢磨**我是否应该离开，何时离开，或者不离开。

80. 所有的灯光都朝着我们这边，使得周围的一切显得黯淡，我看不清周围的人和物，现在想来，不知道是真的看不清，还是**心理上没有能力**去顾及周围的一切。

81. 我心中什么心情都有：羞愤、委屈、恼怒，**又觉得心虚**。

82. 其实我也不知道自己应该和将要说什么，但说话对那种无比尴尬的**心情**是一种缓冲。

83. 那声气很像是强压**心头怒火**的样子。

84. 我居然**放弃**了刚才的一切悔恨和诅咒的**想法**，我的心情莫名其妙地轻松起来。

85. 忽然想起有一本日记已经很久没有翻过，翻箱倒柜地找出来，泡上一杯茶，一页一页地读着，便有一些旧梦和往事从字里行间慢慢地浮上来，像飘零的落花，细碎美丽的，流淌在时间的河上，虽已颜色褪尽，却散发着陈久的芬芳。

86. 我想提笔的时候**心情**都不会太好，想找一种宣泄的方法，吐一吐心中的郁闷。

87. 看着自己写的东西,从那些文字里弥漫出来的旧日的情感很容易就让我陷入了沉思。

88. 这些**曾经失落的珍宝**,散落在逝去的时空里,多年以后再次想起,也许只能凭借记忆的藏宝图寻觅了吧。

89. 想去听一场音乐会,想去逛街狂购一通,想找个安静的角落坐着数星星……想做的事情很多,却是**心有余而力不足**。

90. 我早已拙于表达**内心深处**最真实的情感。

91. 或许是由于从上大学起就看了许多反映当代婚姻的小说,书里面对婚姻的描述使我在少女时代对于爱情和婚姻所产生的许多玫瑰般**幻想都破灭了**。

92. 可对于婚姻,还是没有**信心**。

93. 无论是父母的旁敲侧击还是男友的"威逼利诱",**我都丝毫没有改变自己的想法**(Thought is measurable)。

94. 总是以"年龄还小"来搪塞他们。看着他们无奈的表情,**我的内心也很复杂**(The heart contains thoughts)。

95. 可是怎么也没有想到,自己长期"**顽固不化**"的思想会在短短的几个月里由于身边好友的结婚而土崩瓦解。

96. 但是**心里却暗暗想**:唉,又有一位杰出的女性要走进婚姻的围城了。

97. 伴随着这种感觉,一个**想法出其不意地在我的脑海里冒**了出来。

98. 这两个声音不停地交替回响在我**脑海里**,我的**内心**也因此而翻江倒海起来。最后,我不得不甩甩头,努力将它们甩了出去。

99. 而目睹了这一切的我,**内心**却无法平静。在众多的复杂情绪里,羡慕不知不觉又占据了主导地位。

100. 她的幸福生活让我原有的那些悲观论调慢慢开始动摇了。

101. 回想着燕子婚前和婚后的样子,**心里原有的那种羡慕的感觉**变得越来越强烈。

102. 不知不觉地,脑子里突然蹦出了两个字"结婚"!并且这两个字是那么硕大,一下子就**占据了我的心房**。将几年来的所有那些对婚姻的**"灰色"观点**挤得无影无踪了。

103. "结婚"这两个字不断地膨胀着,**充斥着我的心房**。
104. 想到这些,**我的心跳渐渐地加速**。紧接着,全身也慢慢燃烧起来。
105. 无法抑制住**心中的兴奋**,给他发了短信,只写了五个字"我们结婚吧"。
106. 当时我也没多想就答应下来,可是等放下电话**我心里就嘀咕开了**。
107. 他们也是**一片好心**,只希望女儿过得好罢了,可怜天下父母心呐!
108. 换言之,如果她父母能站在女儿的角度上来审视她目前的工作状况、了解她**内心的感受**,他们也不会这么歇斯底里地反对她的这一决定了。
109. 一到图书馆才发现,自己原先拟定的什么语用学、二语习得、教学,这范围也太大了。**心里有些开始发慌。**
110. 第二天,我又**充满了信心,下定决心**要把相关资料找到。
111. 真是应了那句话,**手中有粮,心里不慌**,看着材料,我好像真的**心里稳多了**,并越来越相信,20日一定能交上。
112. 我花了一天半的时间把所有的资料翻了一遍,**心想**也没什么难的。
113. 这之后的一个星期里,虽然偶尔也**担心**一下,会不会不通过,但**侥幸心理**始终占上风。
114. 说不在意吧,**心里**还老是不舒服,说在意吧,又不觉得是个什么大不了的。
115. 这种矛盾的**心理**总让我提不起精神,又说不出个所以然来。
116. 但表面上我还是很乐观的,**内心却已经急得跟火烧眉毛**了似的。
117. 这次我吸取了教训,想尽早换个题目,但谈何容易。这次比上次还**心焦**。
118. 直到手头资料差不多了,我才**心里好受了些**,知道至少可以有的写了。
119. 度过了最痛苦的几天,开始写后,**心情就慢慢平静下来了**。
120. 初入大学时的那份陌生与新奇尚未完全从**脑海中褪去**,就已经身不由己地走进了离别的季节。

121. 老师的关怀,朋友的关爱,这常常让我**心潮起伏**,感慨万千。

122. 搬一张椅子在阳台上,看着夕阳的颜色倾在周围,**心里会不由得浮出一种浅浅的温暖的感觉**。

123. 坐在椅子上,把自己放在一个舒服的姿势,手里一小杯咖啡,用一把精致的小勺慢慢搅拌。**这时会有很多东西飞进脑海里**。

124. 我会想起许多年代久远、意义婉转的故事,这些故事仿佛和这杯子、咖啡一样真实的和我在一起,而白天发生的许多事情,见到的许多人却仿佛是另一个空间的东西,和我有着隔膜了(Thought and reality are two spatial location)我感到**心在收缩**,这是我在感动吧(Feeling is heart movement)!

125. 被这样的光与影,甚至是被自己的**心情感动**了。

126. 我为我自己有这样的丰富的奇妙的感情而欣喜。**我可以去欣赏,有手去触摸,有眼去看,有耳去听,有舌去尝,有心去爱或去恨,这是天使也会嫉妒的我作为人的种种美好吧**。

127. 黄昏的浓郁就是有这样的魔力,把人的**心里涂满宁静与快乐**。

128. 我总是会惊讶于自己的**记忆**,我怎么把一些东西一直放在某个地方不肯丢弃。

129. 只要时间地点合适,一切的距离都会潮湿(Time is space),而这些东西就会再次出现,把我本来就**柔软的心情**一点一点化成最轻柔的风。

130. 可是黄昏是个暧昧的时刻,我在这时不想去一点一点弄明白自己的想法。我想的只是这样坐着,让咖啡的香气飘着,让音乐在耳边绕着,**让想法自己流淌着**(Thought is water flowing),**游戏着**(Playing involves various kinds of movement)。

131. 一切**流淌来**的想法我都接受。我想起《无间道》中梁朝伟在灰暗的光线中比灰暗更忧郁的眼神,我想起慢镜头的张曼玉的旗袍在异国悠扬的调子中的晃动,我想起静冷的夜里屋外悄悄下起的一场雪,我想起在云南丽江古城的一个纳西族女孩子的店里的一个下午,我想起母亲身上常常有的医院的清洁的味道,我想起小时候的饭香,我想起我一个人离开家在陌生的城市陌生的房间哭泣,我想起思念一个人的种种感受……这些感受都透过黄昏的宁静的过滤（Thoughts are water that is being filtered）,又带着过去的发黄的影子（Feelings are concrete things with shadows）。

132. 于是我才发现宁静的快乐在**脑中的刻痕最深**（Memories are carved into the brain）,而在当时的让我极度快乐或悲伤的,穿过时间再现时（Thinking is moving; memories come back）,已不会那么刺眼,而也染了宁静的气息。所以我常常会觉得黄昏真的像母亲。只有她最懂得最细腻的感受,懂得静静地微笑地看着周围。

133. 坐在黄昏的快乐中,**心中满是宁静与喜悦**。

134. 黄昏是个唯美的宽容的暧昧的时刻,适合人安安静静地把自己的**心灵灌醉**。

135. 不论我想到了什么,我都不再觉得难以承受,而可以承受的东西,都会让我本来可能会越来越**狭隘的心渐渐开阔**。

136. 一次又一次,直到深夜,一直没人接电话。**我的心一点点向下沉,仿佛注满了铅**。

137. **脑子一片空白,不能思考**,也不愿思考。

138. 母亲原打算过几天再告诉我,怕我**分心**,影响考研。

139. 每天,我会为她折几只纸鹤,边折边在**心中默念**:虹,我把我的祝福随纸鹤带给你,你一定要好起来。

140. 我不相信白血病会夺去你的生命,有我的祝福,有你父母和所有爱你的人的**关心**,你一定还会是那个蹦蹦跳跳的你。

141. 虹,好起来! 每一次,都是在泪眼模糊中把纸鹤叠完。**我担心,我好担心**,我怕病魔真的会夺走她的生命。

142. **我很忐忑**,虹现在是什么样子呢?

143. 唉! 我该怎么办? 不管怎样,我要把我的**关心**,我的支持送给她。

144. 我的**胸口压着一块大石头**,眼眶湿润了。

145. 我感受到了她的坚强,也传递给她我的**关心**。

146. 怀着这个**信念**,我一直工作着。

147. 我不知道,直到她生命的最后一刻,她有没有看到那一千只纸鹤,不过我一直相信,她能够感受得到,因为在我**心中**,虹永远在谈起千纸鹤时露出。

148. 从未见过尸体的我在进去之前**心里十分恐惧**,可是当我真正面对那些装在大玻璃瓶中的人体器官时,恐惧感却消失了。

149. 在我看到手的标本时我那几乎**凝滞的思维**(Thought is a liquid that can become solid)突然变得异常活跃起来,那是怎样的一只手呀!宽大的、布满老茧的手摊开在玻璃瓶中,没有一点的活力,一只本应该去创造世界的手,现在宛如一个雕塑般的安静。

150. 这只手就是最强有力的佐证。难怪佛教中倡导人要放弃无谓的奋斗,**内心**平和地专心侍奉佛祖。

151. 正当我热血沸腾地**想象**(Thought is a liquid or thought makes blood boiling)我将怎样去救助家人,乃至所有为病痛所折磨的人们时,我听见一个女生轻声对她同伴说:"幸亏我们不是学医的,要不然多痛苦啊!整天看这些。"

152. 我从我那辉煌的想象中惊醒(The shining thought is a dream),沮丧地意识到,我是学医学英语的,本不能拿手术刀去救死扶伤,为人类解除病痛的。

153. **这只手曾经教给我许多东西,对我年轻的人生产生过震动**(Thought and feeling have forces)。

154. 这段时间心情一直处于**低谷**(Feelings go up and down; A state is a location),学业、感情、家庭、工作、生活,各方面都不如人意,**心里就像下雨前的天气,灰蒙蒙的**,低沉压抑得让人喘不过气,似乎快要窒息(Feeling of depression)。

155. 这种感觉犹如一种混沌的整体,困扰着自己。确切地说,我有时候感觉自己的思维像是一张立体的网,网上的无数个节点就是我生活中经历的无数件事情(Things related are physically linked),而节点之间的连接便是人的**意识的流动**,——(接下一句)

156. ——由一件事情会联想到另一件对于个人来说非常相关事情,然后一波一波传递下去,但是正如一颗石子投入水中引起的波澜在一圈一圈向外推进的过程中,同时这种波也在一圈一圈减弱,直至消失(Thinking is moving)。

157. 而这段时期我之所以感觉一种痛苦的混沌的整体在困扰着自己,是因为这张网上的好多个节点都在疼痛。每个节点的疼痛都会有一定范围的蔓延,这样与其他疼痛的节点连成一体,成为一个混沌的疼痛的整体(Image schemas of Links and Part and Whole)。

158. 于是我想为自己寻找一个出口(Trapped by the net),一件特别**开心**的事情,或是一件特别生气、特别**伤心**的事情,只要能打破这种混沌的状态,哪怕让我的思维集中在一个节点上狠狠地痛,都是一种宣泄与解脱。

159. 现在回想起来,其实也并非因为我的注意力都在查资料而没有意识到,我当时根本就没有心情、没有思维去查资料,我的**思维仍然被牢牢地困在各方面的不如意与痛苦之中**(the net metaphor),没法释放它让它去思考别的事情。

160. 我觉得自己的思维常常单弦作业,当一方面或是几个连成一体的方面(**痛苦或开心**)特别凸显造成整个思维网失衡的时候,我就没法去思维别的事情。

161. 接下来,当我终于意识到自己的手机不见了,第一感觉是**心中一下子被掏空了**(the heart container)。

162. 那张混沌的网突然消失。空,自己的整个人似乎都是空的。**这种空的感觉足足控制了我5分钟**(The feeling controls the person)。

163. 然后我的**思维才又开始运行**(Thinking is moving)。

164. 哭完了发现自己又不知道该怎么办,**思维又凝滞了**(Thinking is moving; thoughts are liquids)。

165. 但和女朋友吃饭的地点绝对不是随便能确定下来的,而且每次都要费**太多的脑筋**,**太多的心思**(Thoughts are things consumed)。

166. 到那时,我就真的被动了。**脑子一片空白**,喝点热水吧。

167. 突然**心生办法**!上网查找餐厅。

168. 我随声答应着，**大脑却在不停地高速运转**："这会是谁呀？我怎么认不出来呢？难道是我高中的同学？不，不可能！"

169. 我们来继续听张博士的讲座。"可是我的**思想却无论如何也集中不到讲座上去**。

170. **心念的流转**。

171. 他当然也很客气了，说不着急，我还**热心**地帮他挑选东西。

172. 同时**心里所有的焦躁烦乱都转移到他身上了**，就差直接问他想站到哪个队伍里了。

173. 他说："我业务好，人缘好，科研文章发表的多，**思路清晰**。"

174. **当时，我心里的主要算盘**是让领导改变对我的印象。

175. 她是个很好的女孩，跟她在一起挺**开心的**。（In Chinese the "open heart" means happy. This is at the lexical level.）

176. **在我看来**（Thinking is seeing），人越大就越不容易相信别人，**越不愿意将自己的内心世界敞开来给别人看**，要不为什么多半珍贵的友谊都是在年幼的时候产生呢。（I like this one. One's innermost being is the heart as a container where one's true thoughts and feelings are stored. One can close it up so that others cannot see, or open it for others to see. Knowing/understanding is seeing.）

177. 我和她可以**开开心心**地逛街、聊天，但始终都会有一些距离感（Relationship between people is represented by distance: close vs. far apart or remote），**不会到推心置腹**的程度吧。

178. 信写得很平淡，我却已经看到了写这封信时**她伤心流泪的样子**。（Not really see physically, but through one's mind's eye, xinmu—"heart's eye."）

179. 至于要把自己放在她现在的位置上（State is location），我是**一丝一毫都不敢想的**（Thoughts are threads）。

180. 可是我知道，我现在**伤心**难过得真真切切，我却不愿意也不知道该怎么去表达。

181. 如果我们是**推心置腹**的好朋友，我完全不会这么慌张。

182. 因为那样的话我们彼此都知道对方的心（The heart stores true

thoughts and feelings),不必刻意去说一些话,做一些事。

183. 而这种义务,我相信她身边的很多人知情以后都会尽到的,哪怕他们并不在意,并**不伤心**,估计表达的方法也都大同小异吧。

184. 把自己放在一个在不在意、**伤不伤心**对她来说都无大所谓的普通朋友或是熟人的位置上(State is location),是不是就算做了我该做的事情呢?

185. 我们还是像以前那样,可以**开开心心地**一起逛街,她对衣服的搭配总是能提出那么多好的建议。

186. 可是现在,因为我的平凡与无能,我甚至连怎样做出回答、做出反应都**拿不定主意**(Making decisions is object manipulation)。

187. 一般情况下,他都会把钥匙随身携带,就是**担心**我一个人驾车外出。

188. 可是当我走进车库,看到数百辆各色各样的车的时候,我的**心一下子提了起来**(The heart hangs up in nervousness)。

189. 它们好像都在瞪着眼睛看着我,加上一股刺鼻的汽车尾气的味道,我的**自信一下子一扫而光**(Confidence is a substance)。

190. 我突然浑身发冷,呆坐着,看着眼前各种按钮和仪表,可是我的**脑子里一片空白**(the brain container),手指冰凉。

191. 我缓慢地朝着出口前进,跟在后面的车子嫌我的速度太慢,不耐烦地按喇叭。我的**心一下子又提到了嗓子眼**(The heart hangs up in nervousness)。

192. 可是泵灯的声音让我更加紧张。我的**心脏**都在随着它的节奏跳动。

193. 我的**脑子嗡的一下**,忘记了后面还有一辆车。

194. 外面的阳光暖暖的照着,**心情也亮了许多**(Happiness is light)。

195. 出发前的**担心和笨拙**,被人按喇叭的尴尬都一扫而光(Feelings are substances)。

196. 我的**自信心**又膨胀起来。

197. 当我碰到他的视线的时候(Seeing is touching),我的**心又不自然地提了起来**(Nervousness makes the heart up)。

西方语言学原版影印系列丛书

06884/H·0963	语义学与语用学：语言与话语中的意义	K.Jaszczolt
06878/H·0957	字面意义的疆域：隐喻、一词多义以及概念概论	M.Rakova
06883/H·0962	英语语篇：系统和结构	J.R.Martin
06877/H·0956	作为语篇的语言：对语言教学的启示	M.McCarthy 等
06887/H·0966	布拉格学派,1945—1990	Luelsdorf 等
06881/H·0960	认知语法基础1	R.W.Langacker
07694/H·1090	认知语法基础2	R.W.Langacker
06686/H·0965	论自然和语言	N.Chomsky
06880/H·0959	语料库语言学的多因素分析	S.T.Gries
06882/H·0961	美国社会语言学：理论学家与理论团队	S.O.Murray
06879/H·0958	英语教学中的教材和方法——教师手册	J.Mcdonough 等
07592/H·1055	英语语言文化史	G.Knowles
06885/H·0964	分析散文	R.A.Lanham
07596/H·1059	语法化	P.J.Hopper
08727/H·1451	古英语入门	B.Mitchell 等
07594/H·1057	美国英语入门	G.Tottie
07593/H·1056	英语语言史：社会语言学研究	B.A.Fennell
07595/H·1058	语言学入门纲要	G.Hudson
08673/H·1422	语言的结构与运用	E.Finegan
08738/H·1454	语言艺术的学与教	D.Strickland

北京大学出版社

邮 购 部 电 话：010-62534449　联系人：孙万娟
市场营销部电话：010-62750672
外语编辑部电话：010-62767315　62767347